RITTER / DIE WELTWIRKUNG DER REFORMATION

DIE WELTWIRKUNG DER REFORMATION

von

GERHARD RITTER

2. Auflage

VERLAG R. OLDENBOURG

MÜNCHEN 1959

© 1959 R. Oldenbourg Verlag, München

Gesamtherstellung: R. Oldenbourg, Graphische Betriebe GmbH, München

Schrift: Linotype Garamond

Printed in Germany

INHALT

Vorwort zur Neuauflage 7

I. Das 16. Jahrhundert als weltgeschichtliche Epoche 9

II. Die geistigen Ursachen der Reformation 32

III. Luthertum, katholisches und humanistisches Weltbild . . . 47

IV. Luther und der deutsche Geist 66

V. Huldreich Zwingli 81

VI. Ulrich von Hutten und die Reformation 101

VII. Die Reformation und das politische Schicksal Deutschlands 112

VIII. Gustav Adolf, Deutschland und das nordische Luthertum 134

IX. Deutsche und westeuropäische Geistesart im Spiegel der neueren Kirchengeschichte 146

Anmerkungen und Nachweise 169

VORWORT ZUR NEUAUFLAGE

Die Erstauflage dieser Aufsatzsammlung erschien unter dem gleichen Titel 1941 im Verlag Koehler & Amelang in Leipzig. Eine zweite Auflage wurde 1943 ausgedruckt, verbrannte aber vor der Auslieferung infolge von Bombenangriffen auf Leipzig. Die jetzige Neuauflage ergänzt den Lutheraufsatz von 1941 (Luther und der deutsche Geist) durch einen zweiten, aus der Sicht der ersten Nachkriegsjahre geschriebenen, und fügt noch einen Zwingliaufsatz hinzu.

Der Essay über das 16. Jahrhundert wurde ursprünglich entworfen als Einleitung zu meiner Gesamtdarstellung der allgemeinen Geschichte des 16. Jahrhunderts in der Neuen Propyläen-Weltgeschichte Bd. III (1941), die in erweiterter Gestalt 1950 unter dem Titel „Die Neugestaltung Europas im 16. Jahrhundert" erschienen ist; aus technischen Gründen fand der Aufsatz aber darin nur zu einem ganz geringen Teil Aufnahme und erschien zuerst als Leitaufsatz in der Eröffnungsnummer des von mir neugestalteten „Archivs für Reformationsgeschichte", Jg. 35, 1938.

Die Betrachtung über die „Geistigen Ursachen der Reformation" entstand aus einem Vortrag und wurde zuerst in der Monatsschrift „Zeitwende", Juli 1931, veröffentlicht. Er wird hier unter Weglassung eines einleitenden Teils wiederholt, der an damalige Jubiläumsfeiern anknüpft.

Der Aufsatz „Luthertum, katholisches und humanistisches Weltbild", ein Jubiläumsvortrag zum Luthergedenktag 18. Februar 1946, erschien zunächst in derselben Zeitschrift, Jg. XVIII, August 1946, später in englischer Fassung (als Wiedergabe von Vorträgen des Verfassers in den Vereinigten Staaten) im „Archiv für Reformationsgeschichte", Jg. 44, 1953. Der Inhalt dieses Vortrags überschneidet sich mit dem ersten Teil des Aufsatzes „Luther und der deutsche Geist" in der Gestalt, wie ich ihn 1941 für dieses Buch erstmals ausgearbeitet hatte. Ich habe deshalb den älteren Aufsatz entsprechend gekürzt.

Der Zwingliaufsatz wurde mit Zustimmung des Propyläen-Verlags (Verlag Ullstein) dem fünfbändigen Sammelwerk „Die Großen Deutschen" entnommen.

Der Beitrag über Hutten ist als Jubiläumsaufsatz zur 450. Wiederkehr von Huttens Geburtstag für die „Wartburg" (37. Jg. 1938, Heft 4) geschrieben worden.

Der Vortrag über „Die Reformation und das politische Schicksal Deutschlands", zuerst in der „Zeitwende" Januar 1928 gedruckt, wurde auf Einladung der Gustav-Adolf-Stiftung auf deren 72. Hauptversammlung in Graz am 29. September 1927 gehalten. Die Tagung stand unter dem starken Eindruck des kurz vorher erfolgten Anschlusses der Evangelischen Kirche Österreichs an den deutschen Evangelischen Kirchenbund. Die Frontstellung des Vortrags gegen eine angeblich „großdeutsche", in Wahrheit anschlußfeindliche, scharf antipreußische Richtung österreichischer Geschichtsbetrachtung (von der Art Kaindls), die damals in ihrer Blüte stand, ergab sich also von selbst. Eine ähnliche Auseinandersetzung (über „großdeutsch" — „kleindeutsch" und „gesamtdeutsch") hatte wenige Tage vorher den ebenfalls in Graz tagenden Kongreß der deutschen Historiker beschäftigt. Heute ist diese ganze Debatte durch die Zeitereignisse überholt. Ich glaube aber nicht, daß meine 1927 vorgetragenen Gedanken über die politische Auswirkung der Reformation auf das Schicksal Deutschlands überflüssig geworden sind.

Der Vortrag über Gustav Adolf (zum Gustav-Adolf-Tag, 6. November 1932) erschien zuerst in der studentischen Zeitschrift „Wingolfsblätter".

Die Studie über „Deutschen und Westeuropäischen Geist" geht auf einen Vortrag zurück, den ich zuerst in der „Deutschen Vereinigung für staatswissenschaftliche Fortbildung" in Berlin im März 1931 gehalten, dann erweitert in der Zeitschrift „Die Tatwelt", Jg. VII, Heft 4, 1931, veröffentlicht habe. Seine Grundgedanken benutzte ich auch zu einem Vortrag auf dem Warschauer Internationalen Historikerkongreß August 1933, der dann in der Historischen Zeitschrift, Bd. 149, 1934, und in holländischer Übersetzung in der Zeitschrift „Wetenschappelijke Bladen", 1936, Afl. 7, erschien.

Sämtliche Arbeiten wurden für den Wiederabdruck noch einmal durchgesehen und, wo nötig, ergänzt oder gekürzt; doch habe ich weder den Charakter der mündlichen Rede noch (im allgemeinen) den jeweiligen äußeren Anlaß der Niederschrift zu verwischen gesucht.

Eine italienische Ausgabe dieses Buches erscheint demnächst in der Sammlung Collana Storica des Verlags Vallecchi, Florenz.

Freiburg i. Br., September 1958   *Gerhard Ritter*

I. DAS 16. JAHRHUNDERT ALS WELTGESCHICHTLICHE EPOCHE
(1938)

Das 16. Jahrhundert christlicher Zeitrechnung ist nicht nur ein Zeitalter religiöser Umwälzung und geistiger Erneuerung überhaupt gewesen. Reformation, Gegenreformation und Renaissance sind nur Teilvorgänge eines allgemeinen, ungeheuren Kulturwandels, wie er sich innerhalb unserer christlich abendländischen Völkergemeinschaft bis auf unsere Tage nur einmal noch ereignet hat: am Ende des 18. Jahrhunderts, im revolutionären Durchbruch eines rein säkularen und rationalen Denkens, in der Zerstörung aller religiösen und geschichtlichen Autoritäten durch den Totalitätsanspruch der menschlichen Vernunft als weltgestaltendes Prinzip. Man hat viel darüber gestritten, ob jene ältere oder diese neuere Kulturkrisis die tiefere, bedeutsamere gewesen sei: ob diese oder jene mit besserem Recht an den Anfang der sog. „Neuzeit" gestellt werden sollte. Sicher ist, daß ein solcher Streit keinesfalls mit den Mitteln der Kirchen- und Geisteshistorie allein entschieden werden kann. Denn beide Male, sowohl im 16. wie im 18. Jahrhundert, ging es gleichzeitig um eine Wandlung des geistig-religiösen, des wirtschaftlich-sozialen und des politischen Lebens. Dabei steht für den Historiker das politische Geschehen im Vordergrund. Was uns nötigt, die Geschichte des 19. und 20. Jahrhunderts von allen früheren Epochen so scharf abzuheben, ist in erster Linie das Ereignis der großen Französischen Revolution und ihrer weltweiten Folgewirkungen. Freilich: dieses Ereignis wäre weder möglich gewesen noch so bedeutend geworden ohne die schon lange vorher einsetzende und nun vollends zum Siege geführte geistige Revolution. Die politische Katastrophe bestätigt, beschleunigt und bringt zum öffentlichen Bewußtsein, was sich an geistigen Wandlungen in der Tiefe längst vollzogen hat. Eine ähnlich eindrucksvolle, in die Augen springende politische Katastrophe ist im 16. Jahrhundert nicht eingetreten. Dennoch wäre es einseitig und unzulänglich, allein in geistigen Wandlungen die Epochenscheide zwischen Mittelalter und „Neuzeit" (oder wie man das neu heraufkommende

Zeitalter sonst nennen mag) begründet zu sehen. Weder die kirchliche Reformation noch jene glänzenden geistigen Erscheinungen, die wir unter dem Namen der „Renaissance" zusammenfassen, würden uns an sich schon berechtigen, mit dem Beginn des 16. Jahrhunderts einen neuen Abschnitt europäischer Geschichte anzusetzen. Die Renaissance als geistige Bewegung drang viel zu wenig in die Tiefe, ihre soziale Wirkung reichte viel zu wenig in die Breite, um einen wirklichen Zusammenbruch der mittelalterlichen Weltanschauung herbeizuführen und ein neues Kultursystem aufzubauen. Und die kirchliche Reformation hat ihr letztes und höchstes Ziel, die Durchdringung des ganzen christlichen Abendlandes, niemals erreicht; vor allem: sie hat selbst nicht eine neue abendländische Kultur, sondern nur eine Reinigung, Vertiefung und Steigerung christlicher Frömmigkeit, grundsätzlich nicht einmal eine Revolution der Kirche erstrebt. Nur mittelbar und in beschränktem Umfang hat sie eine Neugestaltung weiterer Bereiche des geistigen und gesellschaftlichen Lebens bewirkt. Schließlich: sie wäre überhaupt niemals zu einer weltbewegenden Macht geworden inmitten der feudalen Gesellschaft des eigentlichen Mittelalters. Es bedurfte schon der größten sozialen und vor allem politischen Wandlungen seit dem 13. Jahrhundert, um ihr Aussicht auf Sieg zu verschaffen. Nicht sie hat den Staat von der Vormundschaft der alten Kirche befreit, sondern weil die alte Kirche schon längst nicht mehr in dem Maße das öffentliche Leben beherrschte wie früher, darum konnte die neue Predigt zu so gewaltigem äußerem Erfolg durchdringen. Auch das neue geistige Leben, das die Gesellschaft der Renaissance in Italien bewegte, war nur denkbar auf dem Boden einer Staatenwelt, die politisch revolutionären Ursprungs, ohne altgefestigte Traditionen war.

So tritt neben und vor die geistige Neugestaltung Europas die politische — nicht eigentlich als letzte Zusammenfassung und praktische Auswirkung der neuen Ideen, wie im 18. Jahrhundert, sondern zunächst als eine ihrer wichtigsten geschichtlichen Voraussetzungen — gleichzeitig aber als ein Ereignis von größter selbständiger Bedeutung für das Schicksal der abendländischen Kultur. Wenn wir mit dem Beginn des 16. Jahrhunderts einen neuen Abschnitt europäischer Geschichte ansetzen, so zwingt uns dazu unter anderem (und mehr als anderes) die Tatsache, daß eben damals in den Hauptländern Europas, vor allem im Westen und Süden, eine neue Form des Staates sich mehr und mehr durchsetzte[1]), die Bindungen und Hüllen des mittelalterlichen Feudalstaates sprengte und einen neuen Lebensrhythmus erzwang. Wir nennen diesen neuen Staat „Renaissancestaat", weil und in-

I. Das 16. Jahrhundert als weltgeschichtliche Epoche

sofern er neuartigen Gesetzen des politischen Handelns folgte, die in der Lebenssphäre der italienischen Renaissance zuerst erprobt und theoretisch am klarsten formuliert worden sind. Wir könnten ihn wohl auch „Staat der Reformationszeit" nennen. Aber damit würden wir seine eigentliche und dauernde Wesensart nicht bezeichnen. Gewiß hat die erneuerte Frömmigkeit der Reformation den Geist der Politik, die Gesinnung der Staatsmänner vielfach aufs stärkste ergriffen und durchdrungen — am längsten wohl in Deutschland und (später einsetzend) in England; darüber hinaus hat der leidenschaftliche Streit der Glaubensbekenntnisse auch in der Politik der Großmächte während einiger Menschenalter eine bedeutende Rolle gespielt. Aber er hat ihre Außenpolitik niemals ausschließlich oder in erster Linie bestimmt. Das naturhafte, rein säkulare Wesen des modernen Großstaates haben die neu aufgebrochenen religiösen Kräfte der Reformationszeit schließlich doch nicht mehr umzubiegen vermocht. Was das öffentliche Leben der neuen Zeit beherrschte, was das Antlitz der neuen Epoche bestimmte, war neben der Kirche mehr und mehr die Politik, der Staat. Spätestens seit dem 18. Jahrhundert hat seine Macht über die Gemüter die der Kirche in Schatten gerückt.

Das 16. Jahrhundert ist also nicht bloß das Jahrhundert der Renaissance und der Reformation. Es ist aber auch nicht bloß eine „Epoche konfessioneller Kämpfe" und „Glaubenskriege". Wer es (wie herkömmlich) so nennt, muß sich jedenfalls bewußt sein, daß er damit mehr die innerstaatlichen Kämpfe und Bürgerkriege der Religionsparteien als die Politik der großen Mächte zutreffend bezeichnet. Große europäische Religionskriege hat es im 8. und im 11. bis 13. Jahrhundert gegeben: zwischen Christentum und Islam. Bekanntlich sind beide Male neben den geistlichen Beweggründen auch sehr massive weltliche Machtinteressen im Spiel gewesen. Immerhin wird man sagen dürfen, daß mindestens in den ersten Palästinafahrten der Kreuzritter der religiöse Gedanke, die Sammlung einer Christenheit unter einem geistlichen Oberhaupt und die Befreiung der heiligen Stätten aus der Hand der Ungläubigen, das wirklich beherrschende, den Charakter des Unternehmens bestimmende Motiv gewesen ist. Seither aber hatten sich die geistigen Voraussetzungen einer solchen Politik vollkommen verändert.

„Im Mittelalter lagen die beiden Seiten des Bewußtseins — nach der Welt hin und nach dem Innern des Menschen selbst — wie unter einem gemeinsamen Schleier träumend oder halbwach" (J. Burckhardt). Welt und Ich, aber auch Diesseits und Jenseits, irdische und himmlische Sphäre berührten, durchdrangen, bestimmten einander in tausendfältiger Verflechtung. Die Welt war für das Bewußtsein der Menschen wirklich noch ein einziger, von göttlichen Kräften durchwalteter Kosmos, die Menschheit des Abendlandes noch eine ungeteilte Gemeinschaft: Gefolgschaft Christi, Corpus christianum. Wohl gab es innerhalb dieser Gemeinschaft eine obere und eine untere Sphäre, übernatürliche und natürliche Kräfte, Offenbarung und natürliche Einsicht, göttliches und natürliches Gesetz — geistliche und weltliche Oberkeit. Aber auch die Natur war ja zuletzt nichts anderes als Gottes Schöpfung und Schaffensbereich, von seinem Willen gelenkt und täglich neu mit Licht und Leben beschenkt; auch die irdische Gemeinschaft, der Staat, war ein Teilstück des göttlichen Kosmos — seine Ordnung, das Gesetz der natürlichen Vernunft, nur Vorstufe, Abglanz, Gegenbild des göttlichen Gesetzes; seine Autorität fand ihren Grund und Halt, aber auch ihre Grenze im Gebot Gottes, sein Herrschertum war Gottes Amtmannschaft. Kirche und Staat waren die beiden Schwerter, mit denen Gott die eine allgemeine Christenheit regierte, die beiden Lichter, deren Glanz die Welt erhellte, damit sie nicht im Chaos versank. Aber das kleinere dieser Lichter war die weltliche Obrigkeit, das bloß natürliche Regiment; sein Gesetz war ja nur Abglanz des göttlichen, wie der Mond sein Licht von der Sonne empfängt. Die Kirche aber regierte Gottes Stellvertreter auf Erden unmittelbar; sie war die eigentliche, wesentliche Gemeinschaft, societas perfecta, das virtuelle Gottesreich auf Erden, der Staat gleichsam nur ihr Hilfsorgan. Gewiß: eine so schöne Eintracht beider Gewalten gab es nur in der theologischen und kirchenrechtlichen Theorie, nicht in der Wirklichkeit. Das wirkliche Leben zeigte Gegensätze nicht nur der äußeren Machtinteressen, sondern der Lebensprinzipien beider Gewalten, die oft hart aufeinanderstießen, ja in blutige, erbitterte Kämpfe führten. Die Kirche focht nicht nur für ihre äußere Unabhängigkeit und stete Ausdehnung ihrer politischen Macht, sondern zugleich für die Freiheit — und damit für die Reinheit, Echtheit — ihres geistig-religiösen Besitzes. Der Staat kämpfte gegen eine Einschnürung seiner Souveränitätsrechte, die ihm lebensgefährlich zu werden drohte. Aber auch er konnte dabei die theologische Rechtfertigung nicht entbehren; er besaß gar keine anderen geistigen Waffen. Seine Verteidiger behaupteten etwa, daß Gott den König unmittelbar, nicht durch Vermittlung geistlicher Hierarchie, zur Herrschaft berufen habe; ja sie sprachen ihm selber priesterlichen Rang, geistlichen Charakter, göttliche Majestät zu; oder sie bestritten mit Bibelstellen das angebliche Vorrecht des Papstes, den Willen Gottes auch in weltlichen Dingen maßgeblich auszulegen. Man sieht: beide Gemeinschaften, Kirche und Staat, lagen gewissermaßen noch auf einer Ebene und nicht nebeneinander, sondern ineinander, wie zwei konzentrische Kreise. Dabei umfaßte die Kirche den größeren Kreis.

Erst seit der Bannkreis dieser Vorstellungen durchbrochen wurde, begann eine neue Zeit. Von jeher beruhte die Eigenart abendländischer christlicher Kultur auf der Doppelpoligkeit unserer geistigen Existenz, d. h. auf der Tatsache, daß jeder einzelne zwei Gemeinschaften zugleich angehört: einer rein irdischen, die materielle Zwangsgewalt besitzt, und einer rein geistigen, die über alle Schranken und Zwänge des Irdischen hinausweist und in der das Gewissen des einzelnen seine unantastbare Freistatt besitzt. Aus dem ständigen Miteinanderleben und Miteinanderringen dieser beiden großen Gemeinschaften entsprang die unvergleichliche Regsamkeit geistigen Lebens, die das Abendland vom byzantinischen und islamitischen Osten unterschied. „Das Kalifat", hat Ranke an sehr bedeutsamer Stelle gesagt, „mochte kirchliche und politische Gewalt in einer Hand vereinigen; das Leben der abendländischen Christenheit beruht dagegen auf der unaufhörlichen Wechselwirkung zwischen Kirche und Staat; daraus entspringt die immer freiere, umfassendere, tiefere Bewegung des Geistes, die ihr, im ganzen und großen angeschaut, zugeschrieben werden muß; in dem wechselseitigen Verhältnis von Staat und Kirche ist die jedesmalige Gestalt des Gemeinwesens gegründet." Im Mittelalter nun hatten sich, je länger je mehr, die beiden Kreise ineinandergeschoben. Die Kirche war aus einer geistigen Gemeinschaft zu einer riesigen, alle Nationen umfassenden, zentral geleiteten Rechtsanstalt geworden; sie besaß materielle Machtmittel und äußere Zwangsgewalt, die sie mehr und mehr zu rein machtpolitischen, irdischen Zwecken mißbrauchte. Und die weltliche Oberkeit schrieb sich selbst halbgeistlichen Charakter zu, diente der Kirche als „weltlicher Arm" zur Durchführung rein geistlicher Aufgaben, verlor dafür vielfach ihre irdischen Interessen und Pflichten aus dem Auge, griff aber auch tausendfach über in das innere, geistliche Kirchenregiment.

Erst im 16. Jahrhundert ist die europäische Menschheit sich des Doppelcharakters ihrer geistigen Existenz klar bewußt geworden. Erst damals ist jener „Schleier, gewoben aus Glauben, Kindesbefangenheit und Wahn", zerrissen, der über die beiden Seiten ihres Bewußtseins gebreitet lag (J. Burckhardt). Man spricht wohl (mit einem berühmten Wort Rankes) von „dem schneidenden Luftzug der neueren Geschichte". Eben dieser Luftzug hat den Schleier aufgehoben und in die Lüfte verweht. Klar und hart stehen jetzt zum erstenmal die Umrisse des modernen, rein säkularen Machtstaates vor unseren Augen. Und auf der anderen Seite erscheint das Idealbild einer neuen, rein geistigen Gemeinschaft der Heiligen, der Gotteskinder, die für sich nichts mehr begehrt von den Schätzen, dem Ruhm und Glanz irdischer Macht, sondern mit leidenschaftlichem Ernst allein nach dem trachtet, „was droben ist", unerreichbar aller Selbstherrlichkeit des Menschen. Renaissance und Reformation sind die großen, befreienden Mächte des beginnenden 16. Jahrhunderts. In jener gipfelt und wird zu klarem Selbstbewußtsein gebracht, was schon lange sich regte an Bestrebungen, den weltlichen Staat loszulösen von kirchlicher Bevormundung, ihn neu zu begründen auf dem Boden eines rein natürlichen Denkens. In dieser löst sich ein vertieftes, verinnerlichtes, leidenschaftlich gesteigertes Empfinden aus allen Bindungen und Kompromissen der Weltkirche, strebt zur ursprünglichen Reinheit und Unmittelbarkeit christlichen Gotterlebens zurück, höhlt so den gewaltigen Bau der hierarchisch geordneten Priesterkirche gleichsam von innen her aus und bringt ihn teilweise zum Einsturz. Gemeinsam ist beiden Bewegungen nichts weiter als das Negative ihrer Wirkung: die Zerstörung der mittelalterlichen, längst unwahr und darum morsch gewordenen Einheitskultur. Im übrigen stehen sie, ihrem Ausgangspunkt wie ihrem Ziel nach, in schärfstem Gegensatz zueinander. Es gehört zu den größten Irrtümern der älteren, liberalen Geschichtschreibung, Reformation und Renaissance als Parallelbewegungen, Luther und Machiavelli als „unbewußte Bundesgenossen" zu betrachten (von Bezold).

Gleichwohl: zunächst schien es, als ob das Erbe des Mittelalters dem gemeinsamen Ansturm dieser beiden neuen Geistesmächte sehr rasch erliegen würde. Dem Typus des neuen, von kirchlicher Bevormundung losgerissenen Staates, wie ihn am frühesten und reinsten entwickelt das Italien der Renaissance zeigte, schien bereits die nächste Zukunft zu gehören. Ein rein naturhaftes, rohes Machtstreben triumphierte über alle kirchlichen und sittlichen Bindungen, kaum noch verhüllt durch jene Ideale heroischer virtù und Erwägungen rationaler Zweckmäßigkeit, die Machiavellis berühmter Fürstenspiegel empfahl. Auf der anderen Seite schien sich die neue, von Luther begründete Kirche aller praktischen Einwirkung auf das politische Leben zu entschlagen; Luther selbst predigte ja immer wieder, daß es nur darauf ankäme, durch Verkündigung des reinen Gotteswortes die Gesinnung der Menschen umzuwandeln, von innen her und allmählich wie ein

Sauerteig die rohe Materie der Welt zu durchdringen, unbekümmert um die Gefahr, mit solcher reinen Gesinnungspredigt den höchst massiven Widerständen des Irdischen zu erliegen, übertönt zu werden von den lauten Begehrlichkeiten und Machtinteressen weltlicher Mächte ohne die Möglichkeit, die sittlichen Ansprüche des Christentums im wilden Ringkampf dieser Mächte überhaupt noch zur Geltung zu bringen.

Das merkwürdigste an dem Geschehen unserer Epoche ist nun, daß alles dieses nicht eintrat: daß weder der antik-heidnische Machtstaat der Renaissance noch die erneuerte Kirche Luthers sich rein und unvermischt, unabhängig voneinander, ausleben konnten; daß die alte Kirche, weit entfernt davon, dem Ansturm der neuen Zeit gänzlich zu erliegen, im Kämpfen selbst neue, ungeahnte Kräfte gewann; daß in einer überaus heftigen, geradezu krampfartigen Verschlingung beider geistiger Bewegungen der neuen Zeit, der Renaissance und Reformation, ineinander und mit dem zu neuem Leben erweckten Geiste des Mittelalters der geschichtliche Fortschritt sich vollzog. Aus qualvollen, blutigen, aber geistig überaus fruchtbaren Kämpfen ist der Geist des modernen Europa hervorgegangen. Am Ende unserer Epoche wird er in ersten, vorläufigen Umrissen bereits sichtbar: unendlich vielgestaltig im Vergleich mit der Einheitsform des Mittelalters, national geprägt, nicht mehr universal, sehr verschiedenartig je nach dem Verhältnis, das weltlicher Staat, alte und neue Kirche in den verschiedenen Nationen zueinander gefunden hatten.

Wir versuchen, den Gang dieser Entwicklung im großen zu verfolgen, um den Zusammenhang der einzelnen Ereignisse besser zu übersehen. Zugleich wird aus einer solchen Übersicht das besondere Interesse klar werden, das die Geschichte dieses denkwürdigen Jahrhunderts für unsere eigene Epoche besitzt. Sind wir doch selber ein Stück des neuen Europa, das damals unter unsagbaren Geburtswehen ans Licht getreten ist.

*

Dramatisch genug setzt die Geschichte des Jahrhunderts ein: mit einem Wettkampf der eben erst neugebildeten nationalen Machtstaaten Westeuropas um den Besitz Italiens. Er zeigt bereits ein fertig ausgebildetes europäisches Staatensystem in Aktion und Gegenaktion, mit Bündnissen und Gegenbündnissen, überraschend schnellem diplomatischem Stellungswechsel und einer rücksichtslos, ja raffiniert durchgeführten Politik der reinen Selbstsucht, die keinerlei moralische Hemmungen, keine Bindung durch Vertragstreue mehr zu kennen scheint.

Immerhin: das alles sind zunächst nur Kabinettskriege, wenn auch größten Stils — Machtkämpfe der großen Dynastien, durchgeführt mit bezahlten Kriegsknechten aus aller Herren Länder, ohne innere Anteilnahme der Völker. Vergleicht man das Gesamtbild Europas in der ersten Jahrhunderthälfte mit der zweiten, so erscheint es weit ruhiger, trotz jahrzehntelang fortdauernder, kaum unterbrochener Kriege zwischen Habsburg-Spanien und Frankreich um das Erbe Italiens und Burgunds, trotz schwerer Abwehrkämpfe gegen die Türken, die Erbfeinde der Christenheit, deren Ansturm gegen die östlichen Grenzen des Abendlandes noch nichts von der Wucht des ersten Anpralls verloren hat, ja sich noch weiter steigert. Nicht diese äußeren Geschehnisse bringen die Leidenschaften der Völker in Bewegung, sondern erst die religiöse Umwälzung: Luthers heroische Tat, die mit all ihren sozialen, wirtschaftlichen und politischen Folgewirkungen, von außen her gesehen, wie eine große deutsche Revolution erscheint: weitaus die tiefste Erschütterung, welche die Gesellschaft des Abendlandes jemals erfahren hatte. Denn von Anfang an haben die Deutschen, sogleich weit hinausdrängend über Luthers eigene Absichten, von der Reformation noch anderes erwartet als eine Erneuerung und Reinigung christlicher Frömmigkeit. Das ganze deutsche Leben sollte erneuert, geheilt werden von allen seinen vielen Gebresten: von politischem Verfall, unerträglichen sozialen Spannungen, wirtschaftlichen Nöten. Die Hoffnung auf eine große Reform des Reiches und der Kirche zugleich gibt der reformatorischen Bewegung ihren unvergleichlichen, hinreißenden Schwung. Aber sie endet in tiefer Enttäuschung.

Das dritte Jahrzehnt unseres Säkulums, vom Wormser bis zum Augsburger Reichstag, ist die Zeit der großen Entscheidungen. Ihr Ergebnis: daß die Mächte des Beharrens, die fürstlichen Obrigkeiten, sich stärker erweisen als die Kräfte der sozialen Revolution, die Tendenzen politischer Zersplitterung stärker als die Bestrebungen zur Einigung aller Reichsstände auf dem Boden einer reformierten Reichs-, Kirchen- und Staatsverfassung. Die soziale Unruhe entlädt sich in einem wilden, aber plan- und führerlosen Aufruhr der niederen Stände, der in dumpfer Erfolglosigkeit endet. Die kirchliche Reformbewegung stößt auf den Widerstand nicht nur der alten Kirche selbst und mächtiger, besonders süddeutscher Fürstengeschlechter, sondern vor allem des Kaiserhauses. Die habsburgische Weltmacht ist durch tausend politische Interessen mit den kirchlich-politischen Überlieferungen des Mittelalters unlöslich verbunden. Der Inhaber dieser Macht, Karl V., lebt ganz in den universalen Ideen des römischen Kaisertums und sucht sie auf dem realen Untergrund einer universalen Hausmacht neu zu beleben. Diese Hausmachtpolitik, nach allen Seiten zugleich ausgreifend, verstrickt ihn in immer neue Konflikte, vor allem mit Frankreich, den italienischen Staaten, aber auch mit dem Papst als Haupt des Kirchenstaates. Das erleichtert die Lage der deutschen Reformation und ermöglicht die Gründung protestantischer Landeskirchen trotz aller Verbote der neuen Lehre von Reichs wegen. Aber am Ende des Jahrzehntes kehrt der Kaiser als Sieger nach Deutschland heim. Auf dem Augsburger Reichstag scheitert endgültig das Bemühen der Lutheraner, ihre Rechtgläubigkeit vor Kaiser und Reich zu erweisen. Aus der großen Reform der Reichskirche ist eine Spaltung der Nation in zwei (oder gar drei) „Bekenntnisse" geworden. Nation und Staat haben sich nicht gefunden; die große Reichsreform ist ausgeblieben; der deutsche Partikularismus ist nicht überwunden, sondern stärker als je befestigt.

Von nun ab zerläuft die Geschichte der deutschen lutherischen Reformation in vielerlei Rinnsale enger landesfürstlicher, kleinstaatlicher Hausmachtpolitik. Immerhin: der deutsche Protestantismus ist auch so genötigt — und jetzt viel mehr noch als früher —, sich politisch zu organisieren. Luther selbst freilich bleibt auch jetzt der Prophet einer rein geistig verstandenen Reformation; er sieht mit Entsetzen und Abscheu, wie seine religiöse Predigt sich vermischt mit irdischen Machtbestrebungen aller Art, wie sie zum Gegenstand großer politischer Händel von höchst fragwürdiger Rechtsgrundlage wird. Aber auch er kann nichts daran ändern; denn die Sache seines Evangeliums ist in Gefahr, erdrückt zu werden von der Übermacht des habsburgischen Kaisertums, sobald es diesem gelingt, sich frei zu machen von seinen außerdeutschen Händeln und sich zu verbinden mit den Anhängern der alten Kirche. Schon 1531 wird das Waffenbündnis protestantischer Reichsstände zu Schmalkalden geschlossen: der Anfang einer Entwicklung, die zuletzt in den offenen Krieg zwischen Kaiser und protestantisch-ständischer Opposition hineinführt. Der schmalkaldische Krieg von 1546/47 ist der erste Religionskrieg des Jahrhunderts; aber er gilt zugleich einem weltlich-politischen Ziel: der Wiederaufrichtung und Erhöhung kaiserlicher Monarchie in Deutschland. Der Versuch Karls V., seinen Sieg über die protestantischen Fürsten und Städte in diesem Sinne auszunützen, führt zu neuem Fürstenaufruhr, zu neuen endlosen Kriegswirren. Den Abschluß bildet der Augsburger Religionsfriede von 1555: Deutschlands Beitrag zur Lösung des neu aufgerissenen europäischen Problems: Staat und Kirche. Ein sehr ernsthafter erster Versuch, das Bekenntnis von staatlichem Zwang zu befreien, die Möglichkeit eines friedlichen Nebeneinanders von zwei kirchlichen Bekenntnissen in demselben politischen Raum zu schaffen. Er hat dieses Nebeneinander für volle zwei Menschenalter ermöglicht, in einer Umwelt voll lodernden Religionshasses, inmitten eines Europa, das rings um Deutschlands Grenzen in Flammen stand. Das ist gewiß kein geringes Verdienst. Aber der Vorteil wird erkauft mit einer fast völligen Lähmung politischer Bewegungsfreiheit des deutschen Staates. Der Friedensschluß von 1555 schafft keine völlige, sondern nur eine halbe Freistellung des Bekenntnisses; er legt den Besitzstand der alten Kirche an der entscheidenden Stelle ein für allemal fest; er führt dank dieses Vorbehaltes und mancherlei Unklarheiten doch schließlich wieder in neue Religionsstreitigkeiten hinein. Er ist, alles in allem, ein vorzeitiger Versuch, die noch unfertige innere Entwicklung der deutschen Einzelstaaten und Religionsverhältnisse abzuschließen; ein verfrühter Verzicht der lutherischen Fürstenpartei auf den Sieg ihrer Sache, den sie mit Waffengewalt zu erstreiten sich innerlich nicht berechtigt, aber auch nicht mehr angetrieben fühlt, seit die größeren norddeutschen Territorien ihres partikularen Glaubensstandes sicher sind. Zugleich will man der gewaltsamen Selbsthilfe der fürstlichen Dynastien, dem ewigen Fehdewesen ein Ende machen, die politische Gewalttätigkeit auf den Weg geordneten Rechts abdrängen. Ein solcher Versuch, mit starren, unelastischen Rechtsmitteln unternommen, konnte mitten im Fluß einer lebendigen Bewegung noch keinen dauernden Bestand haben; es hat erst noch des gegenseitigen Sichabringens im Dreißigjährigen Krieg bedurft, um Deutschland für eine solche vertragsmäßige Festlegung seiner inneren Machtverhältnisse reif zu machen. Aber die Ordnung von 1555 hat doch schon eines bewirkt: daß in der Kleinstaatenwelt der deutschen landesfürstlichen Höfe politischer Ehrgeiz, Machtdrang großen Stils immer seltener wurde. Was hier entstand, war ein höchst friedfertiges landesväterliches Regiment, dem die wirtschaftliche Wohlfahrt, vor allem aber das Seelenheil, die sittlich-religiöse Erziehung seiner Untertanen mit Hilfe von Kirche und Justiz, als die weitaus wichtigste, ja fast die einzige Aufgabe weltlicher Obrigkeit erschien. Das galt nicht nur auf evangelischer, sondern auch auf katholischer Seite, zumal seit die altkirchliche Restaurationsbewegung unter Führung der Jesuiten als „Gegenreformation" in Deutschland um sich griff. Im engen Rahmen dieser deutschen Kleinstaaten ist eine neue Form christlicher Obrigkeit entstanden, die sonst in Europa nirgends wiederkehrt. Sie hat das politische Leben Deutschlands, mit starken Abwandlungen freilich, bis ins 18. Jahrhundert beherrscht, hat den Typus des deutschen Menschen — des loyalen, ehrsamen und gottesfürchtigen deutschen Untertanen — mit ausgeprägt, die Eigenart des deutschen Geisteslebens wesentlich mitbestimmt.

Die lutherische Reformation als geistiges Prinzip ist in der bedrückenden Enge dieser politischen Verhältnisse ebenso rasch verkümmert wie der gewaltige wirtschaftliche Aufschwung des spätmittelalterlichen Deutschlands: zelotischer Streit um Bekenntnisformeln, mit denen sich die verschiedenen Landeskirchen sorgfältig gegeneinander abgrenzen, tritt an die Stelle jener großartig-unbekümmerten Freiheit, mit der einst Luther die Spinnweben scholastischer Lehrautoritäten zerrissen hatte. Wohl dringt die lutherische Lehre auch noch in der zweiten Jahrhunderthälfte erobernd weiter vor, diesseits und jenseits der deutschen Reichsgrenzen; wohl bleibt die Innigkeit und Gefühlstiefe lutherischen Glaubenslebens in den Landeskirchen weithin erhalten, als kostbares Erbe für eine spätere Zukunft des deutschen Geistes. Aber die geistige Führung Europas hat Deutschland damals verloren; für volle zwei Jahrhunderte tritt es in den Schatten, nachdem es eben erst der geistigen Entwicklung des christlichen Abendlandes den stärksten Anstoß gegeben hat. Der Schwerpunkt der europäischen Geistesgeschichte verlagert sich nach Westeuropa — eben dorthin also, wo schon zu Anfang des Jahrhunderts die weitaus mächtigsten politischen Kräfteballungen aufgetreten waren.

Die Reformation hätte ihren geschichtlichen Rang als weltbewegendes Prinzip verloren, wäre sie auf die deutsche Kleinstaatenwelt beschränkt geblieben. Sie drohte mehr und mehr zu einer Religion des rein privaten Daseins, in gottseliger Ehrbarkeit und Stille, fern von den „geschwinden Läuften" dieser Welt, herabzusinken. Auch der mannhafte, freilich überkühne Versuch des Schweizerdeutschen Zwingli, vom Boden seiner freiheitsgewohnten, wehrhaften Heimat aus eine Art antihabsburgisches Weltbündnis zustande zu bringen zum Schutz des bedrohten Protestantismus, war auf die politische Unbeweglichkeit des deutschen Luthertums als schwerstes Hindernis gestoßen. Überdies hatte sich die von Zwingli allein mit Sicherheit beherrschte Machtbasis, der Züricher Stadtstaat, als viel zu schmal erwiesen, um ein so kühnes Gebäude zu tragen. Seit seinem frühen Tod in der Kappeler Feldschlacht 1531 blieb auch der deutsch-schweizerische Protestantismus auf ein politisches Winkeldasein beschränkt.

Unterdessen hatte aber das Luthertum jenseits der deutschen Grenzen, im skandinavischen Norden, bei gewaltigen politischen Veränderungen mitgewirkt, ja es war selbst, in der Hand tatkräftiger Könige, als politisches Machtmittel zur Dämpfung feudaler und klerikaler Stände-Opposition eingesetzt worden. Insbesondere in Schweden entstand so eine überaus stattliche, lutherische Staatskirche, die Schöpfung des gewalttätigen Emporkömmlings Gustav Wasa, dem schwedischen Bauernvolk mit härtestem Staatszwang aufgenötigt. Trotz dieses Ursprungs wurde sie wenige Jahrzehnte später, im Kampf mit der katholischen Dynastie Polens und mit dem griechisch-katholischen Zarentum Rußlands, zu einer Art nationalschwedischen Heiligtums, zum Symbol nationaler Unabhängigkeit und Freiheit. Und wie in Schweden, so verband sich auch an den Südufern der Ostsee, im Gebiet der ehemaligen Ordensstaaten, germanisches Volkstum und protestantisches Glaubensbekenntnis zu einer untrennbaren Einheit. Ein neuer Typus germanisch-nordischen Protestantismus bildete sich hier aus; in den Ordensgebieten naturgemäß auf die adlig patrizische Herrenschicht beschränkt, in Schweden auch unter dem freien, politisch vollberechtigten Bauernstand — ein stolzer, selbstbewußter Protestantismus, dessen Geistesart sicherlich stark abwich von den ursprünglichen, rein religiösen Ideen Luthers, aber noch viel stärker sich unterschied von dem untertänig friedsamen Wesen der lutherischen norddeutschen Fürstendiener. Im Lauf des 17. Jahrhunderts wird dieser kämpferische Protestantismus entscheidend eingreifen in die deutschen Kriegswirren zur Rettung der evangelischen Sache. Zunächst aber vollzog sich diese nordische Reformation weit abseits von den Vorgängen im Herzen Europas, nur stellenweise (vor allem in Dänemark) von ihnen unmittelbar berührt.

Nicht vom germanischen, sondern vom romanischen Boden ging der entscheidende Anstoß zur Politisierung der Reformation aus. Was Zwingli in Zürich nicht gelungen war, gelang dem Franzosen Calvin in Genf: die Schweiz zum Zentrum einer politisch höchst rührigen kirchlichen Reformbewegung von europäischem Format zu machen — einer Bewegung, die entschlossen und imstande war, dem stärksten Anprall feindlicher Mächte aktiven Widerstand zu leisten, ja selbst erobernd vorzugehen. Was sie dazu — im Gegensatz zum Luthertum — befähigte, war nicht so sehr die Eigenart des theologischen Dogmas als der praktischen Haltung Calvins und seiner Anhänger. Politisch revolutionär war die Predigt des Genfers von Haus aus genauso wenig wie die Luthers; auch er hat seine Jünger zu leidendem Gehorsam, nicht zu politischem Aufruhr gegen ihre katholischen Obrigkeiten aufgefordert. Aber der alttestamentliche Kampf- und Siegeswille der Calvinisten, die sich als auserwähltes Volk Gottes, als die berufene Heerschar Zebaoths betrachteten, war stärker als alle Ermahnungen; und ihre glänzende Organisation befähigte sie, auch ohne obrigkeitliche Leitung, ja gegen alle Staatsgewalt sich zu behaupten. Mehr noch: wo immer die Calvinisten als geschlossene Konfessionspartei auftraten, begnügten sie sich nicht etwa mit Duldung: sie forderten Herrschaft ihrer Lehre als der allein wahren und darum allein berechtigten im Staate. Hier wurde das reformatorische Prinzip ganz unmittelbar zu einem politischen Machtanspruch; es gab keine Rücksichten weltlicher Staatsräson, die der echte Calvinist als Einwand gegen solchen Anspruch hätte gelten lassen.

So erhob sich denn der Protestantismus um die Mitte des Jahrhunderts ganz anders, als man noch zur Zeit des Augsburger Reichstages hätte vermuten dürfen, gerüstet zum Kampf mit den Mächten dieser Welt. Calvin trat als Führer an die Spitze einer ganzen jüngeren Generation streitbarer Theologen. Seine Anhängerschaft verbreitete sich erstaunlich rasch über halb Europa; vor allem die westlichen Länder, Frankreich, die Niederlande, Schottland und England waren ihr Kampfgebiet.

Gleichzeitig aber vollzog sich ein nicht minder bedeutsamer Wandel im Bereich der alten, katholischen Universalkirche und insbesondere in Italien, dem Mutterlande der Renaissance. Niemand hätte in den zwanziger Jahren, in der Epoche eines Leo X. und Clemens VII., der römischen Kirche zugetraut, daß sie noch einmal Triumphe in fast allen Staaten Europas feiern würde, wie es wenige Jahrzehnte später geschah. Damals war ja die Herrschaft des römischen Priesters nicht nur von außen her, durch den Abfall der protestantischen Gebiete, erschüttert; der alte echte Geist der mittelalterlichen Kirche selber schien hoffnungslos zu ermatten. Der Geist der neuen weltlichen Kultur Italiens, der Renaissance, in seinem innersten Wesen (trotz aller äußerlichen Anpassungsfähigkeit) dem christlichen Geist des Mittelalters entgegengesetzt, war bis in die Gemächer des Vatikans vorgedrungen. Er beherrschte alle höhere Geselligkeit Italiens, wo die Frömmigkeit eines Dante und Franziskus endgültig verraucht schien. Die tief verweltlichte Papstkirche war auf die Dauer außerstande — so mußte man glauben —, dem doppelten Ansturm einer neuen, rein weltlichen Gesinnung auf der einen Seite, einer vertieften und leidenschaftlichen Frömmigkeit auf der anderen standzuhalten. Daß sie dennoch gerettet wurde, gehört zu den merkwürdigsten und folgereichsten Tatsachen der neueren Geschichte. Sie erklärt sich auf doppelte Weise: einmal durch die Aufnahme gewisser Außenseiten der Renaissancekultur in die Überlieferungen und Lebensformen der Kirche selbst, sodann auch durch den politischen und geistigen Sieg des Spaniertums über Italien.

Während aller früheren Jahrhunderte ihrer Geschichte, seit der Auseinandersetzung der frühchristlichen Synoden mit dem Späthellenismus, hatte es die katholische Kirche immer wieder verstanden, ihre Gegner geistig zu überwinden und sich selbst zu verjüngen, indem sie neue und fremde Gedanken, die mit ihrer Lehrüberlieferung in Widerspruch standen, sich so weit aneignete, als sie sich ohne allzu großen Schaden für das Ganze durch Umbauten oder Erweiterungen ihres Lehrgebäudes unterbringen ließen — und den Rest dann abstieß. Ähnlich geschah es auch jetzt mit der halbheidnischen Ideenwelt der Renaissance. Die Kirche eignete sich von der neuen antikischen Bildung wesentlich die äußeren Formen an und verhielt sich gegenüber ihrem Neuheidentum — das den meisten Literaten und Künstlern der Renaissance ja auch nur ganz obenhin anhaftete, vielfach kaum bewußt war — im wesentlichen neutral. Sie stellte die große Kunst der Epoche in den Dienst ihres Kultus, die literarischen Fertigkeiten der Humanisten in den Dienst ihrer Politik; sie gestaltete die altmodische, als barbarisch verrufene Lehrform christlicher Philosophie und Theologie gründlich um, setzte an die Stelle der alten schwerfälligen Scholastiker elegante, modisch redende Popular- und Schulphilosophen, hielt aber am Inhalt der scholastischen Überlieferung zähe fest, ja veranstaltete eine förmliche Erneuerung der hochscholastischen Systeme; vor allem: sie trieb Renaissancepolitik großen Stils mit machiavellistischen Methoden; und sie stieß aus — im Lauf der Jahrzehnte immer entschiedener! —, was an heidnisch-antikem Ideengut und Lebenssitten mit der kirchlichen Lehre unverträglich schien.

Freilich: jahrzehntelang war man in Rom über die Grenzen dessen, was noch als erträglich zu gelten hätte, durchaus im unklaren. Die Politik des Kirchenstaates und der Renaissancehof der Päpste bot noch in den dreißiger und vierziger Jahren christlichem Empfinden Anstoß mehr als genug; und der Verfall altkirchlichen Lebens hielt in den meisten Ländern bis weit über die Jahrhundertmitte in erschreckendem Maße an. Trotz der Erschütterung der Gewissen durch den Abfall Luthers, trotz des Neuerwachens christlicher Frömmigkeit auch unter der höheren Geistlichkeit Italiens hätte die alte Kirche sich schwerlich aus ihrem Verfall wieder erhoben, wenn nicht gerade im kritischsten Augenblick eine Erneuerung des Katholizismus von Spanien her erfolgt wäre. Spanien war durch das ganze Mittelalter hindurch gleichsam Frontgebiet, Kampfzone des Christentums geblieben: Vorfeld gegen den Islam. In ständigen Kämpfen mit den Andersgläubigen hatte sich die Glut mittelalterlicher Frömmigkeit viel lebendiger erhalten als in Italien, dem kirchlich übersättigten engeren Herrschaftsgebiet Roms. Nicht die Adelsschicht, wohl aber die Masse des Volkes hing unerschütterlich und mit argwöhnischem, ja erbittertem Haß gegen Andersgläubige und Fremdblütige an ihrer Kirche; und eben auf diese Masse stützte sich der neubegründete Absolutismus der „katholischen Könige", in deren Regiment geistliche und weltliche Obrigkeit so eng miteinander verbunden waren wie nirgends sonst. Daß nun von diesem spanischen Außenbezirk her die innere Erneuerung der römischen Zentralkirche veranlaßt oder doch in schnelleren Gang gebracht werden konnte, war zunächst die Folge einer politischen Tatsache: der Unterwerfung Italiens durch den Herrscher Spaniens, Karl V. Seit der Plünderung Roms 1527 war sie endgültig entschieden. Seitdem durchdringt und vereinigt sich der spanische Katholizismus mit dem italienischen. Der Geist des Neukatholizismus verdrängt die Renaissance. Er verkörpert sich nirgends so eindringlich wie in dem neuen Orden der Jesuiten, der Schöpfung des spanischen Ritters Loyola. Hier wird das religiöse Denken nun vollends politisiert; nach einem fast militärischen Drillverfahren religiös einexerziert, in militärischem Gehorsam erzogen, als streitbare Heerschar des Papsttums organisiert, sind die Jesuiten zugleich die wahren Meister katholischer Diplomatie und Politik.

Und so treten sich seit der Mitte des Jahrhunderts Katholizismus und Protestantismus in neuer Ausrüstung gegenüber. Calvinisten und Jesuiten sind ihre Vorfechter. Die Frömmigkeit hat auf beiden Seiten kämpferisch-politische Gestalt angenommen. Die Religion wird wieder (aber in einem neuen Sinne!) Sache der Politik und die Politik Sache der Religion. Die unauflöslich enge Verflechtung religiöser und weltlicher, machtpolitischer Gegensätze ineinander wird zum eigentlichen Kennzeichen der Epoche. Die Art dieser Verflechtung gilt es noch etwas näher zu beleuchten, um den geschichtlichen Sinn des Zeitalters zu begreifen.

In der Hauptsache sind es zwei große politische Gegensätze, die sich mit religiösen Streitigkeiten verbinden: nationale und innerpolitische.

Die nationalen Kämpfe des 16. Jahrhunderts spielen sich im Norden und Osten zwischen germanischen und slawischen Nationen ab; im Westen richten sie sich alle gegen das Übergewicht der spanisch-habsburgischen Macht. Durch die Länderverbindung Spaniens mit Portugal, großen Teilen Italiens, Burgund und den Niederlanden fühlt sich vor allem *Frankreich* mit Umklammerung bedroht. Der Gegensatz beider Staaten war zunächst in der ersten Jahrhunderthälfte rein dynastischer Art gewesen: ein Wettkampf der Häuser Habsburg und Bourbon um den Besitz burgundischer und italienischer Länder (von dem schon oben die Rede war). Seit dem Ausbruch des konfessionellen Kampfes im Inneren Frankreichs, der sog. Hugenottenkriege, ändert sich das. Spanien erscheint den Hugenotten vor allem als Hort der katholischen Reaktion, den französischen Katholiken als Verbündeter. Die französische Außenpolitik wird in den leidenschaftlichen Wirbel konfessionellen Hasses hineingezogen, der den Kampf der innerfranzösischen Parteien vergiftet. Der Gegensatz der Dynastien wird zum Gegensatz der Konfessionen und zuletzt der Nationen. — Auch die Erhebung der *Niederlande* gegen Spanien (seit Anfang der sechziger Jahre) beginnt durchaus nicht etwa als nationaler Kampf, als Auflehnung gegen die Fremdherrschaft. Nirgends war das Bewußtsein eigener Nationalität ursprünglich schwächer entwickelt als in der Heimat des Erasmus, dem wallonisch-flämischen Zwischenland zwischen germanischem und romanischem Volkstum. Ausschließlich innerpolitische Beschwerden haben den Adel und das bürgerliche Patriziat der flandrisch-holländischen Landschaften ursprünglich zur Opposition gegen die spanische Herrschaft getrieben. Eine wirkliche Volksbewegung wird aber daraus in dem Augenblick, als der Bildersturm der niederländischen Calvinisten die katholischen Kirchen und Klöster verwüstet (1566) und nun die spanische Inquisition, von Herzog Alba ins Land gerufen, eine neue Ketzerverfolgung großen Stils durchführt. Jetzt lodert der religiöse Haß empor; er wird zum eigentlichen Antrieb des Aufruhrs. Aus religiöser Wurzel ist so das nationale Selbstbewußtsein und die nationale Freiheit der Niederländer erwachsen. — Auch in *England* hat man ursprünglich von einem nationalen Gegensatz zu Spanien nichts gewußt. Mehrfach sind die beiden Dynastien miteinander in Verbindung getreten. Wohl gab es politische Interessenkonflikte zwischen beiden Ländern, innerhalb wie außerhalb Europas. Aber niemals hätten sie ausgereicht, eine so leidenschaftliche Erbitterung des gan-

I. Das 16. Jahrhundert als weltgeschichtliche Epoche

zen englischen Volkes gegen Spanien zu erzeugen, hätte sich dieses nicht in die Religionsfragen eingemischt und versucht, mit allen Mitteln der Intrige, ja des Mordanschlags eine katholische Dynastie ins Land zu bringen. Als Verschwörer gegen die nationale Tudor-Dynastie, unter dem Verdacht des Hochverrats, sind die Katholiken in England verfolgt worden. Und so ist das englische nationale Selbstbewußtsein recht eigentlich erst im Kampf gegen Spanien aufgeflammt; der Augenblick höchster Gefahr, der Angriff der spanischen Armada 1588, sieht England in einmütiger Abwehr fremder Invasion und katholischer Reaktion zugleich.

Im Kampf wider Spanien also sind die westeuropäischen Nationen recht eigentlich zum Bewußtsein von sich selbst, von ihrer geistigen Eigenart und ihrer besonderen politischen Lage gekommen. Die dem Spanier eigentümliche Verbindung von Nationalstolz und Glaubensstolz, in langen Jahrhunderten der Kämpfe gegen die Mauren erworben, hat auch auf die Gegner der spanisch-katholischen Hegemonie abgefärbt: auch sie sind jetzt zu Nationalstolz und Glaubensstolz erwacht. Selbst im Norden und Osten, in den schwedisch-polnischen Kämpfen der neunziger Jahre, bahnt sich eine enge Verbindung von nationalen und konfessionellen Gegensätzen an. Damit tritt eine unendlich folgenreiche Veränderung des europäischen Lebens ein: eine innere Anteilnahme der ganzen Nation am Schicksal ihres Staates wird wach, von der das Mittelalter noch nichts gewußt hatte; zugleich vertiefen sich im Kriege die nationalen Gegensätze in einem Maße, daß demgegenüber die Kriegsfahrten des Mittelalters fast als ein bloßer Kampfsport des europäischen Rittertums, der internationalen Adelsklasse, erscheinen. Der Glaubenshaß, der im Gegner zugleich den Knecht des Satans selber sieht, gibt den Kämpfen unserer Epoche eine vorher unerhörte Wucht und Leidenschaftlichkeit, ja vielfach Grausamkeit, die zuweilen an den rohen Vernichtungswillen antiker Kriegszüge erinnert. Die großen Kraft- und Gewaltmenschen des Barocks treten auf die geschichtliche Bühne, um sie bis ans Ende des 17. Jahrhunderts zu beherrschen. Die nationale Gespaltenheit der modernen europäischen Staatenwelt kündigt sich in einer Kette schrecklicher Ungewitter an.

Aber auch die Fülle und der Reichtum des vielgestaltigen modernen Geisteslebens gewinnt jetzt erst Gestalt; es wird überhaupt erst möglich, seit die Decke einer allen Nationen gemeinsamen, bis ins einzelne streng normierten, überwachten, durch kirchliche und staatliche Strafgewalt gemeinsam geschützten Weltanschauung durchstoßen ist. Mit wahrer Andacht hat schon Leopold Ranke in seinen Geschichtswerken den Prozeß der Entstehung dieses modernen europäischen Geisteslebens verfolgt. Infolge der Konfessionskämpfe, so führt er aus, ist das Christentum nicht mehr wie im Mittelalter „Sache der Überlieferung, der naiven Annahme, des von Zweifeln unberührten Glaubens", sondern der Überzeugung, der „bewußten Hingebung". Um so tiefer dringt es mit seinen Forderungen in alles Leben und Denken ein. Im Widerstreit der Konfessionen, der zugleich zum Widerstreit der Nationen wird, „verschmilzt sich das Dogma mit dem Gefühl der Nationalität wie ein Besitz der Gemeinsamkeit, des Staates oder des Volkes. Mit der Waffe war es erkämpft, unter tausend Gefahren behauptet; in Fleisch und Blut war es übergegangen. Hierdurch ist es geschehen, daß sich die Staaten auf beiden Seiten zu großen kirchlich-politischen Individualitäten ausgebildet haben ... Es wird die erste Frage bei jedem Lande, welche Religion die herrschende daselbst ist." Diese Betrachtung läßt sich noch viel weiter führen. Nicht nur die Gestalt des kirchlichen und politischen, sondern des ganzen öffentlichen Lebens, ja man könnte sagen, die Geistesart der verschiedenen Nationen ist von dem Ausgang der konfessionellen Kämpfe aufs tiefste mitbestimmt worden.

Das läßt sich freilich erst dann deutlicher erkennen, wenn man nicht bloß die außenpolitische, sondern zugleich die *innerpolitische* Verflechtung der religiösen Kämpfe im einzelnen in den verschiedenen Ländern verfolgt. Die Grundformen und Grundbegriffe der modernen Staatsverfassungen sind in diesen inneren Kämpfen ausgebildet worden. Hier müssen ein paar vorläufige Andeutungen genügen.

Am merkwürdigsten ist die Verschlingung verschiedenartigster Streitmotive in *Frankreich*, dessen innere Kämpfe denn auch einen ganz besonders dramatischen Verlauf genommen haben. Neuer und alter Glaube, heitere Lebensgesinnung der altfranzösischen Adelsgesellschaft und puritanischer Eifer der Hugenotten, Weltoffenheit der Renaissance und düstere Strenge der calvinischen Prediger, absolutistische Selbstherrlichkeit der Krone und politische Eifersucht der Stände, spanische und nationalfranzösische Parteigesinnung, Selbständigkeitsdrang der Provinzen und Zentralismus der monarchischen Regierung, feudale Tradition des gotischen Mittelalters und Bürokratismus des modernen Renaissancehofes — das alles steht gegeneinander, schlägt in rasendem Haß aufeinander los, ruft auf beiden Seiten das Ausland zu Hilfe und erstickt die Warnungsrufe einer kleinen dritten Gruppe von national gesinnten Männern, die als „Politiker" oder „gute Franzosen" zur Aussöhnung mahnen, nüchterne Staatsräson an die Stelle wilder Leidenschaften setzen möchten. Man muß die ausweglose Verwirrung und Verzweiflung dieser Kämpfe kennen, um das Endergebnis, den Triumph der absoluten Monarchie über alle ihre inneren Gegner, zu begreifen. Heinrich IV., der ihn persönlich erstritt, war Apostat beider Religionsparteien; dennoch wurde er als Retter der Nation im ganzen Lande begrüßt. Unter ihm zuerst begann das moderne Frankreich seine klassisch gewordene Form zu finden: eine Geistesart, in der die neulateinischen, klassizistischen Elemente die Überlieferung des gotischen Mittelalters fast gänzlich verwischt haben; man war katholisch geblieben (bis auf ein paar hunderttausend Hugenotten, die für einige Menschenalter Duldung genossen); es gab eine katholische Hof- und Staatskirche. Aber man hatte jetzt vor nichts mehr Furcht als vor allzu hitzigem religiösem Eifer. Man wandte sich um so lieber dem Glanz des neuen, weltlich und souverän über den Religionsparteien thronenden Königtums zu, das nunmehr damit anfangen konnte, die alten feudalen Verwaltungstraditionen, die Selbständigkeit der Provinzen und Städte Stück für Stück zu beseitigen oder doch zu untergraben, die zentralistisch-bürokratische Verwaltung des neuen königlichen Frankreich überall durchzuführen. Die Lehre von der Souveränität des monarchisch-absoluten Staates, die Jean Bodin unter Heinrich IV. entwickelte, ist der Anfang des modernen europäischen Staatsrechts.

Wie in Frankreich der Katholizismus in eigentümlicher Dämpfung und gemischt mit Elementen der Renaissancebildung fortan die nationale Geistesart bestimmte, so in der neuen, *niederländischen Republik*, die sich nach unendlich langwierigen und mühsamen Kämpfen von Spanien losriß, das calvinische Bekenntnis. Indessen: nicht den eifrigen Calvinisten allein war das Gelingen des Befreiungskampfes zu danken. Es gab auch nicht wenige Lutheraner und protestantische Sektierergruppen unter den Gegnern Spaniens im Lande, dazu einen ziemlich starken und sehr kapitalkräftigen Anteil spanisch-portugiesischer Juden in den reichen Seestädten Hollands, die dorthin vor den Glaubensverfolgungen der Inquisition geflüchtet waren. Schließlich und vor allem gehörte das führende Patriziat und der Adel des Landes zumeist nicht zu den religiösen Eiferern; sie waren mehr durch politische und wirtschaftliche als durch religiöse Beschwerden in den Kampf gegen Spanien getrieben worden. Es war also, ähnlich wie in Frankreich, ein dringendes Bedürfnis der Staatsräson, den einseitigen Triumph einer Religionspartei — in diesem Fall der orthodoxen Calvinisten — zu verhindern. Weil aber in der jungen Republik die Hand eines starken Monarchen fehlte, vollzog sich der Ausgleich nicht auf einmal, sondern in langwierigen und harten inneren Kämpfen zwischen einer Partei der duldsamen Calvinisten und einer Gruppe streng Orthodoxer. Das Ergebnis war schließlich: innerer Friede auf der Grundlage praktischer staatlicher Toleranz. So stark war die bürgerlich-patrizische Regierung der holländischen Generalstaaten nicht, um einen zeitweiligen Sieg des radikalen Calvinismus zu verhindern. Aber so schwach war sie auch wieder nicht, um den eifernden Predigern das Staatsregiment ganz und für immer auszuliefern. Sie hielt sich, als weltliche Obrigkeit, grundsätzlich frei von der Verpflichtung, einer bestimmten kirchlichen Gruppe die Herrschaft zu sichern, behielt aber Anlehnung an eine streng calvinische Staatskirche, die den Grundcharakter des holländischen Lebens bestimmte. Eine Lösung, die beispielhaft wurde für das Kirchenregiment vieler protestantischer Staaten der nächsten Jahrhunderte. Es war eine Staatsregierung nicht der selbstsicheren Kraft, sondern des vorsichtigen Gleichgewichts. Wie Frankreich zur Heimat des modernen fürstlichen Absolutismus (kontinentalen Stils) wurde, so Holland zu einer der wichtigsten Geburtsstätten des modernen Liberalismus. Hier hat sich unter den Augen einer sehr duldsamen Staatsregierung schon früh jene neue Richtung weltlich-rationaler Wissenschaft entwickelt, die später als „Aufklärung" in ganz Europa gegen den strengen Dogmatismus der christlichen Konfessionen kämpfen wird. Hugo Grotius, der Begründer des neuen Völkerrechts und des modernen, aufgeklärten Naturrechts, verkörpert diese liberale Geistesart am eindrucksvollsten; in ihm wird zugleich altniederländisches Erbe, der Geist erasmischer Humanität, wieder lebendig.

Das Verhältnis von Staat und Kirche läßt sich auf die mannigfaltigste Weise abwandeln: sowohl für eine schwache wie für eine starke Staatsregierung gibt es die verschiedensten Möglichkeiten einer Lösung des Problems. In *Spanien* hat ein starkes Königtum sich so eng mit seiner Kirche verbunden, daß es fast als deren Diener erscheint; und doch war die unbedingte Herrschaft über die spanische Staatskirche eines der wichtigsten Machtmittel der Krone. Die Ketzerinquisition hat dem spanischen Volk unendliche Blutopfer gekostet; aber sie war, als staatliches Glaubensgericht, zugleich die stärkste Waffe in der Hand des Königtums zur Beseitigung seiner innenpolitischen Gegner. Die Außenpolitik Spaniens unter Philipp II. jagt bis zur äußersten Überspannung der Kräfte dem Ziel einer Wiederherstellung der kirchlichen Einheit Europas nach; und doch hat dieser König keinen einzigen seiner Kriege ausschließlich oder hauptsächlich aus religionspolitischen Gründen unternommen. Das von Natur arme spanische Volk verblutet sich, physisch und ökonomisch, an diesen auswärtigen Unternehmungen. Aber die religiöse Idee, für die es ficht, gibt seinen Kämpfen einen Schwung, eine heroische Größe, seiner Geschichte einen Glanz, die es ohne diese fanatische Überanstrengung nie erreicht hätte. Während die spanischen Staatsfinanzen dem Bankerott entgegentaumeln, die physischen Kräfte des Staates und Volkes sichtbar ermatten, blüht noch einmal zu Anfang des 17. Jahrhunderts die spanische Dichtung, Kunst und höfische Kultur in einer Fülle, einem Reichtum der Phantasie, einer klassischen Schönheit auf wie nie zuvor, erobern sich spanisches Theater, spanische Literatur, spanische Tracht und Sitte, die ganze europäische Bildungswelt.

Das spanische Königtum verfügte über den Pfründenbesitz einer nationalen Kirche, deren Klerus in allen äußeren Dingen völlig von ihr abhing und deren Kirchengut die staatlichen Lasten mittragen half; aber niemals hat diese Monarchie in das innere Leben der Kirche, in Fragen des Kultus und der inneren kirchlichen Verfassung sich eingemischt. Es gab aber auch eine Form des Absolutismus, in der man selbst diese Schranke übersprang. Das *englische* Königtum der Tudors fühlte sich stark genug, nicht nur als weltliche Macht eine selbständige Haltung zwischen den großen Konfessionsparteien des Festlandes zu bewahren, sondern eine eigene anglikanische Kirche zu gründen, die weder protestantisch noch katholisch war — eine recht eigentlich politische Kirche, ohne die Würde religiöser Selbständigkeit und darum ohne echten geistigen Rang. Ein bloßes Machtmittel der Krone, hervorgegangen aus fürstlicher Tyrannenlaune, niedrigsten persönlichen Motiven und eiskalter Staatsklugheit, in einer Mischung, die von jeher das Entsetzen der Betrachter erregt hat. Und doch ist diese Tat Heinrichs VIII. nur ein Ausfluß derselben Grundsätze rücksichtslosen Machtstrebens, die wir in aller Politik der Renaissancestaaten wiederfinden. Sie führt nur diese Grundsätze bis zur letzten Konsequenz durch. Der selbstherrlich gewordene irdische Staat überschreitet die letzte Grenze seiner Macht: er schafft sich selbst seine Staatsreligion, er setzt sich selbst zum geistlichen Oberhaupt. Über hundert Jahre hat das weltlich-geistliche Zwittergebilde dieser anglikanischen Staatskirche sich in der Macht behaupten können. Vergeblich blieben die Versuche beider Konfessionsparteien, unter Heinrichs nächsten Nachfolgern doch noch auf der englischen Insel festen Fuß zu fassen. Heinrichs Tochter Elisabeth hat die neutrale Mittelstellung Englands, hat das

Prinzip einer rein weltlich orientierten Renaissancepolitik von neuem mit Gewalt behauptet — erst spät und halb wider Willen im Kampf mit Spanien auf die protestantische Seite hinübergedrängt. Aber schon am Ende ihrer Regierung beginnt der leidenschaftliche Widerstand der vergewaltigten Gewissen gegen das Staatskirchenregiment. Das folgende Jahrhundert wird ihren offenen Aufstand, wird eine späte, aber blutige Vergeltung für jenen Übergriff königlicher Macht in eine staatsfremde Sphäre erleben. Der englische Staat, der zu Anfang des 16. Jahrhunderts am schnellsten und entschiedensten von allen großen Monarchien in die Bahnen rein säkularer Politik eingeschwenkt war, wird eine gründliche innere Umwandlung erfahren. Politik, gesellschaftliches und geistiges Leben des modernen England werden stärker von christlichen Ideen durchdrungen werden als das öffentliche Leben der meisten anderen Länder, insbesondere Westeuropas. Die Nachwirkungen der mittelalterlichen kirchlich-staatlichen Einheitskultur sind heute noch in England deutlich zu spüren.

*

Damit dürfen wir unseren Rundgang beenden. Das eine wird deutlich geworden sein: der Ausbruch konfessioneller Kämpfe um die Jahrhundertmitte war mehr als ein „Rückfall" in schon überwundene Zustände, mehr als ein bloßes Hemmnis des weltgeschichtlichen Fortschritts. So stand es nicht, daß die mittelalterliche Einheitskultur schon zu Anfang des Jahrhunderts zerbrochen, die reine Weltlichkeit des modernen Lebens schon erreicht war oder doch hätte erreicht werden können, wenn nicht die Reformation als das große Hindernis dazwischengetreten wäre und einen Rückfall in mittelalterliche Zustände bewirkt hätte. Die geschichtliche Stoßkraft der sog. Renaissancebildung wird oft überschätzt. Weder ihrer sozialen Verbreitung noch ihrer geistigen Tiefenwirkung nach war sie befähigt — ja nicht einmal gewillt! —, den mächtigen Bau der mittelalterlichen Einheitskultur zum Einsturz zu bringen. Aber auch die reformatorische Predigt Luthers, mit bewußter und entschiedener Einseitigkeit auf das rein Religiöse beschränkt, hätte allein von sich aus die Welt nicht wirklich umzuwandeln vermocht. Es ist ebenso falsch, ihn als Befreier des modernen Staates zu preisen wie als politischen Reaktionär zu verdammen. Er war kein politischer, sondern ein religiöser Prophet. Um die politische Welt im großen aufzurühren, dazu bedurfte es schon jenes streitbaren, jüngeren Theologengeschlechts, das in der zweiten Jahrhunderthälfte in beiden Kirchen hervortrat. Aber auch ihre Predigt trägt nur einen Teil der Verantwortung für das, was geschah. Der moderne Machtstaat war längst auf dem Marsch, als er auf die religiösen Forderungen der Konfessionsparteien stieß. Die sog. konfessionellen Kämpfe sind aus der engen Verbindung politischer Interessengegensätze mit kirchlich-religiösen Ideen entstanden. Die große Scheidung der kirchlich-religiösen von der weltlichen Sphäre, die um 1520 das Ereignis des Jahrhunderts zu werden schien, trat in Wahrheit nicht eher ein, als bis eine neue, höchst leidenschaftliche Verschlingung des Geistlichen mit dem Weltlichen das Gesicht des Abendlandes umgestaltet, die Vielheit europäischer Nationen deutlicher als je zuvor hatte hervortreten lassen. Dann freilich löste sich jener Krampf. Die rein weltliche „Staatsräson" der großen Mächte, der Durchbruch rein irdischen Machtstrebens — zunächst der großen Fürstenhäuser, seit 1789 ganzer Nationen — durch alle moralisch-religiösen Verpflichtungen, das grundsätzliche Ausschalten des religiösen Motivs aus aller äußeren Macht- und inneren Wohlfahrtspolitik wurde zum Kennzeichen der modernen Welt.

II. DIE GEISTIGEN URSACHEN DER REFORMATION
(1931)

Die Erörterung der Frage nach den Ursachen der Reformation hat lange darunter gelitten, daß sie im Zeichen konfessioneller Polemik stattfand. Eine ungeheure historische Literatur ist aus dem Streit darüber erwachsen, ob der Verfall des kirchlichen Lebens im Spätmittelalter wirklich so groß gewesen ist, daß ein völliger Umsturz des alten Kirchenwesens unvermeidlich wurde, um den Schaden zu heilen, und ob nicht die verhängnisvollen Wirkungen der Tat Luthers viel größer waren als der praktische Nutzen seines Reformwerkes.

Nun kann es aber nicht Aufgabe des Historikers sein, die großen geistigen, zuletzt religiösen Entscheidungen, die den Kern aller Selbstbesinnung der Konfessionen bilden müssen, mit den Mitteln seiner Betrachtungsweise, durch Aufhellung geschichtlicher Tatbestände und Zusammenhänge, herbeizuführen oder auch nur zu begründen. Lebensentscheidungen zu treffen ist Sache der Überzeugung, nicht der geschichtlichen Einsicht — ihre theoretische Begründung Aufgabe des Systematikers, des Theologen, nicht des Historikers. Hätte man diese selbstverständliche Wahrheit immer genügend beachtet, so wäre der Streit der Kirchenhistoriker beider Konfessionen über die Ursachen und Folgewirkungen der Reformation vermutlich viel friedlicher verlaufen. Es ist ein altes, viel gebrauchtes Argument katholischer Tendenzliteratur, die unheilvollen Folgen der Reformation für die allgemeine Kulturentwicklung zu beklagen und besonders wirksam z. B. am jähen Niedergang der deutschen Kunst seit dem Auftreten Luthers zu demonstrieren. Indessen: selbst wenn diese einseitig zugespitzte Anklage recht hätte und nicht durch tausend geschichtliche Einwände abgeschwächt werden könnte — der echte Lutheraner würde nicht nur berechtigt, sondern sogar verpflichtet sein, sich rückhaltlos auf den Standpunkt Luthers zu stellen und alle Störung menschlicher Kulturentwicklung gering zu achten um des unvergleichlich höheren Wertes der göttlichen Wahrheit willen, die nach seiner Überzeugung erst die Reformation ans Licht gebracht hat. Auf der anderen

II. Die geistigen Ursachen der Reformation

Seite genügt es keineswegs, die Rechtfertigung der lutherischen Tat etwa in der sittlichen Verderbnis der alten Kirche zu suchen, die nur durch gänzlichen Umsturz des mittelalterlichen Kirchenwesens, nicht durch neue Reformversuche habe gebessert werden können. Ganz abgesehen davon, daß moralische Urteile so allgemeiner Art sich höchstens wahrscheinlich machen, niemals aber allgemein überzeugend werden beweisen lassen: sittliche Reform und religiöse Reformation, so nahe sie sich berühren, sind doch keineswegs dasselbe. Um Luthers Auftreten als Kirchenreformer und seine historische Wirkung zu verstehen, muß man freilich die sittlichen Zustände der spätmittelalterlichen Kirche kennen; aber aus geschichtlichen Verhältnissen dieser Art läßt sich seine entscheidende Tat, seine religiöse Predigt, weder zureichend begründen noch rechtfertigen.

Nicht im Sinne einer Verteidigung und Rechtfertigung also — überhaupt nicht im Dienst einer konfessionellen Polemik, deren Zeit heute abgelaufen ist —, sondern in der viel bescheideneren Absicht, die reformatorische Tat recht zu verstehen, fragen wir nach den geistigen Ursachen der Reformation. Das ist zweifellos zunächst ein biographisches Problem: eine Frage nach dem persönlichen religiösen Erleben des Reformators; denn in der Stille der Klosterzelle, in vollkommener Einsamkeit und Abgeschlossenheit vor der Welt hat er den eigentlich entscheidenden Durchbruch vom Katholizismus zur Reformation vollbracht. Aber das wäre ein Thema für sich und kann hier nicht behandelt werden. Es gibt doch auch noch rein geistige Ursachen der Reformation außerhalb der engsten persönlichen Lebenssphäre des Reformators. Wer hineinblickt in das Leben der Kirche, zumal der deutschen, am Vorabend der Reformation, trifft überall auf stärkste geistige Spannungen, auf ein vielfältiges Suchen und Sehnen, das nach Erlösung drängt. Die unerhörte Sprengwirkung der von Luther verkündeten Ideen auf deutschem Boden läßt sich gar nicht anders begreiflich machen als so: daß es, über alle äußeren Reformwünsche in Staat und Kirche hinaus, zuletzt doch ein spezifisch religiöses Bedürfnis gewesen ist, dem er zum Durchbruch, zum Selbstbewußtsein, zur öffentlichen Aussprache verholfen hat. Wäre das nicht so, dann ließe sich überhaupt nicht begreifen, was das größte Rätsel aller reformationsgeschichtlichen Forschung ist: wie es möglich war, daß gerade die Deutschen, dieses schwerfälligste, kirchenfrömmste und (wie es damals schien) zu einer Revolution am wenigsten befähigte Volk des Abendlandes, den großen Durchbruch vollbrachten — nicht durch politische Gewalten oder soziale Unruhen, gleichsam von außen her in Aktion gesetzt, sondern durch eine wirkliche Bewegung der Geister, ganz von innen her, durch eine streng religiöse Gesinnungspredigt aufgeregt zu einer Erhebung, deren Stoßkraft den tausendjährigen, unerschütterlich scheinenden Bau der alten Kirche ins Wanken brachte.

Man braucht nur einen vergleichenden Blick zu werfen auf die Geschichte der anderen abendländischen Kulturnationen im Reformationsjahrhundert, um die geistige Eigenart dieser deutschen Erhebung zu erkennen. Die Neubelebung religiöser Interessen ist an sich keineswegs auf Deutschland beschränkt, sondern zeigt sich in der ersten Jahrhunderthälfte in vielen Staaten Europas: in Spanien in der Erscheinung der Alumbrados, in den Niederlanden in zahlreichen Formen einer neuen Laienfrömmigkeit, die sich aufs engste mit den geistigen Bewegungen des engeren Deutschland berührt; selbst in der Renaissancegesellschaft Italiens, in Florenz, Neapel, Rom gab es erbauliche Zirkel von Hochgebildeten, in denen ein starkes Bedürfnis nach vertieftem religiösem Leben sich regte, Mit der offiziellen Kirche sind viele dieser Geister in Konflikt geraten. Aber nur in Deutschland wurde eine förmliche Revolution daraus. In Spanien erlebte die alte Kirche, unter kräftiger Mitwirkung des Staates, eine wirkliche Erneuerung ihres mittelalterlichen Wesens auf den alten Grundlagen. In Italien siegten die straffe Disziplin und die kluge Politik der römischen Kurie ohne lange Kämpfe über alle gefahrdrohenden ketzerischen Bewegungen; allmählich unterwarf sie sich auch wieder das höhere geistige Leben der italienischen Nation, das in seiner Gesamterscheinung zu Anfang des Jahrhunderts bereits begonnen hatte, den Schranken des mittelalterlich-christlichen Wesens — ähnlich wie bald darauf in Frankreich, in gewissem Sinne auch in der aristokratischen Gesellschaft Englands — überhaupt zu entwachsen, entschieden weltlich zu werden, die christlich-asketischen Ideale des Mittelalters langsam verdämmern zu lassen. In Deutschland wurden die kirchlichen Traditionen des Mittelalters radikal gesprengt, und zwar darum gesprengt, weil das religiöse Leben selbst aus ihnen herauswuchs, weil die Frömmigkeit selber, in ihrer intensivsten Steigerung, sich der Leitung durch die alte Kirche entzog — nicht etwa weil die alten christlichen Ideale ihre bannende Kraft verloren hätten. Im Gegenteil! Während im Bereich der Renaissance eine neue weltliche Bildung das alte geistliche Wesen zu überwuchern oder zu verdrängen drohte, blieb es in Deutschland dabei, daß alles Leben von geistlichen Idealen überschattet wurde — ja es wurde jetzt noch viel intensiver geistlich. Und doch wurde das Mittelalter, sofern es Herrschaft der *Kirche* über das Leben bedeutet, hier zuerst und am gründlichsten überwunden — viel gründlicher auch als in den später vom Calvinismus eroberten Ländern.

Die katholische Geschichtschreibung hat ganz recht, wenn sie immer wieder die außerordentliche Intensität des geistlichen Lebens im spätmittelalterlichen Deutschland hervorhebt. Aber gerade weil diese Frömmigkeit so intensiv war, vollbrachte sie den Durchbruch zu völlig neuen Formen christlicher Gemeinschaft. Die Reformation ist die geistige Schöpfung eines Volkes, dessen führende Geister nicht nach Abschwächung der religiösen Tradition, sondern nach ihrer Vergeistigung und Vertiefung verlangten — eines Volkes, dem das geistliche Herkommen gerade darum nicht genügte, weil es so fromm war. Und weil dem Papsttum der Renaissance dieses Verlangen völlig wesensfremd, ja unverständlich blieb, hat das Oberhaupt der Kirche im Moment der Krisis die ganze Größe der Gefahr nicht verstanden, die seiner Herrschaft von diesem wunderlich frommen Volke drohte. Nur so konnte die Revolution gelingen: die meisten Gegner Luthers in Rom waren ihm nicht gewachsen auf dem Gebiete, das jetzt recht eigentlich zum geistigen Schlachtfeld wurde und das zugleich das eigenste der Kirche war: auf dem Gebiete der Theologie. Als er an die tiefsten Wurzeln der kirchlichen Autorität rührte, verstanden sie seine Motive nicht. Sie glaubten, mit politischen Mitteln auszukommen, weil sie die religiöse Wucht der von ihm entfesselten Bewegung unterschätzten und weil sie ihr vor allem nichts entgegenzustellen hatten.

Die ungebrochene Herrschaft religiöser Interessen über die Geister ist in der Tat das entscheidende Merkmal des deutschen geistigen Lebens am Vorabend der Reformation. Religiöse Vorstellungen bestimmen nach wie vor das ganze Dasein im großen wie im kleinen. Wer von den Renaissancehöfen Italiens über die Alpen herüberkommt, empfindet sogleich, daß ihn hier eine ganz andere geistige Luft umweht. Er verläßt die Welt der Renaissance und tritt ein in die Welt deutscher Frömmigkeit. Er läßt hinter sich die heiteren Schmuckbauten, die Palazzi und Ziergärten italienischer Städte und Landsitze, die Grazie romanischer Form, die klare, helle Geistigkeit antikischer Lebensideale und erblickt vor sich die bunte, wirre und dumpfe Ideenwelt der spätgotischen Religiosität, die unbändige, wilde Formlosigkeit deutscher Lebensformen. Er sieht diese deutschen Städte, dichtgedrängte Gassen hinter dicken Mauern und Tortürmen im Schatten gewaltiger Kathedralen, das ganze Leben übertönt vom Klang der Kirchenglocken, die Tag und Nacht zur Anbetung des Ewigen rufen.

Von der Intensität des kirchlich-religiösen Interesses im spätmittelalterlichen Deutschland zeugen schon rein äußerlich die zahllosen Stiftungen für kirchliche Zwecke, die mit wachsendem Wohlstand des Bürgertums immer noch rapide zunahmen. Nur ein paar der bekanntesten Zahlen, um zu veranschaulichen, wie sehr der Klerus sich nachgerade zu einem wuchernden Parasitentum ausgewachsen hatte! Vom Meißner Dom wird berichtet, daß dort um 1480 außer 14 Kanonikern noch 14 Altaristen, 60 Vikare, in Summa 88 Personen geistlichen Standes, dazu 12 Choristen, 15 Grabatisten, 2 Okulisten, zusammen 117 Personen, beschäftigt waren. In St. Elisabeth in Breslau dienten in derselben Zeit 122 Altaristen an 47 Altären. Im Erzstift Köln soll etwa ein Drittel der angebauten Bodenfläche kirchlichen Eigentümern gehört haben. Daß mancherorts jeder zehnte erwachsene männliche Einwohner ein Kleriker gewesen sei, ist nicht unglaubwürdig. Die ungeheure Anhäufung von Kunstschätzen in den Kirchen, die Fülle kostbarster Schnitzaltäre, prächtiger Votivbilder selbst in den kleinsten Kirchen, bis zur Dorfkirche herab — das alles zeugt gewiß viel mehr von äußerem Streben nach Garantien künftiger Seligkeit als von ernster Frömmigkeit; aber es zeigt, wie ungeheuer viel noch immer die Sorge um das Jenseits im kirchlichen Leben des Volkes bedeutete.

Die Frage ist, ob und wo in all diesem frommen Treiben etwa Keime reformatorischer Gesinnung sich zeigten. Da wird man von vornherein unterscheiden müssen zwischen der blinden Devotion der Massen und den geistigeren Formen frommer Gesinnung auf den Höhen der Gesellschaft. In der Tiefe ist es schwer, dumpfen Aberglauben von echter christlicher Gesinnung zu unterscheiden. Rührende Züge inniger Frömmigkeit finden sich dicht neben abstoßend dumpfem Wahn. Die kirchliche Organisation der Massen macht sich oft beides zunutze. Das kirchliche Bruderschaftswesen, besonders von den Bettelorden organisiert, kann ebensowohl als Mittel der Volkspädagogik wie als eine Art gesellschaftlicher Versicherung auf den Gewinn des jenseitigen Heils betrachtet werden. In Köln gab es 80, in Hamburg 100 derartige Bruderschaften. Liest man von den Hunderttausenden von Rosenkranzgebeten, Messen und anderen kultischen Handlungen, an deren Verdienstlichkeit das einzelne Mitglied durch seinen Eintritt Anteil gewinnen sollte, so erschrickt man über dieses Extrem veräußerlichter Religionsübung. Anderseits zeigt die Art, wie damals jeder Stand, jedes Handwerk seinen Altar, seinen Heiligen besaß, auch wieder ein Höchstmaß volkstümlich gewordener Devotion. Tiefpoetische Züge des Marienkultes werden durch seltsam abstoßende Auswüchse, wie den rabulistischen Streit um die unbefleckte Empfängnis Mariä, verdunkelt. Im ganzen überwiegt der Eindruck einer unlösbar gewordenen Vermischung des Heiligsten mit dem Alltäglichen, der religiösen Erregung mit platter Sensation und Wundersucht. Das Wallfahrts- und Reliquienwesen mit seinen tausendfachen Betrügereien, das Aufkommen des Hexenglaubens, die beängstigende Häufigkeit religiöser Epidemien, eschatologischer Erregungszustände der Massen veranschaulichen das am sinnfälligsten. Schon Ranke hat die schlichte Frage gestellt, die jedem Betrachter dieser Dinge unwillkürlich aufsteigt: ob man ernstlich wünschen könnte, daß dieses ganze Wesen nun ewig so weitergehen sollte?

Indessen fehlte es keineswegs an Elementen der Opposition im Bereich der volkstümlichen Frömmigkeit. Die kirchliche Devotion der Massen in Glaubensangelegenheiten hinderte nicht die weiteste Verbreitung scharfer Kritik am Leben des Klerus. Die ganze populäre Literatur ist davon erfüllt, das Schrifttum des kleinen Mannes wie die Lektüre der Gebildeten; von den zahlreichen revolutionären Flugschriften des 15. Jahrhunderts und den losen Fastnachtsschwänken eines Hans Rosenplüt und Hans Sachs bis zu den großen Zeitsatiren eines Thomas Murner, Sebastian Brant oder den humanistischen „Dunkelmännerbriefen" hallt alles wider von Verspottung oder Befehdung der Pfaffen. Nur würde man den Sinn dieser Kritik völlig mißverstehen, wenn man darin irgend etwas von Verflüchtigung des religiösen Sinnes finden wollte. Die absolute Alleingültigkeit der christlichen Lehre und der christlichen Bildungsideale wird in Deutschland kaum irgendwo bezweifelt. Von jener kritischen, skeptischen oder einfach kühl-resignierten Haltung gegenüber den kirchlichen Lebensidealen, wie sie der italienische Humanismus schon vielfach zeigt, ist in Deutschland so gut wie gar nichts spürbar. Die Kritik stößt hier durchweg in anderer Richtung vor.

In den Massen, vor allem der ländlichen Bevölkerung, wirkt am stärksten die Predigt der radikalen Bettelmönche vom Ideal der armen Kirche, der Gefolgschaft der echten Jünger Jesu, im Gegensatz zu den reich und gewissenlos gewordenen Prälaten: ein echt mittelalterliches, asketisches Ideal, in der Agitation namenloser Winkelprediger nicht selten verbunden mit kommunistischen Ideen, zu denen der böhmische Hussitenaufruhr den stärksten Zündstoff lieferte, noch häufiger mit apokalyptischen Erwartungen des nahen Weltendes. In den breiteren Schichten des städtischen Bürgertums kann man von einer Kritik des gesunden Menschenverstandes an dem Übermaß kirchlicher Vorrechte und an dem Mißbrauch der Massendevotion durch den Klerus sprechen. Der nüchtern-praktische Geschäftssinn des Bürgers durchschaut die betrügerischen Praktiken der Reliquienverkäufer, Ablaßprediger und sonstigen Seelenfänger. Der fleißige Handwerker mißbilligt das faule Drohnendasein der übermäßig zahlreichen klerikalen Pfründenbesitzer. Wilhelm Dilthey hat sehr fein von einem neuen, demokratisch gestimmten Zeitbewußtsein des Bürgertums gesprochen, das die aristokratische, dem werktätigen Leben abgewandte, beschaulich-vornehme Existenz des mittelalterlichen Klerus nicht mehr ertragen habe. (In der feudalen Welt des früheren Mittelalters war dieser Anstoß kaum empfunden worden.) Eng damit zusammen hing ein stark empfundenes Bedürfnis des Bürgersmannes nach Vereinfachung der im Lauf der Jahrhunderte immer künstlicher ausgebauten christlichen Lehre; Lazarus Spengler in seiner „Schutzrede" hat es vielleicht am eindrucksvollsten formuliert. Endlich in der Schicht der literarisch Gebildeten, d. h. vor allem der Universitätsmitglieder, der akademisch Graduierten und der städtischen Patrizier, gewann die Kritik des Humanismus nach und nach Boden. Freilich darf man dessen Selbständigkeit als geistig-politische Bewegung beileibe nicht überschätzen. Auf deutschem Boden blieb er immer ein Fremdgewächs, dessen weltanschauliche Bedeutung sehr viel geringer war als in seiner italienischen Heimat. Schien der Humanismus dort berufen zum Träger einer neuen rein weltlichen, den mittelalterlichen Idealen abgewandten Lebensgesinnung zu werden, so paßte er sich in Deutschland rasch der allgemeinen kirchlich-religiösen Grundhaltung an. Aus einer weltanschaulichen Bewegung wurde er hier zu einer wesentlich pädagogischen und gelehrten Bestrebung. Zunächst waren es doch mehr die Äußerlichkeiten der Sprachform, der literarischen Mode, die man den italienischen Humanisten des Quattrocento nachmachte, verbunden mit jener Gleichgültigkeit und Verachtung für scholastische Gelehrsamkeit, die als gemeineuropäische Zeiterscheinung und Ausdruck eines allgemeinen Wandels der geistigen Interessen gelten darf. Für heidnisch-antikische Lebensideale war in Deutschland kein Boden. Wohl aber bemächtigten sich die Humanisten mit großem Eifer der allgemein üblichen Kritik an der Verderbnis der Priesterkirche; und je mehr sie sich dabei erhitzten, um so mehr trugen sie doch auch von Eigenem in diese Zeitkritik hinein. In den Schriften des Erasmus von Rotterdam nahm die humanistische Zeitkritik eine entschieden theologische Wendung. Vor allem aber wurde das nationale Element der Opposition gegen Rom ganz wesentlich durch die humanistische

II. Die geistigen Ursachen der Reformation

Publizistik verstärkt. Die alten, tausendmal auf deutschen Reichstagen und in Beschwerdeschriften des deutschen Adels lärmend vorgebrachten Klagen über Unterdrückung der deutschen Nation durch welsche Herrschsucht bekamen ein neues Gesicht, seit humanistische Geschichtsbetrachtung das nationale Selbstbewußtsein der Deutschen zur Siedehitze brachte. Die Erinnerung an den Kampf der großen deutschen Kaiser des 11. und 12. Jahrhunderts mit den Päpsten, ja schon des Cheruskers Arminius mit den Römern gab dem kleinlichen Gezänk um Pfründenverleihung und geistliche Gerichtsbarkeit ein sehr stattliches und eindrucksvolles Relief. Was vollends ein so schneidiger und wirksamer Schriftsteller wie der Ritter Hutten für die Steigerung der nationalen Kampfstimmung in gebildeten Kreisen seines Standes und des Bürgertums geleistet hat, kann nicht leicht überschätzt werden.

So war die ganze deutsche Welt schon lange vor der Reformation erfüllt von leidenschaftlichen kirchlich-religiösen Interessen, aber auch von heftiger Kritik an der Kirche als Institution. Die Frage nach ihrer Reform bewegte alle Herzen, war das weitaus stärkste öffentliche Interesse in allen Ständen, vom einfachen Bauersmann bis in die Sphäre der höchsten Bildung.

Blieb dieses eifrige Bemühen denn nun ohne allen Nutzen? Hat die Kirche allem Reformeifer unbelehrbar widerstanden? Und läßt sich der Ausbruch der Reformation etwa daraus erklären, daß aller gute Wille, an den offensichtlichen Schäden der alten Kirche zu bessern, unverstanden blieb? War die Erbitterung darüber etwa so groß, daß man von einer tiefgehenden Erschütterung der kirchlichen Autorität schon vor dem Auftreten Martin Luthers sprechen kann? So daß dann die Reformation nicht mehr zu tun gehabt hätte, als dieser Autorität den letzten Stoß zu geben?

O nein, so war es durchaus nicht! Die moralische Autorität der Kirche im ganzen stand immer noch unerschüttert da, und alle zornmütige Kritik war zuletzt nichts als der Zorn enttäuschter Liebe und Ehrfurcht. Wir hörten schon: daß die öffentliche Kritik sich immer nur gegen die *Schäden* der Kirche, nicht gegen ihr Wesen als Heilsanstalt richtete. Niemand dachte daran, mit der Entartung der hierarchischen Priesterkirche zugleich den Inhalt ihrer Predigt, ihre Heilsnotwendigkeit oder auch nur ihr Recht auf Herrschaft über die Geister öffentlich zu bestreiten. Und gänzlich ohne Nutzen blieb die allgemeine Kritik keineswegs. Seit der zweiten Hälfte des 15. Jahrhunderts, in Nachwirkung der großen Reformkonzilien, wurden namhafte Verbesserungen im einzelnen immerhin durchgeführt: Reformen der theologischen Vorbildung des Klerus auf den Universitäten; verschärfte Aufsicht auf die Sitten des Weltklerus mit Hilfe der Diözesansynoden durch reformeifrige Bischöfe; große Reformen der alten Mönchsorden durch die sogenannten Kongregationen, mit dem Ziel einer Verschärfung der Askese und allgemeinen Belebung der geistlichen Interessen; Eingriffe der weltlichen Obrigkeiten, fürstlicher wie städtischer, auch in den eigentlichen Kultus, zur Abstellung von Mißbräuchen aller Art, Beschränkung der Ablässe, Vermehrung der Predigten und dergleichen mehr. Zuletzt blieb freilich alles in halben Maßnahmen hängen, und gerade durch die Reformanläufe wurde die allgemeine Unzufriedenheit mit dem bestehenden Zustand erst recht in Gang gebracht — wie es vor großen Revolutionen fast immer zu geschehen pflegt. Allzu oft schon waren derartige Reformversuche fehlgeschlagen, als daß sie jetzt noch große Hoffnungen hätten wecken können. In der Tat waren die Aussichten einer durchgreifenden innerkatholischen Reform in Deutschland weit geringer als etwa in Spanien, wo sie eben damals von der starken Hand eines Ximenes mit größtem Erfolg durchgeführt wurde. Schon die unselige politische Zersplitterung Deutschlands erschwerte jede Aktion größeren Stils, wie der klägliche Ausgang der großen Konzilsbewegung auf deutschem Boden soeben gezeigt hatte. Aber es gab in Deutschland auch noch andere, tieferliegende Gründe zur Unzufriedenheit, die selbst durch ein Gelingen dieser äußeren Reformen nicht hätten beseitigt werden können. Sie sind rein geistiger Art und nicht eben leicht zu erkennen.

Wer die Geschichte des deutschen Geistes im Mittelalter überblickt, in dem sträubt sich etwas, die völlige Isolierung, die absolute Einzigartigkeit der lutherischen Oppositionsstellung gegen den Priester- und Sakramentsbegriff der alten Kirche anzuerkennen. Gewiß wäre es verfehlt, sie wesentlich aus nationaldeutscher Wurzel abzuleiten. Das „neue Gewissen", das Luther in unerhörten Seelenkämpfen zwang, die Heilsmittel der alten Kirche als unzulänglich zu verwerfen, hat man nicht ohne Grund als eine Spätfrucht des abendländischen Mönchtums mit seinen hochgesteigerten Ansprüchen an die Gewissenhaftigkeit seiner Mitglieder gedeutet. Indessen erklärt ist damit noch nicht, warum gerade in ihm und nur in ihm diese „Gewissenhaftigkeit" zu so ungeheuren Erschütterungen führte. Niemand wird das Geheimnis des Individuell-Persönlichen jemals enträtseln können. Aber sollte es nicht erlaubt sein, in der Betrachtung Luthers von einer spezifisch *deutschen* Ernsthaftigkeit und Seelentiefe zu sprechen? Sollte es so ganz aussichtslos sein, die Spuren einer spezifisch deutschen Frömmigkeit

II. Die geistigen Ursachen der Reformation

schon im Mittelalter zu verfolgen und sie mit den Ideen der Reformation in Beziehung zu setzen? Schon lange vor Luther, mindestens seit dem 13. Jahrhundert, läßt sich beobachten, wie gewissermaßen unterirdisch ein geheimer Widerstreit zwischen dem Geist des romanischen Kirchentums und den Gemütsbedürfnissen einer besonderen deutschen Frömmigkeit sich regt. Diesen Gegensatz historisch und begrifflich zu fassen, ist bei der Universalität alles mittelalterlichen religiösen Lebens freilich nicht leicht. Man müßte, um ihn anschaulich zu machen, schon die ganze Geschichte der deutschen Frömmigkeit im Mittelalter erzählen; dann würde sich zeigen, daß der uralte Gegensatz zwischen romanischer und germanischer Wesensart durch keine noch so schwere Decke römisch-universalen Kirchentums hat erstickt werden können. Die römische Kirche hat sich geschichtlich immer schärfer als juristische Institution ausgebildet, als ein Rechtsinstitut gleichsam zur Verwaltung eines großen überlieferten Gnadenapparates und Gnadenschatzes. Der Vorgang der Heiligung erscheint in ihr wie ein mystisches Wunder, das die Kirche durch den Priester im Bußsakrament am sündigen Menschen vollzieht, die Rechtfertigung vor Gott wie ein Akt kirchlicher Rechtsprechung. In die Starrheit dieses juristisch-theologischen Begriffssystems hat sich die deutsche Frömmigkeit niemals restlos einfügen lassen. Zunächst freilich war sie zu unselbständig, um ihrer eigenen seelischen Bedürfnisse klar bewußt zu sein. Aber es ist doch merkwürdig, wie früh gewisse Züge von Innerlichkeit, persönlicher Gestaltung des religiösen Erlebnisses an Stelle äußerer Schaustellung in ihr erkennbar werden. Schwerlich ist es ein Zufall, daß unter den Gründern mittelalterlicher Mönchsorden kein einziger Deutscher sich findet. Widerstrebt deutsches Empfinden etwa der glühenden, nach außen wirksamen Ekstase, der religiösen Selbstdarstellung, die zur Begründung geschlossener Jüngerschaften, zur Führerschaft unter berufsmäßigen Asketen gehört? Auch unter den Häuptern der scholastischen Schulrichtungen sind deutsche Namen nur sehr spärlich vertreten. Aus geistiger Rückständigkeit der Nation, zum mindesten aus ihr allein, wird man das gewiß nicht erklären können. Spekulative Köpfe von Rang haben wir jedenfalls seit den Tagen Ekkeharts und des Nikolaus von Cues in reicher Fülle hervorgebracht. Aber es scheint, daß den deutschen Theologen des Mittelalters die spekulativ-rationale Begründung des Dogmas zumeist weniger wichtig war als das Bemühen um persönliche Aneignung des Heilsgutes, als die lebendige Erfahrung der göttlichen Gnade. In den theologischen Schriften des 13. und 14. Jahrhunderts hat ein so bedeutender Kenner mittelalterlichen Kirchentums wie Albert Hauck überall denselben Grundzug beobachtet: „Die Religion liegt in der persönlichen Erfahrung von Gott." Natürlich bedeutete das keine Bestreitung des Dogmas und seiner juristisch-theologischen Begründung — wohl aber eine Akzentverschiebung. In dieselbe Richtung weist die Umbildung, die etwa das thomistische System in den Spekulationen Meister Ekkeharts erfuhr: das Verlangen nach unmittelbar persönlicher Vereinigung des Gläubigen mit dem Urgrund alles Seins, nach dem Zustand der Gottinnigkeit, verdrängt oder schwächt das Interesse an dem Vorgang der Gnadeneingießung durch priesterliche Darbietung des Sakraments. Freilich gehören Akzentverschiebungen dieser Art vielleicht zum Wesen jeder echten Mystik, und so mag es am Ende nur einen Gradunterschied bedeuten, wenn die Rolle des Seelenleiters in der deutschen Mystik viel stärker zurücktritt als z. B. in der spanischen. Auch das starke Überwiegen des Erbaulichen in der deutschen spätmittelalterlichen Theologie könnte man versuchen als bloße Rückwirkung gemeineuropäischer Ermattungserscheinungen im Bereich des spekulativen Denkens zu erklären. Im ganzen war die mittelalterliche Theologie so stark von romanischen Denkformen beherrscht, daß Züge nationaler Eigenart in ihr kaum sichtbar werden konnten. Unmittelbar anschaulich dagegen wird uns das Wesen deutscher mittelalterlicher Frömmigkeit in den Schöpfungen der religiösen Kunst.

Hier treten die Gegensätze, auf die es ankommt, am deutlichsten beim Vergleich italienischer und deutscher frommer Bildwerke heraus. Dort überwiegen bei weitem die monumentalen Darstellungen zum Schmuck der öffentlichen Gotteshäuser, die alle mehr oder minder der Verherrlichung der Kirche, der Darstellung ihrer Gnadenmittel, ihrer heiligen Väter und Märtyrer, ihrer Triumphe dienen. An Michelangelos Schöpfungsgeschichte und an Raffaels Disputà als vollkommenste dieser Darstellungen braucht nur erinnert zu werden. Selbst das Madonnenbild, sofern es nicht als rein menschliches Idyll aufgefaßt wird, verherrlicht die Himmelskönigin, zuweilen gar mit ihrem himmlischen Hofstaat. In Deutschland behalten selbst die Altäre vielfach einen persönlich-erbaulichen Charakter. Das Marienleben mit seinen Familienbildern aus der bürgerlichen Sphäre, mehr aber noch Christi Passion, mit innigster Versenkung in die Leiden des Schmerzensmannes, sind Lieblingsgegenstände deutscher religiöser Kunst; das „Vesperbild", die Darstellung der Schmerzensmutter mit dem toten Sohn auf den Knien, ist bekanntlich der einzige originale Beitrag der Deutschen zu dem

II. Die geistigen Ursachen der Reformation

reichen Motivenschatz religiöser Kunst im Spätmittelalter. Natürlich fehlt es auch nicht an kirchlicher Repräsentationskunst. Aber die deutsche Seele liegt niemals in solchen Schaustücken als Ganzem.

Das deutet auf seelische Strukturverhältnisse hin, deren Wirkung sich in den verschiedenartigsten Äußerungen deutscher Frömmigkeit durch das spätere Mittelalter verfolgen ließe. Vor allem die Laienfrömmigkeit Oberdeutschlands und der Niederlande, bald mehr ins Mystisch-Kontemplative gewendet, bald mehr auf praktische Bewährung des religiösen Besitzes gerichtet, teils mehr den geistigen Bedürfnissen adlig-patrizischer Kreise, teils denen des gemeinen Mannes angepaßt, zeigt in mannigfachen Gestalten doch immer das eine Gemeinsame: daß der sakramentale Gnadenapparat der Kirche in seiner Bedeutung zurücktritt hinter der persönlichen Vergewisserung des Heils, die der einzelne Gläubige im unmittelbaren Verkehr mit seinem Gott sucht und erfährt. Natürlich braucht das alles durchaus nicht aus der Kirche herauszuführen; vielmehr hat man mit Recht das mystische Erlebnis geradezu die spezifisch katholische Form persönlich gewendeter, erbaulicher Frömmigkeit genannt. Aber je schärfer die Kirche die Unentbehrlichkeit der priesterlichen Vermittlung betont, je mehr der Begriff der Schlüsselgewalt juristisch ausgebaut wird zu einem förmlichen Rechtssystem, um so näher liegt die Gefahr, daß die fromme Seele, die mit unbedingter Ergebenheit der Vereinigung mit ihrem Gott zustrebt, diese Vermittlung als störendes Hemmnis, als Eingriff eines Fremden in das innerlichste Geheimnis des menschlichen Herzens empfindet. Die Grenze von der Mystik zur Häresie war immer recht unbestimmt und leicht überschritten. Schließlich gibt es auch im Gebiet des Religiösen eine natürliche Entwicklung von der Unmündigkeit zu geistiger Reife. Viele Jahrhunderte hatte nun schon die intensive Erziehung der germanischen Völker durch die römische Priesterkirche gewährt; allmählich erwachte in den reifsten und ernsthaftesten religiösen Geistern ein Streben nach Selbständigkeit, ein innerer Widerstand gegen die ewige Bevormundung durch den Geistlichen. Es gewann um so mehr an Stärke, je tiefer das moralische Ansehen des geistlichen Standes sank, je stärker der offizielle Sakralapparat der Kirche veräußerlichte, je mehr juristische Spitzfindigkeiten und materielle Gewinnsucht sich in der kirchlichen Bußpraxis breitmachten.

In ihrer breiten Masse war die mystische Bewegung des 15. Jahrhunderts gewiß nicht oppositionell gestimmt — nur daß in diesen Kreisen die Schlüsselgewalt des Priesters als mehr oder weniger gleichgültig beiseite geschoben wurde. Indessen fehlte es auch nicht ganz an solchen Elementen, in denen diese Gleichgültigkeit eine oppositionelle Wendung nahm[2]). In den Schriften der sogenannten deutschen „Vorreformatoren", insbesondere des hochgebildeten Niederländers Wessel Gansfort, kann man bereits eine revolutionäre Wendung entdecken, sofern die praktische Bedeutung des priesterlichen Amtes hier in einer Weise entleert ist, die ihm seine eigentliche Würde nimmt. Gottes Gnade und die fromme Gesinnung des einzelnen Christen sind hier in Wahrheit alles, die priesterliche Absolution kaum mehr als eine äußere Form; der Wert des Ablasses wird von Johann von Wesel radikal geleugnet. Freilich war das alles nur eine Opposition der Gedanken, nicht der Tat. Der Kreis, den die niederrheinischen Theologen von der Art Wessels um sich sammelten, pflegte eine rein erbauliche Frömmigkeit in tiefer Stille, ohne äußere Propaganda und ohne agressive Absichten. Ähnlich gestimmte Geister gab es viele in Deutschland, zumal in den Mönchsorden: Männer und Frauen, denen von ihrem persönlichen Glaubensbesitz her gesehen die Kirche und ihre prunkvolle Hierarchie als eine Stätte der reinen Veräußerlichung und Verderbnis erschien. Es war eine Religiosität der Herzensstille, ein unsicheres Tasten und Suchen, von dem öffentlich kaum etwas laut werden durfte. Da hier aber gerade die zartesten Wurzeln religiösen Lebens in Frage standen und da hier unzweifelhaft die größte religiöse Lebendigkeit zu finden war, drohte der Herrschaft der alten Kirche von hier trotzdem die größte Gefahr. Es kam nur darauf an, daß diese neue religiöse Lebendigkeit der „Stillen im Lande" sich verband mit jener lauten, die ganze Zeit erfüllenden Kritik und politischen Opposition gegen die äußeren Institutionen und Mißbräuche der Kirche, von der wir früher hörten. Sobald diese Verbindung sich einmal vollzogen hatte, war die Wendung ins Revolutionäre nicht mehr aufzuhalten.

Damit gelangen wir an den Punkt, wo die geistigen Ursachen der Reformation sich in einem Gesamtbild überschauen lassen. Es sind zwei getrennte und sehr verschiedenartige Sphären antihierarchischer Kritik, die wir vor uns sehen. Einmal die öffentlich und laut geübte Kritik an der Kirche als sozialer Erscheinung und Rechtsinstitution: der Kampf gegen das Zentralisationssystem der römischen Kurie, gegen die Ausbeutung der Pfründen zugunsten des päpstlichen Finanzsystems, gegen die offenbaren Mißbräuche der geistlichen Gewalt, gegen das Ablaßwesen, das Überwuchern der geistlichen Gerichtsbarkeit; Entrüstung über die Sittenlosigkeit des Klerus, über

II. Die geistigen Ursachen der Reformation

seine Verweltlichung, über das unmäßige Anwachsen seines Besitzes, sein Drohnendasein, die Überzahl seiner Pfründen, die inneren Mißstände der geistlichen Staaten.

Diese Kritik war sehr leidenschaftlich, sehr verbreitet, sehr stoßkräftig, sehr populär — aber ihre geistigen Wurzeln reichten in sehr geringe seelische Tiefen, nicht immer bis in die Schicht wirklich religiöser Gesinnung hinab. Darum war sie auch nicht imstande, mehr als eine Reformbewegung zu erzeugen, die mit politischen Mitteln schließlich gelähmt und erstickt werden konnte, wie im Zeitalter der Reformkonzilien — sie kam über ein äußerliches Herumbessern an den Institutionen nicht hinaus.

Die andere Sphäre ist erfüllt von religiöser Kritik an der Kirche als Heilsanstalt, ausgehend zumeist von der mystischen Frömmigkeit in ihren verschiedenen Spielarten, aber keineswegs darauf beschränkt. Diese Kritik reicht viel tiefer hinab in das religiöse Quellgebiet des kirchlichen Lebens, rührt an die geistigen Wurzeln der Kirche. Von den kirchlichen Machthabern wird sie in ihrem Wesen lange mißverstanden, also unterschätzt und wenn überhaupt, so mit rein politischen Mitteln, durch bloße äußere Gewalt und darum vergeblich bekämpft. Sie war in der Tat so lange ohnmächtig und gefahrlos, als sie für sich allein stand; ihre Kerngedanken waren überhaupt nur engeren, geistig besonders hochstehenden und religiös ungewöhnlich lebendigen Kreisen zugänglich. Es fehlte ihr zunächst an jeder äußeren Wirkungsmöglichkeit.

Das wurde anders mit dem Auftreten Luthers. In seiner Erscheinung verbinden sich beide Ströme der Opposition. Er ist Volksmann, Agitator allergrößten Stils, der volkstümlichste Redner und Schriftsteller, den Deutschland je hervorgebracht hat, von unerhörter Schlagkraft und Derbheit der Sprache, Maßlosigkeit des Zornes und Kampfeseifers, von stärkster Wirkung auf die Massen. Er greift das meiste von dem auf, was schon früher an äußerer Kritik gegen die Verderbnis der kirchlichen Institutionen vorgebracht ist, die meisten Schlagworte der antiklerikalen und antipäpstlichen Opposition seit hundert Jahren, und übertrumpft sie noch — zugleich aber ist er der tiefste religiöse Denker, die gewaltigste Prophetengestalt seines Volkes, ein religiöser Genius von unerhörter Innerlichkeit und Innigkeit des Glaubenslebens.

Diese Verbindung ist schlechthin einzigartig. Darum wurde Martin Luther für die alte Kirche der unvergleichlich furchtbarste Gegner. Aber mehr als das. Weil in ihm die Kritik an der Kirche, herausgewachsen aus letzten Tiefen religiöser Entscheidungskämpfe, von vornherein sich verband mit einer neuen Sicht der christlichen Uroffenbarung, der Grundlage aller Kirchenbildung, überdauerte sein Werk das Jahrhundert und darf den Anspruch erheben auf zeitlose Dauer, trägt seine Predigt den Charakter einer übergeschichtlichen Wahrheit.

III. LUTHERTUM,
KATHOLISCHES UND HUMANISTISCHES WELTBILD
(1946)

Am 18. Februar 1946 hat sich zum 400. Male der Tag gejährt, an dem Dr. Martin Luthers Leben zu Ende ging. Das hat den Anlaß zu Gedenkfeiern in ganz Deutschland gegeben. Was kann heute ihr Inhalt sein?

Gedächtnisfeiern auf Luther werden in Deutschland nun seit beinahe 400 Jahren immer wieder veranstaltet. Aus den dabei gehaltenen Festreden ließe sich eine ganze Geschichte des evangelischen Lutherbildes zusammenstellen, und eine solche Zusammenstellung würde zeigen, wie stark das Verständnis der reformatorischen Botschaft im Laufe der Zeit geschwankt hat, vor allem: wie weit man zeitweise abgeirrt ist von dem, was Luther selbst als seine ihm von Gott aufgetragene Botschaft betrachtete. Eine der größten und bekanntesten Lutherfeiern fand 1883 statt aus Anlaß des 400. Geburtstages des Reformators. Die weitaus bekannteste und eindrucksvollste Festrede hielt damals der Historiker Heinrich von Treitschke, der große Herold des Bismarckreiches; in seinen Worten spiegelte sich deutlich, wie das liberale Bürgertum jener Epoche über den Reformator dachte. Er wurde gepriesen als der politische Befreier Deutschlands von den „Fesseln des gekrönten Priesters", des Papstes; er habe als erster den weltlichen Staat für mündig erklärt und aus der kirchlichen Aufsicht entlassen, um „seinen eigenen sittlichen Lebenszwecken unabhängig von der Kirche nachzugehen". Aber er habe auch das Gewissen der Menschen selbstherrlich gemacht, zum Glück für die Menschheit, wie Treitschke meinte; denn „nur aus der Autonomie des Gewissens, die uns Luther errungen, konnte das neue Ideal der Humanität hervorgehen". Man merkt es der ganzen Rede an, daß sie unmittelbar nach dem Abbruch des unseligen „Kulturkampfes" gehalten worden ist: sie feiert Luther nicht so sehr als religiösen Propheten wie als Wegbereiter des modernen, weltlichen, nationalen Machtstaates und der liberalen Weltanschauung.

Wie tief, wie völlig ist diese ganze Gedankenwelt heute für uns versunken! Mit der „sittlichen Autonomie" des selbstherrlich gewordenen weltlichen Staates haben wir allzu schauerliche Erfahrungen gemacht, und die „Ideale der Humanität" haben wir allzu kläglich zerrinnen sehen, als daß wir heute noch Neigung hätten, Luther als ihren Begründer zu feiern. Aber wir haben inzwischen auch längst erkannt, daß er in Wahrheit weder mit dem einen noch mit dem anderen etwas zu tun hat: beide stammen aus der Welt der Renaissance, nicht der Reformation, d. h. aus jener säkulären Ideenbewegung, die in Italien ihren Ursprung genommen hat, zu Luthers Zeiten auch über die Alpen drang, aber sehr zu Unrecht als der gemeinsame Mutterschoß aller revolutionären Neuerungen betrachtet worden ist, mit denen die Neuzeit sich vom Mittelalter losriß. In ihr verdämmerte die christliche Ideenwelt langsam zu immer größerer Blässe, tauchte ein rein säkuläres Menschenbild, ein höchst ungeistliches Ideal menschlich-sittlicher Haltung aus den Nebeln anderthalbtausendjähriger Vergangenheit in neuem Glanze auf — Luthers Tat dagegen war es, das Mysterium der urchristlichen Predigt mit ursprünglicher Kraft zu erneuern: die paradoxe Lehre von der totalen Verderbnis des Menschengeschlechtes und seiner Erlösung durch den Gottessohn, der in die Welt gekommen ist, die Sünder und Elenden selig zu machen, nicht aber die Selbstgerechten und Satten. Das Ziel der Renaissance-Bewegung war die sittlich-geistige Erneuerung der Welt aus eigener Kraft, aus dem Vermögen menschlicher Vernunft — das Ziel der lutherischen Reformation war der Bußruf, der sie zurückführen will unter das Kreuz des Menschensohnes, der für uns gestorben ist — wider allen Augenschein der Vernunft als ein Erlöser und nicht als ein Geächteter! Jene wendet sich an das Selbstvertrauen des Menschen, der an seine eigene Würde, an die Kräfte seines sittlichen Vermögens glaubt — die Predigt Luthers hat zum eigentlichen, ja fast einzigen Inhalt die Lehre von der totalen Unfähigkeit des Menschen zur Selbsterlösung, von der ewigen Unzulänglichkeit seiner moralischen Bemühungen vor dem Auge des Ewigen Richters, von der erlösenden Kraft allein des Christusglaubens. Die Philosophie und Theologie der Renaissance führte, durch tausend Übergangsstufen, zur Verweltlichung allen Lebens, auch der Kirche, in extremen Fällen zur Entgottung der Welt; die lutherische Reformation will umgekehrt das Leben geistlicher machen, auch die weltlichen Berufe heiligen als „Gottesdienst", die Weltlichkeit aus der Kirche austreiben, die Religion mit noch größerem Ernst als im Mittelalter in den Mittelpunkt unseres Daseins rücken. So laufen beide Bewegungen nur scheinbar nebeneinander in derselben Richtung, weil sie beide aus dem Mittelalter herausführen. In Wahrheit widerstreben sie einander ihrem innersten Wesen nach. Antike und Christentum, die beiden großen Grundpfeiler, auf denen das Gebäude abendländischer Kultur von jeher ruhte, ergänzen einander nicht mehr, sich gegenseitig stützend, wie im Kultursystem des Hochmittelalters; sie weichen jetzt auseinander, so daß die Einheitskultur des Mittelalters mitsamt ihrem kunstvoll in Stockwerke geschichteten Denksystem scholastischer Wissenschaft jäh zusammenstürzt. Sie erscheinen seitdem wie ewig miteinander ringende Mächte, und die Weltanschauungskämpfe der Neuzeit lassen sich fast alle auf die Frage zurückführen, wie beides miteinander zu versöhnen ist: heidnisches und christliches Denken, Selbstvertrauen der menschlichen Vernunft und Selbsthingabe des Glaubens — oder: ob es keine echte Versöhnung gibt, sondern nur die harte Entscheidung zwischen beiden.

Im 19. Jahrhundert, und gerade in der Zeit des Jubiläums von 1883, herrschte eine Strömung, der auch Heinrich von Treitschke, der Festredner, angehörte, die Luthertum und Humanismus miteinander versöhnt zu haben glaubte: der vielberufene „Kulturprotestantismus", die Frucht einer säkularisierten, humanisierten, liberalen Theologie. Seine Zeit ging aber schon mit dem ersten Weltkrieg zu Ende, der unser Vertrauen auf das beständige Fortschreiten menschlicher Vernunft ebenso tief erschütterte wie unseren Glauben, das Walten einer göttlichen Vernunft in der Geschichte mit menschlichen Maßstäben erfassen zu können. Schon das Jubiläum der Ablaßthesen 1917 ließ den Umschwung erkennen. Von den Kulturkampfstimmungen war man schon damals so weit abgerückt, daß eine Arbeitsgemeinschaft beider Konfessionen für die historische Erforschung der Reformation und Gegenreformation begründet werden konnte. Die protestantische liberale Theologie war sich schon lange vorher des tiefen Gegensatzes bewußt geworden, der sie von Luthers eigentlichen Zielen trennte (vgl. die historischen Arbeiten von E. Troeltsch seit 1906!); ungefähr gleichzeitig hatte (mit dem Bekanntwerden der frühesten Anfänge lutherischer Theologie aus der Klosterzeit und mit den epochemachenden Arbeiten Karl Holls) ein gewaltig vertieftes Studium der originalen Schriften Luthers eingesetzt, das mehr und mehr zu einer wahren „Lutherrenaissance" führte und bis heute mit kaum verminderter Energie fortdauert. Von der neuen „Theologie der Krisis", die als geistige Frucht des Weltkriegserlebnisses unter Führung Karl Barths entstand, empfängt dieses Lutherstudium fortdauernd frische Anstöße. Nach und nach ist so ein neues Lutherbild entstanden, das mit dem liberalen der Zeit um 1883 nur noch sehr wenig gemein hat. Wenn wir heute das Andenken Luthers feiern, so bewegen uns ganz andere Fragen als die Generation unserer Väter und Großväter. Von ihrem Stolz auf die endlich errungene Einheit, Macht und glanzvolle Größe des nationalen Staates ist unserem Geschlecht rein gar nichts mehr übriggeblieben. Im ersten Weltkrieg ist das „protestantische Kaisertum" der Hohenzollern, dessen Herold Heinrich von Treitschke war, für immer versunken — im zweiten unser nationaler Staat selber, das Ergebnis mühseliger Kämpfe so vieler Generationen, gänzlich zerbrochen. Wir fragen heute nicht mehr, was Luther getan hat, um den weltlichen Staat von den Fesseln römischer Klerisei zu befreien, sondern was er uns zu sagen hat über die Dämonie des politischen Ehrgeizes und Machtstrebens, über die sittliche Verantwortung des Staatsmannes vor Gott, vor allem über die dunklen Rätsel des Weltlaufes, die uns heute mehr als je die Seele bedrängen: über Sinn oder Wahnsinn der Weltgeschichte und über Gottes letzte Absichten mit dem unseligen Menschengeschlecht. Und wir sehen viel deutlicher als unsere Vorfahren, daß jede Antwort, die er auf solche Fragen gibt, von Grund auf paradoxen Charakter trägt, d. h. daß sie allein vom Mysterium der urchristlichen Botschaft her verständlich wird, rein menschlichem Denken dagegen als widersinnig und seltsam erscheinen muß. Lutherisches und humanistisches Denken erscheinen so als unvereinbare Gegensätze.

Weshalb hat denn Luther die Weltherrschaft der römischen Priesterkirche und die Machtstellung des katholischen Klerus im öffentlichen Leben zerstört? Wahrlich nicht deshalb, weil er das Denken und Handeln der Menschen von lästiger Aufsicht emanzipieren, weil er ihnen irgendwelche Freiheit zur Willkür bringen, weil er die Welt sich selbst wiedergeben, sie ihren eigenen Ideen und Trieben überlassen wollte. Überhaupt nicht um der Welt, sondern gerade umgekehrt: um der Kirche willen — um sie von weltlichen Ideen und Antrieben zu befreien, um sie auf ihre rein geistlichen Aufgaben zurückzuführen. Letzten Endes deshalb, weil er das Mysterium der urchristlichen Heilsbotschaft anders verstand als die katholische Tradition, nämlich so, daß sich die Erlösung des sündigen Menschen durch die göttliche Gnade als ein rein innerliches, rein geistiges Geschehen vollzieht, ohne sakramentale Vermittlung des Priesters, ohne Einmischung magisch-mirakulöser Elemente und rein von Gott, nicht vom Menschen her. Das Sakrament ist Unterpfand, nicht unentbehrliches Hilfsmittel der göttlichen Gnade; denn Gott vermag, wenn er will, auch ohne priesterliches Opfer und sakramentalen Ritus das Herz des Sünders zu wandeln. Kein Mensch, auch der Priester nicht, darf sich anmaßen, Gott gegenüber sein irdisches Handeln für unentbehrlich und darum für „heilig" im strengen Sinn des Wortes zu halten. Es gibt keinen Menschen, der es wagen dürfte, sich Stellvertreter Gottes auf Erden zu nennen; es gibt überhaupt keinen Stand besonderer Heiligkeit, weil die Menschen allzumal Sünder sind vor Gott und darin kein Unterschied zwischen ihnen ist. Gott sieht allein das Herz an; und er weiß, daß es böse ist von Jugend auf, und daß es schlechterdings keine Heiligen gibt. Er schenkt seine Gnade dem Sünder und nicht dem Gerechten, allein um Christi willen, nicht als Entgelt oder auch nur in freier, gnadenvoller Anrechnung menschlicher Verdienste. Das geschieht in einem Akt überwältigenden Erbarmens, der allein im Glauben erfaßt wird, als das tiefste, rätselvollste aller Wunder: dann nämlich, wenn derselbe furchtbar zürnende Gott, vor dem die hilflose Kreatur in Schrecken und Angst verschmachtet, mit einemmal sich als der liebende Vater erweist — gerade in jenem Augenblick, wo die Seele im Aufschrei tiefster Angst den letzten Eigenwillen fahren läßt und sich ganz und gar, auf jede Gefahr der Hölle hin, in den Willen des Allmächtigen ergibt. Gottes unendlich erhabene Majestät und die totale Unzulänglichkeit der menschlichen Kreatur, Gottes heiliger Zorn und sein grundlos liebevolles Erbarmen — die unerhörte Spannung dieser Gegensätze und das völlig Paradoxe, d. h. für menschlichen Verstand völlig Unergründliche ihrer Überwindung — das eigentliche Geheimnis der christlichen Erlösungsreligion — wird von Luther so radikal erlebt und gepredigt wie von keinem Theologen des katholischen Mittelalters. Das ist der eigentliche Kern seiner reformatorischen Tat. Um diese unerhörte Spannung unverkürzt, unvermindert zu erhalten — als den ewig neue Unruhe schaffenden, jede falsche Sicherheit zerstörenden Antrieb aller Frömmigkeit —, darum allein zerbricht er den ganzen kunstvollen Stufenbau katholisch-scholastischer Heilslehre mit ihrer priesterlichen Heilsvermittlung. Darum weiß er nichts mehr von den tausend Stufen frommen Werkdienstes, katholischer Devotion, die von der Ebene des Menschen zu Gottes Thron hinaufführen, darum nichts mehr von der vermittelnden Tätigkeit katholischer Priesterschaft, vom Richteramt des Beichtstuhls mit seinen Katalogen großer und kleiner Sünden, großer und kleiner Bußwerke, großer und kleiner Verdienste um das Heilige, von ritueller „Eingießung" der Gnade, von irgendwelchem „Heilsgeschäft" — nur die schlichte Wortverkündigung bleibt dem Priester und die Austeilung des glaubenbestärkenden Sakramentes. Darum bleibt aber auch nichts von einem besonderen Gnadenstand der Priesterschaft übrig. Luther wagt es, das allgemeine Priestertum der Gläubigen zu verkündigen, weil allein der Glaube, nicht das Menschenwerk der Priesterweihe uns mit Gott in Verbindung bringt. Wo aber wahrer Glaube ist, das weiß und sieht Gott allein. Darum ist die Kirche unsichtbare, nicht sichtbare Gemeinschaft der Gläubigen, der Jünger Christi; weil sie als unsichtbare Gemeinschaft allein aus dem Glauben lebt, darum bedarf sie weder der weltlichen Macht noch hat sie irgendwelchen Anspruch darauf. Im Gegenteil: solcher Machtbesitz verfälscht ihr Wesen, verführt sie zu falscher Sicherheit, entfremdet sie ihrem geistlichen Beruf, macht sie zur Sammelstätte der Sicheren und Satten statt der „geistlich Armen". Darum wird das Privileg, die weltliche Machtstellung der Kirche, rücksichtslos von der Reformation zerstört — auf jede Gefahr hin, auch wenn darüber die ganze christliche Weltordnung des Abendlandes zerbricht.

An dieser Weltordnung hatten viele Jahrhunderte gebaut, in einem unendlich mühsamen, langsamen Prozeß der Eroberung der Welt für das Christentum, der Durchdringung des ganzen Daseins mit christlichem Geist: durch die Zähmung wilder, barbarischer Triebe zu christlicher Liebesgesinnung, durch die Milderung und Veredlung rohen Kämpfertums zu ritterlicher Selbstzucht, des brutalen Gewinnstrebens zu charitativer, genossenschaftlicher, brüderlicher Haltung; durch die langsame Entfaltung einer ebenso tiefsinnigen wie volkstümlichen religiösen Dichtung und Kunst, in der die edelsten Geisteskräfte aller christlichen Nationen sich sammelten und auswirkten; schließlich durch die Errichtung des gewaltigen Gedankengebäudes der katholischen Scholastik, die alles in allem den großartigsten Versuch darstellt, antikes und christliches Geisteserbe miteinander zu versöhnen, Glauben und Wissen in Übereinstimmung zu bringen, das Mysterium der urchristlichen Offenbarung irgendwie verstehbar, menschlichem Denken zugänglich, beweis- und lehrbar zu machen oder wenigstens seine Paradoxie auf ein Mindestmaß schlechthin übernatürlicher Wahrheiten einzuengen. Der irrationale Grundcharakter, die Paradoxie der christlichen Offenbarung, war darüber nicht aufgegeben — natürlich nicht; von der letzten, spätesten Schulrichtung vorreformatorischer Theologie, in der Luther selbst erzogen wurde, war er sogar wieder besonders schroff betont worden. Aber in derjenigen Richtung katholischer Philosophie, die sich schließlich durchsetzte, in dem hochscholastischen System des hl. Thomas, war der Gegensatz zwischen Natur und Gnade, zwischen menschlicher Vernunft und göttlicher Offenbarung doch stark gemildert. Hier betrachtete man die Offenbarung gleichsam als ein oberes

Stockwerk, das auf einem breiten Fundament rationaler, rein menschlicher Weltdeutung aufsitzt; diese wird ergänzt, bestätigt, berichtigt und überhöht, aber nicht aufgehoben. Was der Heilige Geist in der Schrift und in der Lehre der Kirche vom Wesen der Natur, von der Bestimmung des Menschen, von Gottes Walten in der Geschichte offenbart, geht zwar weit hinaus über alle vor- und außerchristliche Erkenntnis der Natur und Geschichte, steht aber zu ihr nicht eigentlich im Widerspruch — wenn man nur beides richtig versteht, richtig zu deuten weiß. Dieses Ausdeuten, Umdeuten, Zurechtdeuten natürlicher Erkenntnis im Sinne der religiösen Wahrheit, dieser beständige Ausgleich zwischen Vernunft und Offenbarung nimmt einen sehr breiten Raum in der Apologetik und Dogmatik des Katholizismus ein. Er führt zu sehr vielen logischen und theologischen Nöten; aber zuletzt erwächst daraus doch ein vollständiges Weltbild von imponierender Geschlossenheit — die geistige Grundlage für die Beherrschung alles Lebens durch die Kirche, für das christliche Kultursystem des kaholischen Mittelalters.

Vor allem gelang es so, die Aufgaben praktischer Weltgestaltung, der politischen, wirtschaftlichen, sozialen Ordnung der Welt vom Geist des Christentums her zu meistern. Weltgeschichtlich betrachtet, ist das ohne Zweifel die bedeutendste Leistung des römisch-katholischen Denkens und der römischen Papstkirche gewesen. Ihr ist es zu danken, wenn wir heute noch das christliche Abendland als einen geschlossenen Kulturkreis im Gegensatz zur Welt des Ostens empfinden — als einen Kulturkreis, der auf festen Rechtsordnungen ruht und sie nach jeder Störung wieder herzustellen trachtet. Die christliche Kirche des Ostens, die byzantinisch-orthodoxe, ist eine Kirche der reinen kultischen Anbetung, der Heiligen und der Büßer — die abendländische, die römische, ist zugleich eine Kirche der weltgestaltenden, feste Lebensordnungen aufrichtenden Weltpriester und Bischöfe. Im Osten hat der Kirche die Kraft gefehlt, die Gemeinschaft der Gläubigen zu einer eigenen, dem Staat gegenüber unabhängigen Rechtsorganisation zusammenzuschließen, die imstande gewesen wäre, der Willkür staatlicher Machthaber zu trotzen, selber politische Macht zu gewinnen und so auf die Gestaltung des politischen, sozialen, wirtschaftlichen Lebens maßgebenden Einfluß zu gewinnen. Die römische Kirche hat es zustande gebracht! Ihr kanonisches Kirchenrecht war das erste wissenschaftlich durchdachte Rechtssystem der nachantiken Welt überhaupt und hat als solches unermeßlichen Einfluß auf die Entwicklung des modernen

Rechtsdenkens gewonnen. Niemals hat sich die römische Kirche auf Weisungen für das geistliche Leben im engeren Sinn beschränkt, sondern immer den Anspruch erhoben, sittliche und rechtliche Normen für alle Lebensverhältnisse zu schaffen. Sie vermochte es nur dadurch, daß sie ein „christliches Naturrecht" entwickelte, das recht eigentlich zur Grundlage aller Lebensordnungen des christlichen Abendlandes geworden ist. „Christliches Naturrecht" — schon der Name besagt, daß hier wiederum beides zusammenwirkt: natürliche Vernunft und christliche Offenbarung. Es ist eine Schöpfung der christlich gewordenen Spätantike, und in ihm lebt die Weltweisheit althellenischen und altrömischen Denkens ganz unmittelbar in der Kirche fort.

Weil die Bibel, die Offenbarungsurkunde, keine unmittelbaren Weisungen für die Gestaltung des politischen, sozialen, wirtschaftlichen Lebens der Menschen enthält, griff die Kirche auf diese antike Weltweisheit zurück. Sie fand, daß in jedem Menschen schon von Natur aus eine gewisse Vorstellung davon lebt, was in den äußeren Lebensordnungen wie Familie, Berufsstand, Gesellschaft und Staat, im Verhältnis von Herrschaft und Dienst, in den Ordnungen der Wirtschaft gerecht und billig, was als „natürliche Wesensordnung" zu betrachten sei. Diese Wesensordnungen wurden als gottgewollte „Schöpfungsordnungen" in Natur und Geschichte verstanden, unter die Norm der Zehn Gebote und der Bergpredigt gestellt und zu einem ganzen System christlicher Sittlichkeit ausgebaut.

Voraussetzung dieser ganzen Denkarbeit ist die Überzeugung, daß Gottes Wille in den konkreten Ordnungen der Natur und in den konkreten Geschehnissen der Geschichte klar erkennbar sei: daß unser menschlicher Verstand hinreiche, seine Gedanken nachzudenken, seine Maßstäbe nachzumessen, seiner Gerechtigkeit nachzurechnen, seinen dunklen Wegen nachzugehen. Natur und Geschichte erscheinen als eine zweite Offenbarung neben der biblischen: sie liegen wie ein offenes, aufgeschlagenes Buch vor uns, aus dem wir lernen können, was Gottes Wille mit seiner Schöpfung ist, wie er die Weltgeschichte regiert, was er in jeder bestimmten Lebenslage von uns fordert. Wir sollen seinen Schöpfungsordnungen uns fügen, sollen tun, was das „Gesetz der Natur" verlangt, und dürfen überzeugt sein, daß dieses natürliche Gesetz auch göttliches Recht, göttlicher Wille ist. Denn natürliche Vernunft und Offenbarung, recht verstanden, widersprechen einander nicht. So löst sich das Geheimnis der Natur und das Rätsel der Weltgeschichte in sinnvoll-klare Zusammenhänge auf.

III. Luthertum, katholisches und humanistisches Weltbild

Aber tut es das wirklich? Liegen Natur und Geschichte wirklich wie aufgeschlagene Bücher offen vor uns und nicht vielmehr verschlossen wie mit sieben Siegeln? Ist es nicht das Quälende unserer Lage, daß wir das Geheimnis des göttlichen Willens aus Natur und Geschichte eben nicht klar und eindeutig zu erkennen vermögen? Erleben wir die Unzulänglichkeit unseres ganzen Wesens nicht gerade darin so überaus schmerzlich, daß wir in jeder konkreten Entscheidung wie im Nebel tappen und immer wieder Selbsttäuschungen verfallen, wenn wir glauben, der Stimme der Natur und des christlichen Rechts zu folgen — weil die Selbstsucht unserer natürlichen Triebe uns beherrscht und ihre eigenen Erfindungen nur immer wieder verkleidet mit dem Mäntelchen angeblich natürlicher oder göttlicher Rechte? Hat es jemals in der Geschichte eine Gewaltherrschaft gegeben, die sich nicht auf das natürliche Gesetz der Macht berufen hätte, auf natürliche Lebensansprüche der Völker und Staaten, auf gottgewollte Autorität der Obrigkeit, auf gottgewollte Abhängigkeit der Untertanen, gottgewollte Unterschiede des Standes und Besitzes, göttliches Gehorsamgebot — um damit die abscheulichsten Mißbräuche der Macht zu decken? Und umgekehrt: gab es jemals einen wüsten Aufstand des Chaos gegen die Ordnung, der Massen gegen ihre Herrschaft, gab es jemals eine Revolution und einen groben Rechtsbruch, der nicht beschönigt worden wäre durch die Verkündigung angeborener, natürlicher Menschenrechte, durch die Gleichheit aller Menschen vor Gott, durch das Naturrecht der Freiheit, das göttliche Gebot der Gerechtigkeit? Ist nicht selbst der wüste Völkerhaß der letzten Jahre theologisch gerechtfertigt worden, indem man von „gottgewollten" Unterschieden der Rassen und Nationen, von natürlichen Raumbedürfnissen und Lebensrechten der Völker sprach und so Gottes heiligen Willen zum Schanddeckel der Bosheit machte? Wahrlich: die schrecklichsten Erinnerungen der Menschheit steigen in uns auf, wenn wir von solchem „Naturrecht" reden hören; und niemals wird uns klarer, was die Bibel mit „Erbsünde" meint, als wenn wir das unentwirrbare Durcheinander von echtem und falschem Pathos, von Idealismus und Begehrlichkeit, von edelstem Wollen und tiefer Verlogenheit betrachten, in dem sich die Menschheit vorwärtskämpft. Und was das Schrecklichste ist: die Kampfeswut, der unversöhnliche Fanatismus steigt um so höher, je zuversichtlicher sich jeder der Kämpfenden auf sein „göttliches" oder „natürliches" Recht beruft. Das alles sind die Folgen einer Verweltlichung des theologischen Denkens, das sich anmaßt, die geheimen Absichten des göttlichen Regiments in Natur und Geschichte zu kennen, und solche Erkenntnis höchst irdischen Machtzwecken dienbar macht. Solche Verweltlichung ist die Gefahr jeder Verwischung der Grenzen zwischen Vernunft und Offenbarung, wie sie die mittelalterlich-katholische Scholastik unternimmt; und eben von da aus begreift sich die erbitterte Kampfstellung Luthers gegen die scholastische Theologie: er wollte sie ausschließlich auf die Offenbarung stellen, die menschliche Vernunft aber, diese willfährige „Hure" menschlicher Begehrlichkeiten, ein für allemal aus ihr vertreiben.

In schroffem Gegensatz zu allen rationalen Deutungsversuchen des Humanismus und der Scholastik entwickelt er seine eigenen Gedanken über das göttliche Weltregiment — auch darin dem Geiste des urchristlichen Mysteriums getreu! Mit radikaler, völlig illusionsloser Klarheit sieht er die tiefe Zweideutigkeit der Welt, durchschaut er, wie einst Paulus, den zwitterhaften, halb göttlichen, halb dämonischen Charakter der in ihr herrschenden Gewalten. Es ist eine Illusion zu glauben, wie die Humanisten von der Art des Erasmus, man brauchte die Menschen nur zur Vernunft zu rufen, man brauchte sie nur an ihr besseres Selbst zu erinnern, an den in ihnen lebenden natürlichen Rechtssinn, um ein Weltreich des ewigen Friedens und der allgemeinen Harmonie zu begründen. Es ist aber auch eine Illusion zu glauben, wir vermöchten das Geheimnis des göttlichen Weltregiments zu durchschauen und aus seinen „Ordnungen" in Natur und Geschichte für uns ein Gesetz des Handelns zu gewinnen. Gott ist freilich der Schöpfer, Erhalter und Regierer der Welt. Aber er ist für unsere menschlichen Augen ein tief verborgener Gott[3]. Er ist nicht der Urheber des Bösen, sondern der Inbegriff alles Guten; aber er läßt aus seinem schlechthin unbegreiflichen Willen auch dem Satan sein Spiel. Und der Mensch, dieses rätselvolle Doppelwesen, wird wie ein Reittier bald von Gott, bald vom Satan geritten — unfähig, aus eigener Kraft sich vom Bösen loszumachen und sich aus ganzem Herzen und ganzer Seele Gott zuzuwenden. Die Welt ist der Schauplatz eines ewigen Kampfes zwischen Gott und dem Teufel, der Mensch wie der Faust des Schauspiels beständig zwischen ihnen hin- und hergerissen. Es gibt viele Epochen der Geschichte, in denen der Satan gänzlich zu triumphieren scheint. Luther sieht das alles mit geradezu grausamer Klarheit und formuliert es zuweilen mit erschreckender Härte: „Gott der Herr wirket und regieret in äußerlichen Dingen in dieser Welt also, daß, wenn man es nach der Vernunft sollt ansehen und richten, man sagen müßte, daß entweder kein Gott

III. Luthertum, katholisches und humanistisches Weltbild

wäre oder ja ein ungerechter Gott wäre, wie jener Poet sagete: es ficht mich oft an, daß Gott sei." Betrachtet man, wie tief sich Gott hinter dem Weltgeschehen verbirgt, wie er scheinbar ein Reich nach dem anderen stürzen und wieder neu aufstehen läßt, wie aller irdische Ruhm immer wieder zerschellt, so kann einem die Weltgeschichte wohl als „Gottes Mummerei und Narrenspiel" erscheinen, als sein „Turnier und Reuterei, da sich's untereinander sticht und bricht, und gilt nicht mehr denn: wer da liegt, der liegt, wer da sitzt, der sitzt". Hinter Masken verbirgt sich Gottes Angesicht für uns. Und doch ist er der allmächtige Gott, der alles selbst wirket und regieret — der nicht etwa seine Schöpfung sich selbst überläßt: er „schläft und schnarchet nicht", wie die „tolle Vernunft" sich einbildet, sondern „tut alles, wirkt, straft und macht, ist gewaltiglich gegenwärtig und erfüllt alles kräftig in allen Kreaturen".

Aber gerade der Gedanke der göttlichen Allmacht, der so bis ins äußerste durchdacht wird, kann dem nachdenklichen Betrachter des Weltgeschehens, statt tröstlich zu sein, zur schwersten aller Anfechtungen werden. Denn er macht es menschlichem Denken erst recht unmöglich, den inneren Zusammenhang der Welt und ihres Geschehens zu begreifen. Wenn Gott alles bestimmt, alles verursacht: wie kommt es dann, daß die Macht des Bösen so ungeheuerlich groß erscheint? Warum hindert er es nicht? Warum schweigt Gott, auch zu den fürchterlichsten Greueltaten? Warum fährt er nicht mit seinem Blitz darein? Warum verstockt Gott noch die Bösen, indem er sie in ihrer Bosheit erst recht umtreibt? Und wie kann er denen seinen Zorn androhen, die vom Satan besessen sind — wenn diese doch von Anbeginn zur Verdammung bestimmt waren und außerstande sind, sich aus eigener Kraft aus ihren Fesseln zu lösen? Ist das nicht höchste Ungerechtigkeit? Und ist es nicht ebenso ungerecht, fügt Luther sogleich hinzu, wenn er sich gerade der Sünder erbarmt und verstößt die Gerechten, die alles aufgeboten haben, was menschliche Tugend vermag? Warum triumphiert so oft das Unrecht in der Welt, während das Gute, Edle hoffnungslos unterliegt und für immer vernichtet wird?

Das alles sind nicht müßige Hirngespinste einer verstiegenen Theologie, die das Rätsel der Welt künstlich übertreiben — es sind dieselben schweren Gedanken, die heute jeden ernsten Christen in Deutschland, ob er nun will oder nicht, immer wieder umtreiben. Gedanken der Millionen von Menschen, die zitternd in den Luftschutzkellern saßen, wenn es Feuer und glühendes Eisen vom Himmel hagelte, die Gerechten mit den Ungerechten verbrennend, der Ungezählten, die in Zwangslagern mißhandelt wurden oder die als hilflose Bettler und Verhungernde auf den Landstraßen verkamen, jeder rohen Gewalttat preisgegeben, der zahllosen Frauen, die Gott vergeblich um Schutz vor der Schändung anflehten, der Mütter, die ihre Kinder verhungern, der Söhne und Töchter, die ihre Eltern zu Tode gequält sehen mußten, ohne daß irgendein Gebet um Erbarmen sie retten konnte. Wo bleibt Gottes Gerechtigkeit und Erbarmen? — das ist der Schrei von Millionen gequälter Herzen, den kein Prediger des Christentums heute wird überhören dürfen, der seine Aufgabe wirklich ernst nimmt. Daß Luther solche Fragen nicht überhört, daß er mit größerer Härte und Realistik als irgendein anderer Theologe das Mysterium des verborgenen Gottes gesehen und an sich selbst erlebt hat in erschütternden Anfechtungen, die ihn zuweilen fast zu Tode brachten — das gibt seiner Predigt gerade in unseren Tagen eine unerhörte Gegenwartsnähe. Jawohl, sagt er, menschlich betrachtet erscheint Gott in seiner Güte ebenso wie in seinem Zorn „aufs härteste und tyrannischste, und scheint, als habe er Lust an unserem Jammer, so er wohl helfen könnte, wo er wollte". „Denn er ist ein verzehrendes Feuer." Indem er unsere volle Hingabe fordert, den höchsten Einsatz unseres guten Willens, und uns dennoch so quälen läßt, „ist er erschrecklicher und greulicher wie der Teufel. Denn er handelt und geht mit uns um mit Gewalt, plaget und achtet unser nicht." Wo er sein Gericht ergehen läßt über die Welt, scheint er kein Erbarmen zu kennen. „Derhalben sind auch die höchsten Leute, so hohen trefflichen Verstand aufs höchste gehabt, daran gestrauchelt und dahin kommen, daß sie gesagt haben, es sei kein Gott, es gehe alles nach dem Glücke, danach es falle; und danach einem die Schanze gerät, danach gehe es."

Verantwortungslose Literaten der hinter uns liegenden Zeit des nordischen Rassemythos haben sich auf solche Sätze gestürzt, um damit zu beweisen, daß Luther, ohne es zu wissen, gar kein Christ mehr gewesen sei, sondern die Schranken der christlichen Erlösungsreligion gesprengt habe. Man hat ihn gefeiert als den germanischen Recken, der mit furchtloser Härte dem Schicksal ins Auge blickt, ohne sich dessen Schrecken durch irgendwelche schwächlichen Vorstellungen von göttlichem Erbarmen zu verhüllen. Als sich sein Geburtstag im Schicksalsjahr 1933 zum 450. Mal jährte, wurde er gepriesen als der Erneuerer uralten nordischen Schicksalsglaubens, als der Prediger des heroischen Willens, dem nicht die sichere Geborgenheit in einer klar überschaubaren Weltordnung als das Höchste erscheint, wie dem romanisch-katholischen Denken, sondern das Fertigwerden mit dem Schicksal durch ein trotziges „Dennoch" dem Unbegreiflichen und Unabwendbaren gegenüber: das „Dennoch" des tragischen Helden, der sich selbst siegreich und ruhmvoll behauptet, indem er das Unabwendbare innerlich bejaht, den fremden Willen des Fatums zum Inhalt des eigenen freien Willens macht. Umgekehrt ist gerade die Lehre Luthers vom verborgenen Gott, von dem menschlich unbegreiflichen Gegensatz zwischen Gottes unendlichem Anspruch an uns und der völligen Unfreiheit unseres Willens, der härteste Stein des Anstoßes für die katholische Welt. Man hat in der deutschen katholischen Literatur unserer Tage für die geschichtliche Bedeutung Luthers ein tieferes Verständnis aufgebracht als jemals zuvor in 400 Jahren. Man hat ihn bewundert wegen der ursprünglichen Kraft, Tiefe und Innigkeit seines religiösen Erlebens, wegen der „kühnen Großartigkeit und ungewöhnlichen Kraft seines Glaubens", der Echtheit seines Betens, der Tapferkeit und Ehrlichkeit seines Lebenskampfes, der Genialität und schöpferischen Fülle seiner Ideen, der hinreißenden Sprachgewalt seiner Rede. Man zögert auch nicht mehr anzuerkennen, daß er das urchristliche Mysterium mit großer Kraft erneuert und damit der verweltlichten Kirche des Spätmittelalters einen gewaltigen Anstoß gegeben hat, der sie zwang, ihr geistliches Leben zu vertiefen und zu verinnerlichen. Es ist für die Lutheraner sehr beglückend, daß dieses Verständnis im Raum der Schwesterkirche erwacht ist, als Frucht des gemeinsamen Kampfes wider das Neuheidentum unserer Zeit; und wir wollen diese Gemeinsamkeit auch am Tage des Lutherjubiläums nicht vergessen. Aber sie findet ihre Grenze, wie von katholischer Seite immer wieder betont wird, eben an diesem Punkt: in der Lehre von der totalen Unfreiheit des menschlichen und der absoluten Freiheit des göttlichen Willens, dessen Gerechtigkeit dem Menschen völlig verborgen bleibt. Was Luther darüber sagt, erscheint katholisch-kirchlichem Denken als maßlos, übertrieben, einseitig zugespitzt in einer ganz gefährlichen Weise, zum Teil als Folge seiner Erziehung in einer höchst einseitigen theologischen Schule des Spätmittelalters; die schweren inneren Anfechtungen, in die ihn solche Gedanken über Gottes Wesen und unsere menschliche Unzulänglichkeit stürzten, empfindet auch der wohlwollendste katholische Betrachter als Zeichen eines „ungewöhnlich labilen, anfälligen Gewissens von gefährlicher Unausgeglichenheit" — nicht gerade als krankhaft, aber doch als „leicht ungesund", jedenfalls stark abweichend vom normalen Empfinden und Denken des Kirchenchristentums. Und wer wollte leugnen, daß solche Gedanken gefährlich sind, daß der furchtbare Ernst, mit dem Luther das Mysterium des verborgenen Gottes und die totale Verderbnis des menschlichen Willens an sich erfuhr, über das Erleben des Durchschnittschristen weit hinausging? Es werden immer nur wenige „Starke im Geiste" sein, die es ertragen, in ein so tiefes Dunkel zu starren, so völlig auf jede menschliche Ausdeutung des göttlichen Geheimnisses zu verzichten — so rücksichtslos die Paradoxie der urchristlichen Predigt zu enthüllen, so unbeirrt den inneren Spannungen ihres Gottesbegriffs standzuhalten. Es gibt noch andere gefährliche Seiten an Luther: Maßlosigkeiten seines menschlichen Temperaments, die heute niemand mehr beschönigen sollte, auch an Festtagen nicht, sondern als Kehrseite seiner genialen Anlagen, als sündhaften Teil seines Wesens aufrichtig beklagen, mit dem auch er der erbsündigen Menschheit angehört; die Lutheraner haben am wenigsten Anlaß, einen Heiligen aus ihm zu machen. Es gibt auch gefährliche Einseitigkeiten in seiner Theologie, zumal in seiner Lehre von Kirche und Staat, ja selbst (wie ich meine) in seinem Bibelverständnis, die wir suchen sollten zu überwinden; denn die Evangelischen haben keine Unfehlbarkeit des Lehramts und keine Kirchenväter; sie kennen nur das Gotteswort als unfehlbare Richtschnur. Aber wer das Kernstück seiner Lehre, sein Verständnis Gottes und des Menschen, preisgibt, der gibt den ganzen Luther preis. Und so kommt schlechterdings alles darauf an, daß wir ihn an diesem zentralen Punkt richtig verstehen. Wer ihn darin mißversteht, der hat auch kein Recht, ihn als heldische Persönlichkeit und als menschliches Vorbild zu feiern.

Dieses Heldentum hat gar nichts, aber auch gar nichts zu tun mit dem dumpfen Schicksalsglauben altnordischer Sagengestalten. Das „Dennoch", das er der harten Einsicht in die Unerforschbarkeit des göttlichen Geheimnisses entgegensetzt, ist nicht Schicksalstrotz, sondern das Gegenteil: es ist restlose Ergebung in Gottes heiligen Willen, ist unerschütterliches Vertrauen auf seine Vaterliebe — unerschütterlich trotz allem! Es ist nicht Selbstbehauptung um des eigenen Ruhmes willen, sondern ist Selbstpreisgabe um der Ehre Gottes willen. Es ist das fröhliche „Dennoch" des Psalmisten: „Dennoch bleibe ich stets an Dir, denn Du hältst mich bei meiner rechten Hand, Du leitest mich nach Deinem Rat und nimmst mich endlich mit Ehren an. Wenn ich nur Dich habe, so frage ich nichts nach Himmel und Erde. Wenn mir gleich Leib und Seele verschmachtet, so bist Du doch, Gott, alle Zeit meines Herzens Trost und mein Teil." Der verborgene Gott, dessen Wege uns so unbegreiflich sind, ist dennoch, wider allen Augenschein der Vernunft, der Vatergott, der sich unser erbarmt, der unser ewiges Heil sucht, trotz allem Anschein düsterster Tragik. *Einmal* inmitten des unheimlichen Zwielichts der Weltgeschichte ist doch ein ganz helles, klares Licht aufgestrahlt: an jenem Weihnachtsabend, als sich die wahre Natur des verborgenen Gottes den Menschen offenbarte in dem Sohn, der in die Welt gesandt wurde. Freilich: eine Offenbarung erst recht wider alle Vernunft — eine Offenbarung zugleich des Zornes und der Liebe, ebenso erschreckend, ja vernichtend wie beseligend; denn es ist die Offenbarung des Kreuzes, das der Auferstehung vorhergeht. Aber doch gibt es — seltsame Paradoxie! — keinen stärkeren Trost für das Menschenherz als den Anblick des Menschensohnes, der mit Zittern und Zagen im Garten Gethsemane seiner Verhaftung entgegensieht und der dennoch gewiß bleibt: „Ich bin nicht allein, sondern der Vater ist bei mir." Der am Kreuz zu verzagen scheint und das furchtbare Psalmwort betet: „Mein Gott, mein Gott, warum hast Du mich verlassen" — und der dennoch getrost zu sterben weiß: „Vater, in Deine Hände befehle ich meinen Geist." Daß Er, Gott selbst, so tief mit uns zu leiden weiß, das war Luthers stärkster Trost in seinen Anfechtungen. „Bettete ich mir in der Hölle, siehe, so bist Du auch da!" Es ist das Dennoch des Glaubens, die tiefste Paradoxie überhaupt, die das Kernstück seiner religiösen Kämpfe und seiner Verkündigung bildet; und der geheimnisvolle Umschlag von demütig zitternder Unterwerfung zu grenzenlosem Vertrauen ist die wahre Quelle seines Heldentums. Denn wer diesen Umschlag erlebt hat, in der ebenso vernichtenden wie beseligenden, höchstpersönlichen Erfahrung Gottes, den kann keine irdische Gewalt und Not mehr schrecken. Der weiß von einer Gemeinschaft, die ihn über Tod und Teufel und alle menschliche Bosheit triumphieren läßt. Der weiß von der „Freiheit eines Christenmenschen", die ihn befähigt, inmitten aller irdischen Gefahren „auf Gott zu pochen, zu stolzieren und fröhlich zu sein".

Man sieht: diese heroische Frömmigkeit ist weit entfernt von allen Illusionen und schwächlicher Gefühlsseligkeit. Sie trägt nicht mystischen, sondern prophetischen, d. h. kämpferischen Charakter. Dieser Glaube bleibt immer ein äußerstes Wagnis. Er führt nie zu einer Geborgenheit, die über dem Gnadenwillen des offenbarten Christus das dunkel drohende Geheimnis des verborgenen Gottes vergäße. Die gewaltige Spannung des urchristlichen Mysteriums bleibt also immer darin lebendig. Er muß darum immer neu erkämpft werden, in höchstpersönlicher Auseinandersetzung mit Gott — das ist der wahre Sinn der viel berufenen „Autonomie" des lutherischen Gewissens. Er ist auch nicht wissender Glaube, sondern glaubendes Nichtwissen. Auch die Theologie des Kreuzes bringt der Vernunft des Menschen keine Lösung der letzten Welträtsel. Sie ist zuletzt nichts weiter als ein kühnes „Sicherschwingen", wie Luther sagt, von der Verlorenheit des Menschen auf die in Christus erscheinende Gnade Gottes. Das geschieht in einer äußersten Ballung und Preisgabe des Willens zugleich — in einer letzten Steigerung der Paradoxie religiösen Erlebens. Aber ist dieser „starke Sprung" einmal getan, dann bin ich auch enthoben alles Herumdeutelns und Rätselns am Geheimnis des göttlichen Willens, aller mühsamen Ausgleichsversuche zwischen Vernunft und Offenbarung, mit denen die Scholastik sich so viel herumquälte. Ich weiß dann ein für allemal, daß Gottes Wege nicht unsere Wege sind, seine Weisheit unerreichbar hoch über der unseren steht, seine Gerechtigkeit mit unseren Maßstäben niemals begriffen werden kann. „Wer bist du Mensch, daß du mit Gott rechten willst?" (Röm. 9,20). „Gottes heimlicher Wille ist nicht zu erforschen, sondern mit Furcht und Zittern anzubeten als eine tiefe, heilige Heimlichkeit der hohen Majestät." Seiner erbarmenden Liebe gewiß, trotz allem gegenteiligen Augenschein, vertraue ich auf das künftige „Licht der Gnade und Herrlichkeit", in dem offenbar werden wird, was im „Licht der Natur" noch so tief verborgen bleibt.

Es ist genau dieselbe seelische Haltung, die alle großen Gestalten des Neuen Testaments uns zeigen: das Leben in der eschatologischen Erwartung, daß der Herr jeden Augenblick wiederkommen kann: „Noch eine kleine Zeit, ganz klein — und er kommt!" (Hebr. 10,37). Das beständige Schweben also zwischen Zeit und Ewigkeit, deren Grenzen sich verwischen, in der durch Christus gestifteten Liebesgemeinschaft mit Gott, die den letzten Sinn alles Lebens bildet. Leben oder Sterben wird seltsam gleichgültig in solcher Liebesgemeinschaft, ja das Sterben erscheint wohl gar als Gewinn, wie Paulus sagt. Bedeutet das nun eine Abwendung von der bösen Welt, ein bloß duldendes Ausharren in ihren Kämpfen — ein Sichhinüberstrecken der Kreatur aus dem Dunkel ins Licht, ein Sichhinwegsehen des lutherischen Christen aus den ewigen erbarmungslosen Kämpfen dieser Zeitlichkeit in den Gottesfrieden der Ewigkeit?

Ohne Frage ist es weithin so verstanden worden. Es gab und gibt wirklich ein Luthertum, das den schweren Fragen und Nöten dieses irdischen Aeons sich einfach entzieht durch Flucht in die Innerlichkeit — sei es nun in der Form pietistischer Gefühlsseligkeit oder in der weltverachtenden Haltung jener „Theologie der Krisis", die alles menschliche Planen und Organisieren von vornherein unter dem „Gericht Gottes" sieht und darum als gleichgültig, ja gefährlich abtut, die Welt mit ihren ewigen Kämpfen und „geschwinden Läuften" sich selbst überlassend. Wäre dies die echte Haltung Luthers gewesen, so bedeutete in der Tat seine Reformation das Ende des Christentums als weltgestaltender Macht. Lutherische Frömmigkeit würde nicht nur das Selbstvertrauen menschlicher Vernunft im Sinne der humanistischen Bewegung lähmen, sondern ebenso alle Bemühungen im Sinne der katholischen Kirche, die Welt mit christlichem Geist zu durchdringen, eine praktische Moral des christlichen Lebens zu entwickeln. Es gäbe für echt lutherisches Denken keinerlei Verbindung mehr zwischen weltverachtender, weltüberwindender Frömmigkeit des Christentums und weltfreudiger, weltgestaltender Tatkraft im Sinn der Antike. Es gäbe nur noch die harte Entscheidung für das eine oder das andere. Wenn aber die Welt sich selbst überlassen ist, wird ihre Schönheit ebenso gleichgültig wie alles Bemühen, ihren inneren Zusammenhang deutlich zu erfassen. Kunst, Philosophie und Wissenschaft — alle höheren Kulturgüter der Menschheit müßten dann zu wesenlosem Schein verblassen: der Christ wüßte nichts mit ihnen anzufangen, da er, allein dem Jenseits zugewandt, am Diesseits nur noch teilhätte gleich, als hätte er nicht (1. Kor. 7). Uns Heutige aber würde das Gedächtnis Luthers mahnen, in apokalyptischer Erwartung des nahen Endes uns vollends loszulösen von der chaotisch gewordenen Welt rings um uns her, deren stolze Kulturtraditionen so kläglich versagt haben, so jammervoll zusammengebrochen sind, und abzulassen von dem vergeblichen Bemühen, mit äußerstem Einsatz menschlicher Geistes- und Willenskräfte einen Neubau, einen Notbau menschlicher Kultur wieder aufzurichten aus lauter Schutt und Trümmern.

Aber wer Luther so versteht, hat ihn wiederum gründlich mißverstanden. Das Mißverständnis liegt freilich nahe; denn es entspringt abermals aus einer Paradoxie, d. h. aus einer Haltung Luthers, die scheinbar ein Widerspruch in sich selbst ist. Niemand hat mit solcher Energie wie er geeifert wider die Verwischung der Grenzen zwischen Vernunft und Offenbarung, zwischen Irdischem und Göttlichem, zwischen Natur und Gnade, dem Reich Gottes und dem Reich der Welt, zwischen Religion und Politik. Aber niemand hat anderseits so radikal wie er die beiden Reiche in eins gesetzt: sie bilden für ihn weder einen Stufenbau, noch stehen sie unverbunden nebeneinander, sondern überschneiden einander total. Jawohl: das Reich Gottes ist nicht von dieser Welt; aber es bedeutet einen totalen Herrschaftsanspruch Gottes über diese Welt. Nur nicht in der Form der Priesterherrschaft und einer kirchlichen Machtorganisation, sondern ausschließlich als Gesinnungsanspruch, in der Form der reinen Innerlichkeit — aber darum nicht mit geringerem, sondern mit noch größerem Ernst gepredigt. Es gibt keinen Raum außerhalb der irdischen Welt für den Christen, keinen stillen Kirchenwinkel oder Klosterkreuzgang, in den er flüchten kann aus dem Verhaftetsein an das irdische Dasein mit dem ganzen Gedränge seines Alltags und seiner Pflichtenkonflikte; aber es gibt auch kein irdisches Alltagswerk, und sei es noch so alltäglich und gering, das den Christen nicht in jedem Augenblick vor das Angesicht Gottes riefe, in dem er sich nicht vor ihm zu verantworten hätte. Denn Gott ist der Herr der ganzen Welt — ein Gott nicht der Heiligen, sondern der Sünder und Alltagsmenschen; mit bloßer Anbetung ist es da nicht getan, sondern alles Menschenwerk geschieht zuletzt in seinem Dienst und Auftrag, gerade auch unsere Alltagsarbeit, die wir als Gottes-Dienst, d. h. in Furcht vor ihm und aus Liebe zu ihm, verrichten sollen.

Es gehört zu den paradoxen Wesenszügen reformatorischer Frömmigkeit, daß sie den Christen um so energischer an seine Alltagsaufgaben, an sein Wirken in der Welt verweist, je strenger sie es mit seiner geistlichen Verpflichtung nimmt. Er soll sein Christsein in der Welt selbst, nicht aber in irgendeinem geistlichen Raum bewähren — wie, dafür gibt es keine feste Regel, keine Einzelvorschrift vom Beichtstuhl her, sondern allein die in freier Gewissenserforschung vor Gottes Angesicht, aber nach biblischem Maßstab zu treffende konkrete Entscheidung des Handelnden selbst. Fürwahr, eine unendliche Aufgabe! Sie trägt den Charakter unbedingter Verpflichtung, die durch keine kluge Anpassung an die politische Wirklichkeit abgeschwächt werden darf. Und sie will doch ohne Illusionen angepackt werden — ohne die Selbsttäuschung, als gäbe es unfehlbare, vor Irrtum und Sünde geschützte Entscheidungen des menschlichen Gewissens (etwa auf Grund „natürlicher", eindeutig als gottgewollt erkennbarer „Wesensordnungen") — als könnten wir mit unserem Tun jemals über das Kreatürliche, über das Sündig-Unvollkommene, die Unzulänglichkeit alles Menschenwerkes hinausgelangen und die Welt in ein Paradies, ein Gottesreich zurückverwandeln. Aber solche nüchterne Einsicht hindert nicht, sondern fordert erst recht den vollen Einsatz aller Geistes- und Willenskräfte. Sie zerstört freilich den Irrwahn des Menschen, als könnte er selbstherrlich, d. h. auf dem Boden bloßer Humanität, einen wirklich haltbaren Bau echter Kultur errichten, der nicht bei jeder äußeren Erschütterung kläglich zusammenbricht. Aber der Christ ist darum nicht minder zum Dienst an der Aufrichtung echter Kultur, auf dem Boden christlicher Sittlichkeit, aufgefordert. In solchem Dienst findet auch die Wissenschaft, das Weltverständnis natürlicher Vernunft, ihren Platz und ein freies Tätigkeitsfeld, ungehemmt durch klerikale Aufsicht — nur daß sie sich nicht einbilden darf, das Geheimnis der letzten Dinge, die Wirklichkeit Gottes enthüllen und verstehen zu können. Zum Lobe Gottes freuen wir uns auch an der Schönheit der Welt: in Luther selbst hat ein Künstler gesteckt, und von kunstfeindlichem Puritanismus blieb gerade das Luthertum immer sehr weit entfernt. Nur daß die Kunst nicht vergöttert, das ästhetische Gefühl nicht zum Religionsersatz werden darf. Es gibt keinen Bereich des Irdischen, in dem sich der Mensch gesichert fühlen dürfte vor dem unbedingten Herrschaftsanspruch Gottes; und so hat denn auch Luther sich nicht gescheut, den ganzen Umkreis wirtschaftlicher, sozialer und politischer Fragen, die seine Zeit bewegten, vom Geist der Reformation her mit männlichem Mut anzupacken. Man hat ihn einen Fürstendiener und Prediger des stumpfen Untertanengehorsams gescholten[4]. In Wahrheit hat niemals ein christlicher Theologe den Machthabern seiner Zeit mit so rücksichtslosem Freimut, ja mit geradezu revolutionär klingenden Wendungen ins Gewissen geredet wie er, kein anderer jemals mit tieferem Ernst sie an ihre Verantwortung vor Gott gemahnt. Was er über die weltliche Obrigkeit, ihre politische und geistliche Verantwortlichkeit sagt, ist natürlich im einzelnen gebunden an die politischen Vorstellungen einer heute versunkenen Epoche; aber es zeigt denselben nüchtern-klaren Wirklichkeitssinn wie seine ganze Theologie und zeichnet sich dadurch vor vielen Reden und Staatslehren politisierender Theologen aus. Es ist auch keineswegs bloße Theorie geblieben, sondern hat wesentlich dazu beigetragen, den Geist des neuen christlichen Fürstenstaates zu bestimmen, der sich damals aus den Trümmerstücken des alten deutschen Reiches aufbaute. Und so hat Luther durch seine Reformation nicht bloß eine neue Gestalt der Kirche, sondern einen neuen Typus christlich-abendländischer Kultur schaffen helfen — die Weltwirkung seines Auftretens reicht weit über sein eigenes Leben, sein ursprüngliches Wollen und sein eigenes Wissen hinaus.

IV. LUTHER UND DER DEUTSCHE GEIST
(1941)

In ganz besonderem Sinn verdient Martin Luther unter den Großen unserer Geschichte die Kennzeichnung als „Deutscher". Aus kerndeutschem Stamm als Sohn eines thüringischen Bauerngeschlechts entsprossen, faßt er mit so viel ursprünglicher Kraft und so unmittelbar anschaulich wie kaum ein zweiter die eigentümlichsten Wesenszüge deutschen Volkstums, seine Vorzüge wie seine Schwächen, in sich zusammen. Auf der Schwelle vom Mittelalter zur Neuzeit stehend, bringt er in seiner geistigen Erscheinung alles, was deutsch war im frommen Empfinden, Denken und Gestalten des Mittelalters, recht eigentlich erst ans Licht, indem er eine dicke Decke romanischer Kirchlichkeit, die sich allmählich darüber gelagert hatte, gewaltsam durchstößt. Wichtiger noch: durch die Fortwirkung seiner reformatorischen Tat hat er tiefer und nachhaltiger als sonst irgendein Einzelner die geistige Eigenart der Deutschen in den neueren Jahrhunderten mitbegründet. Zugleich aber hat er dem Einfluß deutschen Geistes auf die Gestaltung des modernen Europa höchst überraschend — nach langen Jahrhunderten der geistigen Vorherrschaft Frankreichs und neuerdings Italiens! — die Bahn gebrochen, ja man kann sagen: deutscher Geistesart zeitweilig eine Führerstellung, zumal im Norden und Osten Europas, verschafft.

Um die geschichtliche Bedeutung dieser Tatsache recht zu würdigen, müssen wir uns zunächst fragen, was das Wesentliche, Entscheidende seiner Reformationstat gewesen ist. Eine überaus viel umstrittene Frage! Jedes Zeitalter hat auf seine Art sich die Antwort zurechtgelegt. Das Luthertum des 16. und 17. Jahrhunderts pries ihn als Gründer und Vater seiner Kirche — einer Kirche, die doch gerade in Deutschland, in engen und gedrückten staatlichen Verhältnissen, es niemals zu wirklich imponierender Größe gebracht hat (im skandinavischen Norden war das freilich anders). Die Aufklärung des 18. Jahrhunderts meinte in ihm den Zerstörer mittelalterlichen Aberglaubens, den Vorläufer moderner Geistesfreiheit zu erkennen —

IV. Luther und der deutsche Geist

soweit man nicht schon damals mit Voltaire hochmütig spottete über den beschränkten Mönch, der zum Revolutionär wurde, weil er „seinen Beruf verfehlt hatte", oder mit Friedrich dem Großen über den „wütenden Zeloten" und „geschmacklosen Barbaren". Und in der Tat: wer die entscheidende Leistung der Reformation in der Vorbereitung moderner „Geistesfreiheit" sieht und diese wesentlich als Freiheit des Geistes von religiösen Denkformen, als reine Diesseitigkeit faßt, wird immer wieder von Luther enttäuscht werden. Man kann ihn ebensogut als Vollender höchstgesteigerter mittelalterlich-christlicher Frömmigkeitsideale wie als Zerstörer der kirchlichen Hierarchie des Mittelalters auffassen. Die Betrachtungen des vorangehenden Aufsatzes haben das deutlich gezeigt. Sie haben auf den Punkt hingeführt, von dem aus Luthers Wesensart allein recht verstanden und gewürdigt werden kann. Er war religiöser Prophet schlechthin. In den innerlichsten Bezirken seines Geistes, in den geheimnisvollen Abgründen seines Gemütes, in seinem Ringen mit Gott muß man ihn aufsuchen, wenn man begreifen will, was er war und für die Weltgeschichte bedeutet.

Damit ist schon gesagt, daß die geschichtliche Bedeutung Luthers sich nicht auf unsere Nation beschränkt: seine Predigt setzte sich eine Erneuerung und Vertiefung christlicher Frömmigkeit überhaupt zum Ziel, und von einem besonderen deutschen Christenglauben zu reden, wäre ihm sicher als Lästerung Gottes erschienen. Aber indem wir das festhalten, dürfen wir nun doch auch nach den besonderen *deutschen Wesenszügen* fragen, die ihn als einen Sohn unseres Volkes aus der Reihe anderer Prophetengestalten der christlichen Kirche herausheben. Und schließlich gilt es — wenigstens in vorläufigen Umrissen — zu erfassen, wie seine Predigt und Lehre, in einer durch Jahrhunderte fortgesetzten Erziehungsarbeit seiner Kirche, in den Geist unserer Nation eingedrungen ist, wie sie deren geschichtliche Erscheinung unter den anderen Nationen Europas mitbestimmt, ihren besonderen Charakter mit ausgeprägt hat.

In besonderem Sinn „deutsch" erscheint uns zunächst die unbewußte Genialität und die reine Innerlichkeit der reformatorischen Tat Luthers:[5] eben dies also, daß er nicht von außen her zu einer Neuerfassung der christlichen Botschaft gelangt ist (wie die angelsächsischen Kirchenreformer und der Schweizer Zwingli in ihrer mehr willensmäßig bestimmten Nüchternheit), sondern (wir hörten es schon) ganz von innen her. Diese Eigenart macht einen wesentlichen Teil seiner Größe aus und bedeutet zugleich eine Grenze: immer blieb das Organisatorische seines Wirkens, die Neugestaltung der Kirche, ihrer Verfassung, ihrer Kultusformen und ihrer Stellung im Weltleben der schwächere Teil seiner Leistung. Und nicht in radikalem, raschem, klarem Entschluß, wie der Franzose Calvin, ringt er sich zu seiner neuen Erkenntnis durch, sondern in mühsamen, niemals endenden Kämpfen, die nur langsam aus trüber, angstvoller Dumpfheit zu freudiger Klarheit emporführen. Die Genialität auch seiner theologischen Leistung wurzelt nicht eigentlich in der Sphäre intellektueller Zweifel, sondern durchaus in der Sphäre des Gemüts. Ja sie ist in ihrem Kern nichts anderes als Befreiung der Theologie von aller rein intellektuellen Problematik, ihre Herstellung als reine Auslegung der religiösen, wesenhaft paradoxen Uroffenbarung des Christentums. Eben darauf beruht ihr Gegensatz zu der Geisteswelt des hell-verständigen Humanisten Zwingli. Aber auch das Bedürfnis, das Calvin von Anfang an beherrschte: die eigene religiöse Haltung systematisch-lehrhaft zu begründen, in bewußter Klarheit und radikaler Entschlossenheit gegen die katholische Tradition abzusetzen, war in Luther nur schwach entwickelt. Er hat niemals ein theologisches Lehrbuch geschrieben, sondern den ganzen Reichtum seiner Gedanken ausgeströmt in einem Schrifttum von ungeheurer Formlosigkeit: in zahllosen Gelegenheitsschriften zumeist geringen Umfangs, wesentlich seelsorgerlicher oder polemischer Art: Auslegung der Heiligen Schriften, Predigten, Erbauungs- und Streitschriften des verschiedenartigsten Inhalts. Gerade in den Streitschriften erscheint Luther besonders deutlich als Vertreter echt deutscher Art: in der Gleichgültigkeit gegen die äußere Form bei größter Fülle und Tiefe des Gehalts; in dem schweren, unerbittlichen Ernst der Überzeugung und der Abneigung gegen alles Spiel dialektischer Künste, wie es die Scholastik, ihrem romanischen Ursprung gemäß, zur Hauptsache gemacht hatte; in der Maßlosigkeit des Zorns, der ihn in der Kampfeshitze überkommt, wohl gar zu bäurisch-unflätigem Anschreien und Schmähen des Gegners verführt, aber doch stets verbunden bleibt mit einem wahrhaft bezwingenden Humor, der ihm die Herzen seiner Deutschen im Sturme gewann und der ebenso an die ungeschlachten Reckengestalten deutscher Vorzeit wie an den Grimm und die Spottlust eines Bismarck erinnert.

Daß er in alledem die schwerste Erschütterung der mittelalterlichen Kirche heraufführte, die diese jemals erfahren hat, eine Revolution des abendländischen Geistes von unabsehbarem Umfang, wurde ihm erst sehr spät und vielleicht niemals mit voller Klarheit bewußt. Auch darin war er echt deutsch, daß er kein Revolutionär sein wollte, sondern ein Reformator: ein konservativer Mann, der das Gute, Alte, Echte, den ewigen Gehalt christlichen Wesens wiederherstellen wollte, statt das Überlieferte zu zerstören. Ein schlichter Gottesmann ohne revolutionäre Gesten, ohne alle fanatische Glut der Rede, seltsam abstechend von dem theatralischen Pathos romanischer Heiliger — ein deutscher Professor, der nichts anderes sein wollte als ein Wahrheitssucher, ein Ausleger des reinen Gotteswortes —, unverständlich dem romanischen Empfinden des Spaniers auf dem deutschen Kaiserthron, aber gerade mit seiner anspruchslosen Sachlichkeit und seiner herzhaften Derbheit den Deutschen seiner Tage (wie wir aus tausend Zeugnissen wissen) besonders lieb und vertraut. Weil es ihm allein auf das Grundsätzliche, auf den tiefsten Gehalt religiöser Gesinnung ankam und nicht auf das Organisieren; weil ihm alles widerstrebte, was eine Erneuerung des religiös-sittlichen Lebens herbeiführen will durch Änderung äußerer Einrichtungen, durch staatlich-kirchlichen Zwang, durch lärmenden Umsturz — darum lehnte er es ab, der Gründer eines neuen Ordens oder einer neuen kirchlichen Rechtsanstalt zu werden. Seine Predigt richtete sich an die Herzen, nicht an die Fäuste, deren rohem Eingreifen er im Bauernkrieg mit höchster Erbitterung gewehrt hat. Nicht radikalen Umsturz aller kirchlichen Tradition (auch in den Formen des Gottesdienstes) hat er gepredigt wie der Franzose Calvin, sondern ehrfürchtige Fortbildung des Überlieferten, Pflege eines neuen Geistes in den alten Formen. Gott ist es, der in den Menschenherzen wirken muß, soll ein neuer Geist entstehen: diese tief religiöse Überzeugung machte es ihm unmöglich, auf Menschenwerk viel zu vertrauen.

Eben darin erscheint er als Vollender und Erfüller dessen, was man durch die Jahrhunderte des Mittelalters hindurch als den am meisten charakteristischen Zug deutscher Frömmigkeit verfolgen kann: einer Bewegung, die das äußerliche Kirchenwesen zurückdrängen möchte zugunsten einer verinnerlichten Frömmigkeit, der die priesterliche Mittlerstellung und damit der ganze hierarchische Sakralapparat der alten Kirche unwesentlich erscheint neben dem eigentlich religiösen Lebensprozeß, dem unmittelbaren Ergreifen Gottes durch die Seele[6]). Indem Luther diese Bewegung vollendete und zum Siege führte, riß er die deutsche Frömmigkeit vom Bann des romanischen Kirchenwesens los. Er brachte einem Sehnen die Erfüllung, das schon lange gerade die innerlichsten Naturen in Deutschland bewegt hatte. Eben darauf beruhte die Nachhaltigkeit und Tiefe seiner Wirkung als Volksprediger.

Seinen schnellen äußeren Erfolg, die unglaublich rasche und weite Verbreitung seiner Flugschriften verdankte er freilich mehr äußerlichen Motiven: die Masse der Deutschen las und verstand sie vor allem als Kampfrufe gegen Rom. Eine ganze Woge von Beschwerden gegen die römischen Pfaffen und gegen ihre Mißwirtschaft, von Erbitterung und Haß gegen die kirchliche Hierarchie und ihre welschen Häupter brauste dem Wittenberger Mönch entgegen, sobald er nur mit seinen Ablaßthesen vor einer breiteren Öffentlichkeit den Mund auftat. Die Herolde nationalen Ruhmes der Deutschen, die Humanisten von der Art Huttens, taten das Ihre dazu, um ihn in diesem Sinne als Vorkämpfer „teutscher Nation" erscheinen zu lassen. Auf die Unterstützung des deutschen Adels, dessen Gravamina gegen die „Römlinge" seit langem alle Reichstage erfüllten, hat Luther in seiner bekanntesten und wirksamsten Reformschrift selbst gerechnet. Aber im Grunde war das doch ein Mißverständnis[7]. Mit dem „Freiheits"-Bedürfnis dieser Junker, dessen materieller Hintergrund oft allzu deutlich durch die patriotische Entrüstung hindurchschimmerte, hatte der Reformator im Grunde gar nichts zu tun. Nicht die politische und materielle Wohlfahrt, sondern das Seelenheil des deutschen Volkes lag ihm am Herzen, als er seinen Angriff auf das Papsttum unternahm. Die Hilfserbietungen der Ritter vom Schwert und von der Feder waren ihm auf dem Höhepunkt der kirchenpolitischen Krisis nicht unwillkommen; aber die rein religiösen Motive seines Kampfes ließ er sich keinen Augenblick dadurch verfälschen.

Ganz gewiß war er ein deutscher Patriot, voll eifersüchtigen Stolzes auf unsere vaterländische Art: „Für meine Deutschen bin ich geboren, ihnen will ich auch dienen" — das empfand er als einen von Gott ihm gewordenen besonderen Auftrag, und er wurde nicht müde, es in seinen Schriften immer neu zu betonen. Schon in Worms 1521 vor Kaiser und Reich berief er sich auf die heilige Pflicht, sein Deutschland vor Unheil bewahren zu helfen: vor dem Unheil päpstlicher Fremdherrschaft, vor allem aber der Verleugnung göttlicher Wahrheit. Als deutschen Patrioten bekümmerte und ängstigte ihn die klägliche Schwäche und Uneinigkeit des Reiches, wie sie sich in den Türkenfeldzügen immer neu offenbarte. Er malte sich gern aus, wie stark dieses menschenreiche und blühende Land sein könnte, hätte es nur „einen rechten Herrn", wäre „unter einem Haupt und in einer Hand": es könnte dann „alle Tage 50 000 Mann in Stillem erhalten" — eine ständig in den Waffen geübte Truppe nach Art der altrömischen Legionen. Luthers Aufrufe zum Krieg gegen die Türken atmen einen überaus männlichen, ja kriegerischen Patriotismus: er mahnt zu sehr starken Rüstungen, zu rücksichtslosem Widerstand gegen die Eindringlinge, nötigenfalls unter Verwüstung des eigenen Landes, und erinnert (ganz im Stil der Humanisten) an die tapferen Weiber der Cimbern und Teutonen, die ihren Männern sogar in der Schlacht beigestanden hätten. Echt deutsch-humanistisch ist auch seine Forderung, auf den Universitäten deutsche Chroniken und Historien zu lesen, um die Heldengeschichte des eigenen Vaterlandes neben der antiken besser als bisher zur Geltung zu bringen. Ja, die Befreiung Deutschlands vom römischen Joch kann ihm auch wohl als Sache der nationalen Ehre erscheinen, der Sieg des Papsttums auf dem Augsburger Reichstag von 1530 als eine Schande für den deutschen Namen, selbst unter Tataren, Moskowitern und Türken; sie ist so groß, daß man sich geradezu schämt, als Deutscher geboren zu sein! Aber dieser Patriotismus ist von ganz altertümlich schlichter, naiver Art; politische Reformideen schließt er nicht ein[8]), und von prahlerischem Auftrumpfen, chauvinistischer Selbstüberhebung oder gar imperialem Machtdrang im Stil der Hutten und Wimpfeling bleibt er sehr weit entfernt. Sich selbst hat Luther nie als politischen Vorkämpfer, sondern immer nur als Seelsorger seiner Nation empfunden. Eben deshalb wußte er auch gar nichts von selbstgefälliger Bespiegelung des deutschen Wesens — im Gegenteil: er hat jederzeit mit rücksichtsloser, oft zorniger Härte seinen lieben Deutschen, diesen „vollen Säuen", „Eseln des Papstes" und „tollen Narren" ins Gewissen geredet, ihre Nationallaster, vor allem ihre Völlerei und gedankenlose Trägheit immer wieder gegeißelt, ihre Christenpflichten ihnen unermüdlich vorgerückt. Es wird schwerlich einen zweiten Volksschriftsteller geben, der es wagen konnte, so rücksichtslos zu den Massen zu reden, ohne seine Popularität aufs Spiel zu setzen.

Was ihn so volkstümlich machte, war nicht zum wenigsten seine aus der Tiefe echter Volksüberlieferung schöpfende, wurzelhaft anschauliche und kraftvolle deutsche *Sprache*. Der urtümlichen Deutschheit seines Wesens hat die scholastische und die humanistische Erziehung so wenig anhaben können, daß gerade er, der Mönch und Gelehrte, zum größten Meister des geschriebenen deutchen Wortes, in gewissem Sinn sogar zum Schöpfer unserer neuen, gemeindeutschen Schriftsprache geworden ist. Gewiß war deren Herausbildung von mancherlei Seiten vorbereitet, vor allem in der lautlichen Gestaltung, Wortbiegung und Rechtschreibung, und sicherlich waren noch viele andere Kräfte an ihrem Werden beteiligt. Aber die einzigartige Verbindung von höchster Schlagkraft und Klarheit mit größter Lebendigkeit, Fülle und Anschaulichkeit des Ausdruckes, von tiefstem Ernst mit sprühendem Humor, von rücksichtsloser, zuweilen barbarischer Derbheit mit äußerster Zartheit, ja Innigkeit des Tones, die Luthers Schriften eigen war, hat doch kein zweiter neben ihm erreicht. Und so hat sein Schrifttum sich wie kein anderes durchgesetzt, ist für den deutschen Prosastil und Wortgebrauch weithin vorbildlich geworden. Vor allem von seiner Bibelübersetzung gilt das. Sie ist bekanntlich für Luther nicht ein Neben-, sondern ein Hauptwerk gewesen, das Ergebnis einer überaus sorgsamen, durch Jahrzehnte fortgesetzten Arbeit des Studierens, Probierens, Besserns, Durchdenkens — immer mit dem Ziel: nicht nur den sprachlich korrektesten, sondern vor allem den am meisten deutschen, d. h. den anschaulich-verständlichsten, einprägsamsten Ausdruck zu finden. Nur eine Persönlichkeit wie er, der in der Sphäre subtiler theologischer Begrifflichkeit ebenso zu Hause war wie in den Sprichwörtern, Fabeln und sprichwörtlichen Redensarten des gemeinen Mannes, die er planmäßig sammelte, vermochte eine Lösung zu finden, die allen Schichten des deutschen Volkes zugleich mundgerecht war. Tatsächlich hat dieses Bibelwerk durch Jahrhunderte deutsches Denken und Dichten aufs stärkste mitbestimmt, und der Erzton lutherischer Psalmen läutet unverkennbar bis in die Sprache unserer größten neueren Dichter hinein. Es ist nicht auszudenken, wieviel das lutherische Schrifttum dazu mitgeholfen hat, ein Gemeinschaftsbewußtsein aller deutschen Stämme und Mundarten, weit über die Grenzen des Reiches hinaus, zu schaffen. Mehr noch: gerade in den Außenbezirken Deutschlands, unter den Volkstumssplittern und Grenzmärkern des weiten Ostens von Reval und Riga bis nach Sudetenland, Siebenbürgen und Krain hat die Predigt und Bibelübersetzung Luthers eine gar nicht zu überschätzende volkserhaltende Wirkung gehabt. Hier verband sich im Lauf der Entwicklung das Bewußtsein deutschen Volkstums immer enger und fester mit dem protestantischen Bewußtsein, und je größer die Erfolge der Gegenreformation in Polen, Ungarn und anderen Grenzländern wurden, um so enger verschmolz hier der Gegensatz der Volksart mit dem der Konfessionen.

Damit sind wir schon an die Frage der Einwirkung Luthers auf die *Gestaltung des deutschen Wesens* in den neueren Jahrhunderten herangelangt. Sie ist sehr viel schwerer zu beantworten, als es sich die liberal-nationale Geschichtsschreibung des vorigen Jahrhunderts gedacht hat, der die Reformation Luthers noch wesentlich als eine „Befreiungstat" erschien, ohne viel Unterscheidung zwischen religiös-kirchlichen und politischen Bindungen. Erst

IV. Luther und der deutsche Geist

die neuere Forschung (angeregt vor allem durch die Fragestellungen von Dilthey und Troeltsch, dann aber auch durch das vertiefte Lutherverständnis unserer Tage) hat deutlicher gesehen, daß eine so bewußt und ausschließlich religiöse Bewegung wie die Luthers nicht ohne weiteres als „Kultur"-Ereignis, am wenigsten als Entwicklungsstufe im Prozeß der allgemeinen Verweltlichung des modernen Denkens gedeutet werden kann. Nur insofern wird sie auf die Gestaltung des wirtschaftlich-sozialen, politischen und geistigen Lebens Einfluß ausüben, als sie von der neuen Gottesidee her auch ein neues Verhältnis zur „Welt" gewinnt: neue seelische Kräfte ausströmt, alte kirchlich-hierarchische Lebensformen zerbricht, neue Gemeinschaftsformen schafft. Nun hörten wir schon, daß für Luther die beiden Reiche der Welt und Gottes keineswegs einfach auseinander fallen, sondern einander überschneiden und durchdringen sollen. Mag die Welt auch unter dem Gericht Gottes stehen, so bleibt sie dennoch der Kampfplatz, auf dem der Christ in täglichem Einsatz seinen Glauben zu bewähren hat. So erscheint das Evangelium in der Tat dazu bestimmt, wie der Sauerteig die ganze Masse weltlicher Kultur zu durchdringen. Aber *wie* das nun geschehen soll, das ist im einzelnen gar nicht im voraus zu bestimmen; und welchen Einfluß praktisch das Luthertum auf das allgemeine Kulturleben geübt hat, das ist um so schwerer zu erkennen, als die paradoxale Haltung des Reformators selbst — mitten im deutschen Leben seiner Tage stehend und doch, als rein religiöser Prophet, im Innersten fremd den Motiven dieser Welt — fast notwendig zu mancherlei Mißverständnissen seiner Epigonen führte. Im ganzen neigte das orthodoxe Luthertum dazu, im Gegensatz zum Calvinismus, als eine Religion der reinen Innerlichkeit der bösen Welt ihre „geschwinden Läufte" selbst zu überlassen, sofern nur nicht die „reine Lehre" in Gefahr geriet.

Danach ist ganz besondere Vorsicht geboten, wenn man die Wirkung der lutherischen Reformation auf das politische Schicksal Deutschlands und auf die innere Entwicklung des *deutschen Staatslebens* beurteilen will. Allzu voreilig hat man ihn im Zeitalter des nationalen Liberalismus als „Befreier" des modernen weltlichen Staates von der Vormundschaft der Kirche gefeiert. Gewiß: indem er das Amt der weltlichen Obrigkeit aus Gottes unmittelbarem Auftrag ableitete, erkannte er ihre (praktisch schon längst vollzogene) Emanzipation von der kirchlichen Vormundschaft ausdrücklich an. Und indem er den großartigen Bau des kirchlichen Rechtssystems zerstörte, schuf er einen gewaltig erweiterten Raum für das weltliche Recht. Indessen wäre es eine Illusion, die „weltliche Obrigkeit" Luthers als „modernen", d. h. grundsätzlich religiös neutralen Staat zu betrachten, wie es die liberalen Kulturkämpfer meinten, wenn sie sich auf Luther beriefen. Für ihn war es selbstverständlich, daß der Landesherr als „christliche Obrigkeit" die Christenpflicht habe, den idealen Zwecken der Kirche durch ihren Schutz und ihre Mitwirkung an der äußeren Organisation christlichen Lebens zu dienen und daß er dabei geistlichem Rat willig folgen müsse. Wie hätte er den „modernen Staat" auch kennen sollen, da in dem Deutschland seiner Zeit nur halbfeudale, ganz patriarchalische Landesherrschaften von höchst altfränkischer Art existierten? Und hätte er ihn gekannt, so wäre er der Letzte gewesen, der bereit war, dem Dämon der Macht eine „sittliche Autonomie seiner Lebenszwecke", unabhängig vom göttlichen Sittengebot, zu bewilligen.

Trotzdem sind höchst bedeutende politische Auswirkungen der lutherischen Tat im deutschen Leben deutlich genug zu erkennen. Wie sich das Schicksal des Reiches und die innere Entwicklung der fürstlichen Territorialstaaten unter ihrem Einfluß gestaltete, darüber habe ich schon an anderer Stelle dieses Buches eingehender gehandelt[9]. Wer von den innerpolitischen Wirkungen des Luthertums spricht, pflegt in erster Linie an seine Predigt von der unbedingten Gehorsamspflicht der Untertanen, auch gegen ungerechte und grausame Herrscher, zu denken und somit Luther für die Entwicklung des fürstlich-bürokratischen Absolutismus in Deutschland verantwortlich zu machen. Als ob sich der nicht auch ohne die Reformation, und gerade in katholischen Gebieten eher noch rascher und rücksichtsloser, entwickelt hätte! In welcher Richtung hat denn überhaupt das Luthertum die landesfürstlichen Regierungen praktisch beeinflußt? Trotz allem, was man gegen die nach außen unsichere, im Innern hochkonservative Politik lutherischer Territorien im 16. und 17. Jahrhundert sagen mag (insbesondere auch gegen ihre Befangenheit in kleinlichste Streitigkeiten um die rechte Lehre), wird sich doch nicht leugnen lassen, daß hier den altchristlichen Idealen einer Herrschaft des „Friedens und der Gerechtigkeit" mit wesentlich verstärktem Eifer nachgestrebt wurde, daß es wenigstens den besseren unter den deutschen Landesfürsten, solange noch der religiöse Eifer der Reformationsepoche nachwirkte, ein sehr ernstliches Anliegen war, für das leibliche und seelische Heil ihrer Untertanen zu sorgen, nicht bloß für den Glanz ihrer Höfe und den Ruhm ihrer eigenen Person. Die Zwangsmittel, mit denen der christliche Polizeistaat jener Epoche seine Untertanen zu einem gottseligen und ehrbaren Leben zu erziehen suchte, muten den

IV. Luther und der deutsche Geist

modernen Menschen freilich höchst seltsam an. Aber an der heilvollen moralischen Wirkung dieser Volkserziehung im ganzen haben wir keinen Grund zu zweifeln, wenn auch die unveränderte Fortdauer wüsten mittelalterlichen Aberglaubens und barbarischer Roheit im Leben und Treiben der Höfe und in der Strafjustiz (besonders in den Hexenverfolgungen!) unsere Anerkennung stark beeinträchtigt. Man braucht nur die arge Vernachlässigung der sittlichen, religiösen und intellektuellen Volkserziehung in den romanischen Ländern, den Kerngebieten der Renaissance und der Gegenreformation, daneben zu halten, um den Wert dieser straffen Zucht des deutschen Fürstenstaates recht zu schätzen. Das Endergebnis war ein friedsam loyaler Untertanengehorsam ehrbarer Staatsbürger, nicht selten gesteigert zu kriechender Servilität, die uns heute abstößt. Aber man würde Luther bitter Unrecht tun, wollte man ihn selbst, den großen unerschrockenen Kämpfer, für solche Entartungserscheinungen verantwortlich machen. Kühner und stolzer, ja drohender hat nie jemand mit den „großen Hansen" dieser Erde geredet als der Verfasser der Kampfschrift „von weltlicher Oberkeit, wie weit man ihr Gehorsam schuldig sei" oder des berühmten Schreibens an Friedrich von Sachsen vom März 1522. Und seine Bewunderung der „heroischen Männer", der „Wundermänner Gottes", die von Zeit zu Zeit in der Welt erscheinen, um mit göttlicher Erlaubnis wider alle Regel und rechtliches Herkommen politische Neuschöpfungen zu vollbringen und dadurch den Gang der Geschichte mächtig vorwärts zu treiben, zeugt von einer Freiheit und Großartigkeit der Geschichtsauffassung, die in Erstaunen setzt und weit von dem üblichen Bild lutherischer Gehorsamspredigt abweicht[10]). Luthers Epigonen freilich haben sich diese große innere Freiheit nicht bewahrt; aber war wirklich ihr Luthertum daran schuld oder nicht vielmehr die kleinliche Enge der deutschen politischen Verhältnisse? Daß auch auf lutherischem Boden eine großartige Staatskirchenbildung und eine heroisch-kämpferische Politik größten Stils möglich war, zeigt allein schon die Erscheinung Gustav Adolfs von Schweden[11]). Schließlich hat sogar noch in der Staatsauffassung Friedrichs des Großen (wenn auch unbewußt) ein echtes Stück von dem Erbe deutscher protestantischer Fürstenethik nachgewirkt, wenn der große König als „erster Diener des Staates" seine „verfluchte Pflicht und Schuldigkeit" tut, so folgt er damit nur den Spuren seiner Vorgänger, zumal seines Vaters, der sich noch in ungebrochen christlicher Tradition als Gottes Amtmann verpflichtet fühlte, sein Tagewerk zum Wohl der ihm anvertrauten Untertanen pünktlich zu verrichten. Eben diese Auffassung von Fürstenpflicht ist aber gerade das charakteristische Unterscheidungsmerkmal des friderizianischen Königtums gegenüber dem Absolutismus französischen Stils! Der ausgesprochen protestantische Charakter gerade des brandenburgisch-preußischen Absolutismus und der bewußte Gegensatz, in dem er zu der Zeremonienpracht, der Fürstenvergötterung und dem ganzen Hofkirchenwesen katholischer Höfe in Süddeutschland und in den romanischen Ländern stand, wird von der neueren Forschung immer deutlicher erkannt. Gewiß: das religiöse Pflichtbewußtsein der deutschen Landesväter (und auch Stadtobrigkeiten) ist nicht erst durch die Reformation geschaffen worden; man kann es schon seit den Anfängen deutscher Territorialherrschaft verfolgen: es ist zuletzt ein Erbe des christlichen Mittelalters. Aber wieviel trug die Reformation doch dazu bei, dieses religiöse Bewußtsein in den Landesherren lebendig zu erhalten! Vor allem schärfte sie ihnen jetzt ausdrücklich als landesväterliche Pflicht ein, was sie vielfach schon vorher, infolge des Versagens kirchlicher Instanzen, an kirchlichen Kulturaufgaben übernommen hatten (vor allem die Fürsorge für das Schul- und Armenwesen); so half sie auch an ihrem Teil, den deutschen Territorialstaat höheren Aufgaben als dem bloßen Zusammenscharren fürstlichen Hausgutes zuzuführen.

Mit alledem soll nicht etwa geleugnet werden, daß die Auswirkung der lutherischen Reformation auf das staatliche Leben im ganzen, und vor allem auf deutschem Boden, weit schwächer gewesen ist als die des Calvinismus, der seinerseits ganz unmittelbar und greifbar die Welt hat umgestalten helfen, ja sogar an der Unterwerfung des Erdballs für die europäische Zivilisation einen recht erheblichen Anteil besitzt. Dem lutherischen Kirchenwesen fehlte vor allem die geschlossene, dem Staat gegenüber selbständige Organisation, mit der Calvin seine Kirche ausgerüstet hatte, und damit auch die imponierende politische Stoßkraft, die dem Calvinismus eine so breite Weltwirkung ermöglichte. Die Frage ist nur, ob wir Deutschen das ausschließlich als einen Mangel zu beklagen haben und ob etwa den theologisierenden Politikern Recht zu geben ist, die nach dem unglücklichen Kriegsausgang von 1918 in einem Anfall von Neid und Bewunderung nach England mit seinem politisch so einflußreichen und ansehnlichen Kirchenwesen hinüberblickten. *Einen* Vorzug zum mindesten hat die lutherische Scheu vor der Vermengung religiöser und politischer Anliegen gehabt: sie hat den deutschen Staat in der Epoche, als er unter Bismarck (einem bewußt lutherisch gesinnten Staatsmann) zum erstenmal zu großer Macht und Weltgeltung emporstieg, vor jenem pharisäischen Hochmut bewahrt, der weltliche Machtkämpfe zu Gottesgerichten verfälscht und der das religiöse Bewußtsein des „Auserwähltseins" als seelischen Antrieb zu höchst massiver Machtausbreitung benutzt. Überdies hätte sich auf dem Boden calvinischer Kirchenzucht mit ihrer strafferen Herrschaft über die Geister wohl schwerlich der blühende Reichtum individueller Erscheinungen entwickeln können, den wir als besonderen Vorzug deutscher Geistigkeit empfinden.

Fragt man nach den Folgen der lutherischen Reformation für das *wirtschaftliche* und *soziale Leben* Deutschlands, so ist in erster Linie daran zu erinnern, daß sie den im Spätmittelalter ins Maßlose angewachsenen Klerikerstand auf ein Mindestmaß beschränkte, die Klöster entleerte, massenhaft Kirchengüter in weltliche Hand überführte und mit alledem der Aktivität des wirtschaftlichen Lebens einen gewaltigen Anstoß gab. An derselben Richtung wirkte sicherlich (ohne daß sich derartiges im einzelnen belegen ließe) die neue sittliche Wertschätzung der weltlichen Berufe durch Luther — hier wird besonders deutlich der scharfe Gegensatz zu den asketischen Frömmigkeitsidealen der katholischen Länder, zumal Spaniens, das gerade im Reformationsjahrhundert seine Arbeitskraft und seine Reichtümer bis zur Unvernunft diesen Idealen opferte. An die ungemein segensreichen Folgen, die aus der Aufhebung des Priesterzölibats und der Neugestaltung des Eherechts mit seinen vielen kanonischen Ehehindernissen entsprangen, genügt es, kurz zu erinnern. Ein ganz unglaublich hoher Anteil an der deutschen Führerschicht auf allen Gebieten, besonders aber im geistigen Leben (bis zu den höchsten Erscheinungen hinauf), ist den Söhnen evangelischer Pfarrhäuser zugefallen[12]).

Unvergleichlich wichtiger als die politischen, wirtschaftlichen und sozialen Folgen des lutherischen Reformationswerkes erscheinen uns seine Wirkungen auf das *deutsche Geistesleben* der neueren Jahrhunderte. Könnten wir sie mit Sicherheit bestimmen, so müßte sich uns ein neues Verständnis unseres eigentümlichsten deutschen Wesens erschließen. Aber gerade hier ist es überaus schwer, zu eindeutig überzeugenden Ergebnissen zu gelangen, weil meistens gar nicht zu entscheiden ist, was in den Schöpfungen deutschen Geistes allgemein christliches Erbe, was lutherischer Herkunft ist und wie stark der Humanismus, Rationalismus, Positivismus und Naturalismus der neueren Jahrhunderte (einsetzend schon bei Melanchthon, in der unmittelbaren Umgebung des Reformators) diese Überlieferung verfärbt oder auch überwältigt haben. Dennoch gehört es zu den wichtigsten, noch längst nicht genügend vorbereiteten Aufgaben geistesgeschichtlicher Forschung, den verborgenen Adern nachzugraben, durch die Luthers mächtiger Geist bis in unsere Epoche hinüberwirkt. Hier sind nur vorläufige Vermutungen möglich.

Von lutherischen Elementen durchsetzt ist zunächst die große deutsche Philosophie von Leibniz bis Hegel und und darüber hinaus. Ohne die heikle Frage nach den Quellen des deutschen Idealismus näher zu erörtern, wird man doch vermuten dürfen, daß die große entscheidende Spannung zwischen „Geist" und „Natur", von der dieser Idealismus lebt, einem Lebensgefühl entstammt, das mit lutherischen Grundstimmungen geladen war. In der Begründung der Persönlichkeitsidee aus einem transzendentalen religiös-sittlichen Zusammenhang, dem Grundsatz der unbedingten und letzten Selbstverantwortlichkeit des Individuums vor dem Ewigen, in der radikalen Ablehnung, ja Verachtung aller Glücksmoral, in dem stets sich wiederholenden Zweifel an der natürlichen Harmonie aller gesellschaftlichen Kräfte, besonders deutlich in Kants Lehre vom radikal Bösen, in der scharfen Betonung des Gesinnungsmoments in der Ethik an Stelle der äußeren gesetzlichen und gesellschaftlichen Norm, in dem unablässigen Bedürfnis des deutschen idealistischen Denkens nach Beseelung und Verinnerlichung der sozialen Gemeinschaftsbeziehungen, schließlich ganz allgemein in dem Drang der deutschen Spekulation nach einer letzten Einheit der Dinge, womöglich gipfelnd in einem geschichts- und religionsphilosophischen Abschluß, der die Fülle des Seienden als schöpferische Wirkung eines absoluten Geistes erscheinen läßt — in alledem mag ein geschärftes Auge wohl die Nachwirkungen lutherischer, vielleicht auch altchristlicher Predigt erkennen, die dann durch Luther gleichsam in die moderne Welt hinübergerettet wäre. Ein Unbefriedigtsein von der äußeren Erscheinung der Welt, ein bohrendes Fragen nach den metaphysischen Hintergründen des gegenwärtigen uns umgebenden Lebens wie der Geschichte, an Stelle gelehrter Befriedigung in ausgebreitetem Wissen, kennzeichnet alle deutsche protestantische Wissenschaft; eine gewisse Schwerfälligkeit im Lebensgenuß, mit deutlicher Abstufung zwischen den protestantischen und katholischen Volksteilen Deutschlands, darf wohl als Kehrseite eines scharf ausgesprochenen Verantwortungsbewußtseins der Einzelpersönlichkeit gedeutet werden.

Von der Bedeutung des lutherischen Schrifttums für die Entwicklung der deutschen Schrift- und Dichtersprache war schon die Rede. Daß Luther ein Barbar in Kunstdingen gewesen sei, ist ein längst widerlegtes Vorurteil. Der Niedergang des deutschen Kunstschaffens im 16. Jahrhundert ist (anders als auf calvinischen Boden) aus sehr komplizierten Ursachen, nicht etwa aus einer grundsätzlichen Kunstfeindschaft der neuen Kirche zu erklären. Richtig aber ist, daß diese Kirche für die typische große Kunst des Renaissancezeitalters, für die Kunst des „schönen Scheins", der glänzenden Schaustellung religiöser Gegenstände, keine Verwendung hatte. Was sich später, zumal seit dem 17. Jahrhundert, an protestantischer religiöser Kunst entwickelte, zeigt als charakteristisches Merkmal eben das, was schon Luther als Ideal vorschwebte: das Bemühen, das Göttliche und Erhabene gerade im Unscheinbaren, im Verachteten sichtbar zu machen, die Wirksamkeit des Gottesgeistes ohne äußeres Gepränge mit körperlicher, sinnlicher Schönheit ahnen zu lassen. In der Freude am seelischen Gehalt in bewußtem Gegensatz zur „Nichtigkeit" der äußeren Erscheinung darf man das Wesen der protestantischen Kunst vielleicht auch da erblicken, wo es sich nicht um religiöse Gegenstände handelt. Zweifellos hat das Auftreten Luthers mittelbar zur Loslösung der bildenden Kunst vom Dienst der Kirche, wenn auch ungewollt, beigetragen. Schon deshalb, weil der Bedarf an kirchlichen Baulichkeiten durch das überreiche Erbe des Spätmittelalters für viele Generationen gedeckt war, so daß die spätgotische Bautradition auf protestantischem Boden gewissermaßen abriß. Recht eigentlich zum künstlerischen Ausdrucksmittel lutherischen Geistes wurde dagegen die „innerlichste" aller Künste: die Musik. Luther selbst hat bekanntlich viel und gut musiziert, auch einen Teil seiner Choräle selbst in Noten gesetzt. Damit gab er den ersten Anstoß zu einer Entwicklung protestantischer Kirchenmusik, über deren gewaltige Bedeutung im Ganzen des deutschen Lebens es keiner weiteren Worte bedarf. Oder was wäre die Geschichte der deutschen Musik ohne die großen Organisten der protestantischen Kirche von Walther und Schütz bis zu Johann Sebastian Bach?

Damit können wir unseren flüchtigen Überblick über die Folgen der lutherischen Reformationstat für die Gestaltung deutschen Lebens beenden. Aber wir müssen uns darüber im klaren sein, daß eine Betrachtung, die so von außen her den Umkreis möglicher geschichtlicher „Wirkungen" auf das allgemeine Kulturleben abzutasten sucht, in das Innerste der reformatorischen Bewegung selbst nicht eindringt. Die eigentliche und entscheidende „Wirkung" der Reformtat Luthers liegt — das müssen wir zum Schluß noch einmal kräftig betonen — eben doch auf dem Gebiet des Religiösen selbst und damit jenseits aller — an das Zeitliche gebundenen — Erscheinungen säkularer „Kultur". Sie hat den am Ende des Mittelalters rasch fortschreitenden Verfall der christlichen Kirche noch einmal aufgehalten, eine zeitweise gewaltige Neubelebung des religiösen Lebens (aber auch Steigerung der religiösen Leidenschaften) in ganz Europa bewirkt — auch innerhalb der alten Kirche, die nun in Wetteifer mit der neuen trat; darüber hinaus hat sie in den Ländern, in denen sie zum Sieg gelangte, noch im Zeitalter des Rationalismus stark nachgewirkt und verhindert, daß hier jene schroffe und unversöhnliche Spaltung zwischen Anhängern und Feinden des Christentums eintrat, die man in der katholisch gebliebenen Romania, vor allem in Frankreich, schon damals beobachtet[13]).

V. HULDREICH ZWINGLI
(1937)

Die Weltwirkung der Reformation ist nicht nur vom engeren Deutschland, sondern zum großen, ja größeren Teil von der Schweiz ausgegangen. Hier hat der Franzose Calvin seine zweite Heimat und den eigentlichen Ausgangspunkt für sein weltweites Wirken gefunden. Hier hat sich aber auch auf deutschsprachigem Boden ein zweites Zentrum der reformatorischen Bewegung gebildet, das von Anfang an in scharf betonter Eigenart dem Wittenberger Luthertum gegenübertrat und für die praktische Auswirkung des protestantischen Geistes auf die Welt noch wesentlich erweiterte Möglichkeiten schuf.

Huldreich Zwingli, der Begründer und Führer der Zürcher Reformation, darf auch als Schweizer zu den Großen deutscher Vergangenheit gerechnet werden. Er hat unter ihnen seinen Platz als Inbegriff und höchste geschichtliche Steigerung alles dessen, was wir als kernig deutsche Stammesart an unserem deutschschweizerischen Brudervolk jenseits der Reichsgrenzen wiedererkennen und lieben. Seine Gestalt steht genau auf der Grenze jenes Zeitabschnitts, in dem sich die schweizerische Eidgenossenschaft als politisches Ganzes mit eigenem Selbstbewußtsein und eigener politisch-historischer Mission vom Staatsverband des alten deutschen Reiches loslöste; sein Wirken als Reformator und Staatsmann war in diesen Loslösungsprozeß ganz unmittelbar und sehr folgenreich verflochten. Dennoch war er in jedem Zuge seines Wesens ein Deutscher — freilich in jener scharf ausgeprägten und ihrer selbst sehr bewußten Eigenart, wie sie eine mehrhundertjährige Geschichte schweizerischen Volk- und Staat-Werdens schon am Ende des Mittelalters zuwege gebracht hatte.

Was die Schweizer am auffallendsten von den Deutschen des eigentlichen Reichsgebiets, zumal von den Untertanen fürstlicher Landesherrschaften, unterschied, war der Stolz auf ihre althergebrachte, in vielen glorreichen Kämpfen eroberte „Freiheit". Als ein Stück schweizerischen Freiheitskampfes (gegen Rom und römisches Kaisertum) hat auch Zwingli sein ganzes Lebenswerk aufgefaßt.

Die Freiheit der eidgenössischen „Landsgemeinden" und Stadtrepubliken war zwar nicht altgermanischen Ursprungs, sondern ist das Ergebnis hartnäckiger Befreiungskämpfe des Spätmittelalters gegen feudale Herrschaften. Aber altgermanisch war der Freiheitstrotz dieser Alpenbauern, ihr Kampf um das „gute alte Recht". Altdeutsch war der bürgerliche Freiheitsdrang der Schweizerstädte, ihre Verfassung überall dieselbe wie in Oberdeutschland. Als ein Landfriedensbündnis altdeutschen Stils, zur Ausrottung des feudalen Fehdewesens, war die älteste Eidgenossenschaft gegründet; die Freiheit sollte zugleich den Frieden ins Land bringen. Aber der kriegerische Mut und Stolz des Schweizervolkes, in vielen Schlachtensiegen gegen die stolzesten Ritterheere Europas gestählt und bewährt, begnügte sich nicht mit der Abwehr fremder Tyrannen. Schon das fünfzehnte Jahrhundert war erfüllt mit Eroberungszügen zur Gewinnung natürlicher Grenzen, eines abgerundeten Staatsgebietes für den Schweizerbund. Und seit der Jahrhundertmitte quoll die überschüssige Kraft dieses wehrhaften Volkstums, dem der Nahrungsspielraum seiner Täler zu eng wurde, nach allen Seiten gleichsam über. Das Reislaufen der jungen Mannschaft in fremder Herren Dienst begann: ein unbändig wildes Treiben, ohne bestimmte politische Ziele, allein von roher Beutegier und Rauflust gelenkt. Der Schweizer wurde zum meistbegehrten Soldknecht der europäischen Großmächte in ihrem ersten großen Machtkampf um das italienische und burgundische Erbe. Bald drängten sich die Unterhändler aller Mächte auf den Tagsatzungen der Eidgenossenschaft, Kriegsvölker heischend. Vergebens suchte sich die eidgenössische Politik gegen ihre Bündniserbietungen neutral und friedlich zu behaupten. Allzu groß war die Versuchung fürstlicher Jahreszahlungen an die Orte, offener oder heimlicher Pensionen für die Häupter der Landsgemeinden und städtischen Magistrate, die dem Auslande Kriegsknechte zulaufen ließen. Bald war die schweizerische Neutralität nichts weiter als ein gleichzeitiges Sichverdingen an die entgegengesetzten Mächtegruppen — mit der Gefahr gegenseitigen Abschlachtens schweizerischer Landeskinder auf ausländischen Schlachtfeldern, einer politisch sinnlosen Verschleuderung wertvoller Volkskraft im Dienst der Fremden. Das Bemühen, diesem wilden Treiben zu steuern, der sittlichen Verrohung der Massen durch den Krieg, der Bestechlichkeit und Habgier der Behörden zu wehren, der kriegerischen Kraft seines Volkes höhere, eigene Ziele zu setzen, dem schweizerischen

Freiheitsideal einen neuen geistig-politischen Inhalt zu geben, macht einen wesentlichen Teil der Lebensarbeit Ulrich Zwinglis aus.

Er selbst war ein echter Sohn dieses heroischen Zeitalters und dieses urkräftigen Volkstums. Eine stattliche äußere Erscheinung von Achtung gebietendem sicherem Auftreten, mit jener Mischung von sachlichem Ernst und trocken-jovialem Scherz, von kühler, kluger Zurückhaltung und verblüffender Offenheit, von Vorsicht und Kühnheit, die den geborenen Politiker kennzeichnet. Der Schädel eckig-gedrungen, mit hoher, gerader Stirn, mächtigem Nacken und starkem Kinn, die Unterlippe weit vorgeschoben, die Gesichtsfarbe auffallend rot — ein rechter Bauernkopf, aber viel weniger massiv als der Luthers; die spitze Nase und der lebhaft geschwungene Mund erwecken eher die Vorstellung des Weltklugen, ja Schlauen als des Willensmächtigen; dazu ein klar und sicher blickendes Auge, das einen ebenso lebhaften wie selbstbewußten Geist verrät. Was seinen Zeitgenossen an seiner Unterhaltung am meisten auffiel und was denn auch am kräftigsten aus seinem schriftlichen Nachlaß zu uns spricht, ist der Grundzug einer tapferfröhlichen Männlichkeit, die, ihres Zieles und ihrer Kraft gewiß, von keiner Widerwärtigkeit sich schrecken läßt, sondern unbeirrt ihren Weg geht, anderen tröstlich, erhebend, mitreißend in ihrer Zuversicht. Die „Mannliche" (Männlichkeit) und ein „fruotiger Mut" — das sind Lieblingsausdrücke des zwinglischen Schrifttums; mit ihnen glaubt er das Idealbild des echten altschweizerischen Kämpfertums am treffendsten zu bezeichnen. Neben der Sprache Luthers wirkt seine Rede eher nüchtern, herb, ohne den überströmenden Reichtum der Phantasie, ohne den Nachhall tiefster seelischer Erschütterungen, ohne den urwüchsigen Humor, aber auch ohne die maßlose, sich selbst überschlagende Heftigkeit des Thüringer Bauernsohnes. Seine Empfindungen verschließt er lieber in sich selbst, statt sie blindlings und unbedacht auszuströmen vor der Menge. Dabei bleibt Zwingli von trockener Verständigkeit des Schreibstubenmenschen weit entfernt. Auch seine Sprache ist durchblutet von herzhafter, ja derber Volkstümlichkeit. Überall spürt man den Sohn alemannischer Erde, der mit weltoffenen Augen um sich blickt: dem die Schneeblindheit des Bergsteigers zum Sinnbild geistiger Verblendung wird, der die Verwüstung täuferischer Predigt mit dem tosenden Sturz der „Bergrüfe" vergleicht und das Ideal schweizerischer Neutralität im Bilde einer wohlumzäunten Almweide schaut. Unzählige volkstümliche Redensarten und Sprichwörter, lebhaft geschaute Szenen aus dem Alltag bilden die Würze seiner deutschen Schriften. Wer sich in ihr altertümliches

Hochalemannisch hineinliest, erquickt sich an einer Farbigkeit der bildlichen Wendungen, von der unser modernes Hochdeutsch nichts mehr weiß. Was die lateinische Prosa Zwinglis, des Humanisten, oft ungelenk erscheinen läßt, die unbekümmerte, ungefeilte Sachlichkeit, erscheint hier als gedrungene Kraft.

Der Sohn eines bäuerlichen Geschlechts, in dem hochgelegenen Dörfchen Wildhaus am Fuße des Säntis am 1. Januar 1484 geboren, trägt die Erbschaft schweizerischen Freiheitsstrebens tief im Blute. Schon der Vater und Großvater hatten mit den Toggenburger Bauern gegen die geistliche Landesherrschaft, den Abt von St. Gallen, gekämpft. Ganz anders als etwa unter den thüringischen Bauern war die vaterländische Geschichte in diesen Familien lebendig. Von Kindheit an, bekennt der Reformator, habe er die „fromme Eidgenossenschaft" mit Leidenschaft geliebt, sei stolz gewesen auf die ruhmreichen Taten eines Wilhelm Tell, auf die Siege der Väter bei Morgarten und Näfels, habe es nicht leiden können, daß man über das Vaterland übel redete. Es gehört zu diesem Stolz gemeinschaftlichen Erlebens, daß der Schweizer Bauer sich nicht wie der deutsche als der „arme Mann" fühlt, den Adel und Bürgertum gleichmäßig verachten und hassen, sondern als vollbürtiger Volksgenosse. Zwinglis Brüder sind Bauern geblieben; ihr berühmter Bruder hat ihnen eine seiner Schriften gewidmet und dauernd gute Freundschaft mit ihnen gehalten. Daß er selbst die geistliche Laufbahn einschlug, entsprach wiederum einer Familienüberlieferung; eine ganze Reihe nächster Verwandter gehörte zum geistlichen Stand. Einer von ihnen, Dekan in Weesen, übernahm den ersten Schulunterricht des Knaben. Danach wurden Lateinschulen in Basel und Bern, später auch die Universitäten zu Wien und Basel (vielleicht auch noch andere?) besucht. Ein auffallend langes Universitätsstudium (1498 bis 1506), von dessen Inhalt wir fast gar nichts wissen. Da Zwingli erst 1504 den niedersten akademischen Grad erwarb (den der Student sonst meist in drei bis vier Halbjahren erreichte), kann die Mehrzahl der Jahre unmöglich in scholastischen Studien verbracht sein; sie wird vorzugsweise dem Studium klassischer Sprachen und der Lektüre jener weltlichen antiken Autoren gegolten haben, die sich später so zahlreich in seiner Bibliothek vorfanden. Gleich nach dem Erwerb der philosophischen Magisterwürde verließ er, wie damals die Mehrzahl der Weltkleriker, die Universität, ohne das teure, vieljährige theologische Studium überhaupt zu beginnen. Es hat darum auch wenig Sinn, nach der Schulrichtung seiner akademischen Lehrer zu fragen: der Unterricht der artistischen Fakultät bewegte sich damals so gänzlich im Elementaren aristotelischer Wissenschaftslehre, daß auch der Graduierte in die eigentlichen Geheimnisse scholastischer Weisheit nicht eindrang. Im Unterschied zu Luther ist Zwingli gar kein schulmäßig gelernter Theologe im Sinn der Zeit gewesen, sondern ein formal-logisch geschulter Kopf, vielseitig belesen in den altrömischen Lieblingsschriftstellern des Humanismus, der sich erst im praktischen Beruf des Klerikers, auf außerzünftigen Wegen, mit gelehrt-theologischen Fragen zu beschäftigen anfing. Den spannungsreichen Problemen der spätscholastischen Theologie, die Luther so schwer gequält und zum Reformator vorgeschult haben, ist Zwingli überhaupt niemals nähergetreten. Er hat dafür zeitlebens ebensowenig Verständnis aufgebracht wie die Mehrzahl der Humanisten.

Sein Leben als junger Pfarrer in Glarus (1506—1516) läßt denn auch wenig genug von geistlichen Interessen erkennen, sondern weist durchaus auf den Typus des humanistischen Literaten: mit vielen Bücherfreuden, allerhand Sprachstudien, die sich allmählich auf das Griechische und Hebräische ausdehnen, zierlichem Briefwechsel mit gelehrten Freunden, viel Lautenmusik und Gesang nach echter Schweizerart, mancherlei unbefangenem Lebensgenuß, nicht ohne Beimischung bedenklicher erotischer Genüsse, wie sie dem Klerus jener Tage noch fast selbstverständlich erschienen. Ein Hauptinteresse galt der vaterländischen Geschichte. Seine ersten literarischen Erzeugnisse sind patriotische Lehrgedichte in allegorischer Form; ihr Ziel ist schon jetzt, seine Landsleute vor fremden Kriegsdiensten und das schweizerische Patriziat vor der Annahme politischer Bestechungsgelder, der sogenannten „Pensionen" fremder Herren, zu warnen. Das hinderte nicht, daß er selber jahrelang eine päpstliche Pension empfing und zeitweise im Dienste der päpstlichen Partei gegen die Anhänger Frankreichs tätig war. Die Waffentaten der Schweizer bei der Eroberung von Pavia (1512) hat er mit Begeisterung, im Stil antiker Rhetoren, geschildert. Kurz darauf ist er selbst zweimal als Feldprediger mit nach Italien gezogen und hat seinen Landsleuten kurz vor der Schlacht von Marignano auf dem Marktplatz von Monza eine flammende Kriegspredigt gehalten, in der er sie zur Einigkeit und zum Festbleiben im Kampf gegen Frankreich mahnte. Offenbar erschienen ihm (mit Recht) die italienischen Feldzüge gegen Frankreich, im Bunde mit dem Papsttum, nicht als bloße Raubzüge im Dienste fremder Herren, sondern als erste Versuche einer selbständigen schweizerischen Großmachtpolitik, die er voll Stolz miterlebte. Auch nach dem blutigen Zusammenbruch dieser Politik bei Marignano, bei dem er als Augenzeuge zugegen war, zeigte er sich als Gegner eines schwächlichen Verzichtfriedens um jeden Preis, vor allem als Gegner eines Rückfalls in die frühere Abhängigkeit von französischem Geld. Diese politische Haltung, die ihn in Gegensatz zu den Glarnern brachte, hat seine Übersiedlung als Leutpriester von Glarus nach der Wallfahrtsstätte Einsiedeln zur Folge gehabt, später (1519) seine Berufung an das Großmünster von Zürich bewirken helfen. Die Hoffnung der päpstlichen Kurie, ihn auch weiterhin als Wortführer der franzosenfeindlichen Partei ausnutzen zu können, hat die Anfänge seines Reformationswerkes in Zürich wesentlich erleichtert.

Freilich wurde diese Hoffnung schon bald nach 1516 mehr oder weniger zur Illusion (die aber Zwingli vorzeitig zu zerstören sich hütete). In diesem Jahr trat eine erste Wendung seines inneren Lebens ein. Sie geht aus von der persönlichen Berührung mit Erasmus, dem Fürsten der Humanisten, zu Basel. Eben damals begann der große Niederländer, eine erste Atempause der großen europäischen Kriegspolitik ausnutzend, seine großangelegte Propaganda für den Völkerfrieden; ihr Ziel war, die Liebesethik der Bergpredigt Jesu und die Humanitätsideale der römischen Stoa zugleich zu erneuern, um ein neues Reich des Friedens, der öffentlichen Wohlfahrt und der Menschheitsbildung heraufzuführen; dahinter stand, halb unbewußt, das Interesse seiner niederländischen Heimat an der Befriedung Westeuropas. Zwingli, aus ähnlichen Verhältnissen und Erfahrungen der Schweiz heraus, ergriff diese Bestrebungen mit kongenialem Instinkt. Schon damals nahm er eine sehr ansehnliche Stellung unter den wenigen humanistisch Gebildeten ein, die seine Heimat außerhalb Basels besaß. Sie alle bemühten sich jetzt, mit literarischen Kundgebungen im Stil des Erasmus den Frieden und die Neutralität der Schweiz in den großen Welthändeln zu predigen. Die schönste Frucht dieser Bestrebungen ist Zwinglis „Göttliche Vermahnung an die ehrsamen Eidgenossen zu Schwyz, daß sie sich vor fremden Herren hüten" (1522). Ihr Grundgedanke ist ein christlicher Pazifismus. Aber wie weit steht er ab von den abstrakten, weltfremden Gedankengängen des Kosmopoliten Erasmus! Nicht eine utopische Geistesrepublik friedseliger Literaten schwebt dem Schweizer vor Augen, sondern ein verklärtes Idealbild der „biderben" frommen alten Eidgenossen, die noch nichts wußten von Raub und roher Gewalttat im Dienst fremder Herren; als ein rechtes Volk Gottes haben sie sich gehütet vor Ungerechtigkeit, prahlerischem Stolz, roher Gewalttat, haben ehrbar und in frommer Einfalt ihr Land gebaut, zugleich aber den fremden Tyrannen widerstanden. Darum hat ihnen auch

Gott immer wieder den Sieg verliehen und ihnen reiches Glück geschenkt in ihrem Land, das „fruchtbarer, schöner, reicher an mannhaften Leuten ist als irgendein Land auf dem Erdboden und fruchtbar genug, uns zu ernähren, so wir uns nur an ihm genügen ließen".

Jedoch die Wirkung des Erasmus auf Zwingli reichte viel tiefer und weiter. Vom Geist erasmischer Schriften entzündet, versenkt sich der Leutpriester von Einsiedeln in ein gründliches Studium der ältesten Quellen christlicher Überlieferung. Er arbeitet das Neue Testament in der griechischen Ursprache durch, ja er schreibt sich die paulinischen Briefe eigenhändig ab. Neben der Heiligen Schrift wurden die ältesten Kirchenväter, wie sie Erasmus eben erneuerte, zur Quelle seiner theologischen Bildung. Die christliche Antike trat neben die altrömische, vorchristliche als Vorbild einer neuen Humanität. Und damit begann auch schon die Kritik an dem überkommenen mittelalterlichen Kirchenwesen sich zu regen. Wieder unter Führung des Erasmus. Sie ging nicht, wie bei Luther, vom Kern der christlichen Heilslehre aus, um von deren neuem Verständnis her allmählich die ganze innere und äußere Gestalt der Kirche zu überprüfen, sondern legte einerseits den historischen Maßstab des Alten, Echten, Ursprünglichen, Einfachen an die vielfach verwickelten und durch fremdartige Elemente entstellten Lehren und Zeremonien der Papstkirche, stellte anderseits die Einsichten eines nüchtern rationalen Verstandes dem Mirakelwesen und Aberglauben des populären Katholizismus gegenüber. Die Heilstat Christi wurde nicht als das Gnadenwunder göttlicher Erlösung des Sünders verstanden, sondern als Predigt einer Moralphilosophie von höchstem, aber nicht absolutem Rang: als Verkündigung einer unbedingten Liebesethik, für die man schon in der Antike „Vorstufen" suchte. Das Christentum sollte vereinfacht, als schlichte Nachfolge seines Stifters verstanden werden. Von da aus kam es zu Zweifeln, zu mehr oder minder heftiger Kritik an der Heiligenverehrung, den Mißständen des Klosterlebens, dem Ablaß, dem Aberglauben der Menge, an tausend sittlichen Schäden klerikalen Lebens, an der Herrschsucht der Hierarchie, an ihren historischen Fälschungen u. dgl. m. — aber nicht zur reformatorischen Tat. Die Predigt Zwinglis begann sich seit 1516 strenger als früher auf die Auslegung der Heiligen Schrift zu richten unter Vermeidung scholastischen Nebenwerks, die Heilslehre Christi in den Mittelpunkt zu rücken, den Bibeltext fortlaufend zu behandeln; sie sparte nicht mit Angriffen auf den Ablaßunfug und andere Verfallserscheinungen des geistlichen Lebens, aber auch auf politische Mißstände, auf das Pensionswesen und Reislaufen, auf öffentliche Laster wie Üppigkeit und Müßiggang, Unterdrückung der Armen u. dgl. m. Seine frisch zupackende, lebendige, stets improvisierte, durchaus unscholastische Redeweise, sein unerschrockener Mut verschafften ihm bald in Zürich und über Zürich hinaus einen bedeutenden Ruf. Zum Reformator wäre er doch niemals geworden ohne Luthers Tat.

Er selbst hat jederzeit, auch in den Jahren bitterster Entfremdung, rückhaltlos anerkannt, daß Luther allein und zuerst den entscheidenden Durchbruch gewagt hat. „Du allein bist der Herkules gewesen, der Du Dich, wo nur etwas Gefahr war, entgegenwarfst. Du hast den römischen Eber getötet." In der Tat läßt sich bis ins einzelne nachweisen (insbesondere an seinen handschriftlichen Bemerkungen zum Text der paulinischen Briefe), wie hilfreich ihm Luthers reformatorisches Schrifttum geworden ist — mehr noch und unmittelbarer: Luthers kühne Tat. In den ersten Jahren glaubte er in dem kühnen Augustinermönch einfach einen Kampfgenossen auf gleicher Streitebene zu erblicken, half eifrig zur Verbreitung seiner Schriften in der Schweiz und wurde besonders von dem Ergebnis der Leipziger Disputation (1519) stark ergriffen. Aber noch im selben Jahr setzte ein tieferer Wandel ein. Über die humanistische Kritik wurde auch er jetzt hinweggeführt zur eigentlich religiösen. Die zentrale Bedeutung des neuen Verständnisses göttlicher Gnade ging ihm nicht nur an Luthers Schriften auf, sondern auch in selbständigem, gründlichem Studium Augustins. Das erschütternde Erlebnis einer Pesterkrankung, die hart an den Rand des Todes führte, scheint dabei eine auslösende, freilich wohl vielfach überschätzte Rolle gespielt zu haben. Zum bloßen Schüler Luthers wurde er aber auch jetzt nicht. Es gibt eine Stelle in seiner „Auslegung der Schlußreden", in der man seinen klaren und tapferen Geist mit so viel rücksichtsloser Ehrlichkeit gegen sich selbst ringen sieht um die Echtheit seines religiösen Bekennens, daß jeder Gedanke an bloße Nachahmung eines Größeren, an bloßes Nachempfinden schwindet. Auch Zwingli hat das lutherische Kernproblem, den Kampf menschlichen Selbstbewußtseins mit der überwältigenden Erfahrung der Größe und Furchtbarkeit Gottes, in letzter Tiefe durchlebt. Ja man darf sagen, daß seine stolze, selbstsichere Männlichkeit besonders hart hat kämpfen müssen, um ihr menschliches Selbstbewußtsein untergehen zu lassen und zu läutern im religiösen des begnadeten Christenmenschen. Er selbst hat es immer abgelehnt, als bloßer „Lutheraner" betrachtet zu werden. Indem er die geistige Eigenart seines Reformationswerkes möglichst scharf gegen das Luthertum abzugrenzen suchte, hat er nicht selten die Tragweite seiner eigenen vorreformatorischen Einsichten überschätzt. Aber darin hatte er recht: daß sein Verständnis des Christentums selbsterlebt war und daß es überdies nicht bloß von Luther, sondern immer auch gleichzeitig von der erasmischen Humanitätsphilosophie her bestimmt wurde. Indem er beides miteinander zu verschmelzen suchte, gelang ihm ein durchaus eigenartiger Neubau christlicher Theologie.

Geistes- und kirchengeschichtlich hat das sehr weittragende Folgen gehabt. Zunächst eine viel größere Rücksichtslosigkeit in der Zerstörung des Überlieferten, von der äußeren Form des Kultus angefangen bis zur Lehre von den Sakramenten. Vor dem nüchtern-rationalen Denken Zwinglis verlor aller bildliche Schmuck des Gotteshauses, verloren Altar, Gesang und Orgelspiel, alle altehrwürdigen Formen des kultischen Gebets ihren Wert; der Gottesdienst seiner reformierten Gemeinde wurde zur bloßen Predigtstunde in kahlem Versammlungsraum. Das Geheimnis der sinnlichen Heilsvermittlung im Sakrament verschwand völlig; an die Stelle trat eine bloße Erinnerungsfeier an den Stifter der christlichen Religion, ein symbolischer Akt zur Bestätigung christlicher Liebes- und Glaubensgemeinschaft. Aber darüber hinaus durchdrang seine ganze Theologie ein anderer Geist als der Luthers. Das Wesen dieses Geistes ist in wenigen Worten zu fassen nicht möglich. Will man es auf eine kurze Formel bringen, so läßt sich etwa sagen, daß die Rolle der menschlichen Vernunft und ihrer natürlichen Einsichten bei Zwingli weit größer ist als bei Luther — nicht eigentlich die Rolle des menschlichen Willens; denn dessen Unfähigkeit zur Selbsterlösung steht auch für Zwingli fest: das verbindet ihn mit Luther und trennt ihn von Erasmus und allem späterem „Rationalismus". Aber das Bedürfnis der Theodizee, die von Gott geschaffene Welt, ja Gott selbst als vernünftig (von menschlicher Vernunft her betrachtet) zu verstehen, die Gerechtigkeit göttlicher Weltregierung unserem Denken einleuchtend zu machen, den Bereich des Irrationalen, Unverstehbaren, im Glauben einfach Hinzunehmenden möglichst eng einzuschränken — dieses Bedürfnis, das Luther gänzlich fehlte, hat Zwingli sehr lebendig empfunden. Seine Dämpfung der paulinisch-augustinischen Erbsündenlehre, seine positive Einschätzung der vorchristlichen und außerchristlichen Geisteswelt, seine philosophierende Deutung der Prädestination und viele andere Züge seiner Theologie zeigen es aufs deutlichste. An allen diesen Punkten hat er der „aufgeklärten" Theologie späterer Jahrhunderte vorgearbeitet. Unmittelbar wirksam wurde noch eine andere Folge: die zuversichtliche Haltung des Reformators gegenüber den Aufgaben praktischer Lebensgestaltung.

Man weiß, wie ungeheuer schwer es Luther geworden ist, mit den praktischen Aufgaben fertig zu werden, vor die ihn der jähe Zusammensturz des mittelalterlichen Kirchengebäudes stellte. Luthers Predigt war reine Gesinnungspredigt; am liebsten hätte er sich gänzlich auf die Verkündigung des „Wortes" beschränkt, die praktische Organisation der Volkskirche gar nicht erst angerührt, in der Vorstellung, daß aus der neuen evangelischen Gesinnung, wenn sie nur echt war, die Praxis von selbst folgen müsse. Seine Forderung bedingungslosen Gehorsams gegen weltliche Oberkeit, selbst gegen eine tyrannisch entartete, verstärkte noch diese Scheu vor politischer Aktivität.

Von einer solchen Scheu hat Zwingli nichts gewußt. Kirchenpolitisches Handeln war ihm eine Selbstverständlichkeit. Seine nüchtern-helle Verständigkeit war sich keinen Augenblick darüber im unklaren, daß auf dem Wege der bloßen Gesinnungspredigt, ohne Ausnutzung politischer Möglichkeiten, ein Sieg der reformatorischen Idee niemals zu erhoffen war, daß die neue Kirche praktisch nicht ohne Schutz und Hilfe politischer Mächte gebaut werden konnte. Von übertriebenem Respekt vor weltlichen Oberkeiten war der schweizerische Republikaner ganz frei. Er selber war ja Mitglied der städtischen Obrigkeit und konnte hoffen, sie nach seinem Sinn zu lenken. Mehr noch: es kam ihm gar nicht bloß darauf an, eine neue religiöse Gesinnung entzünden zu helfen — er zielte von vornherein auf eine praktische Neugestaltung des öffentlichen Wesens überhaupt. Sittliches Leben des ganzen Volkes, politische Zustände, wirtschaftlich-soziale Verfassung, nicht zuletzt die weltliche Bildung, Schulwesen und Wissenschaft — alles zugleich sollte gründlich erneuert werden. Sein Glaube an die Fähigkeit menschlicher Vernunft, das praktisch Notwendige zu erkennen, eine neue bessere Ordnung auch des irdischen Daseins gestalten zu helfen, war von keinem religiösen Mißtrauen oder Zweifel getrübt. Gewiß war die irdische Welt eine Welt der Sünde, des allgemeinen menschlichen „Gebrestens" sittlicher Unzulänglichkeit; das Idealbild „göttlicher Gerechtigkeit", einer wahren Liebesgemeinschaft im Sinn der Bergpredigt, ließ sich praktisch nicht verwirklichen. Aber trotz solcher Unzulänglichkeit gab es genug und übergenug zu verbessern zur höheren Ehre Gottes. Und rührig legte der Reformator Hand ans Werk. „Ein Christenmensch", schrieb er einmal, „soll nicht große Worte machen über die Lehren, sondern mit Gott Großes und Schwieriges tun."

V. Huldreich Zwingli

Wir verfolgen nicht die einzelnen Etappen seiner Züricher Kirchenreform. Sehr zögernd zunächst, mit viel politischer Klugheit, aber plan- und kraftvoll schritt sie voran. Seit päpstlicher Bann und Acht des Reichs Luther verfolgten, war Zwingli zur Vorsicht genötigt; soweit als irgend möglich rückte er seine Predigt von der Luthers ab. Jeder einzelne Schritt wurde lange überlegt, in der öffentlichen Meinung durch Predigten und Schriften gründlich vorbereitet, öffentlich begründet, disputiert, schließlich durch Ratsbeschluß ins Werk gesetzt. Mit dem Alleräußerlichsten fing man an: eine Durchbrechung des Fastenzwanges (durch das berühmte Wurstessen des Buchdruckers Froschauer und seiner Gesellen 1522) wurde der äußere Anlaß zur Lossagung von der geistlichen Gerichtsbarkeit des Konstanzer Bischofs. Es folgte ein langer Kampf um die Freigabe der Priesterehe. Zwingli brachte ihn zur Entscheidung, als er 1524 seine zwei Jahre zuvor heimlich geschlossene Ehe öffentlich machte. Eine große Disputation, die vor dem Züricher Rat als Schiedsrichter am 29. Januar 1523 gehalten wurde, gab ihm Gelegenheit, in 67 Thesen sein neues Glaubensbekenntnis und das Programm seiner Kirchenreform ausführlich zu entwickeln. Nunmehr ging es in stürmischem Tempo vorwärts: Ausleerung der Klöster, nicht ohne obrigkeitlichen Zwang, Verwendung ihres Klostergutes zur Armen- und Krankenpflege, Säkularisation der meisten geistlichen Stifter, Umwandlung der Chorherrenstifte am Großmünster und Frauenmünster zu einer Art von Predigerseminar (der sogenannten Prophezey), an dem Zwingli, aber auch andere bedeutende Theologen wie Leo Jud, Pellikan und Mykonius als Dozenten wirkten, Einrichtung einer neuen Armenordnung, Abschaffung der Messe, Umgestaltung des gesamten Kultus einschließlich der Sakramente, Ausräumung der Kirchen (nicht in wildem Bildersturm, sondern durch obrigkeitliche Mandate), Schaffung eines städtischen „Ehegerichtes" aus einem Laien und zwei Geistlichen als oberster Kirchenbehörde, zugleich als Organ der städtischen Sittlichkeitspolizei, Erlaß scharfer Sittenmandate, um „christliche Ehrbarkeit" aller Stände zu erzwingen, Verpflichtung aller Einwohner zu regelmäßigem Besuch der Gottesdienste. Das so reformierte Staatswesen war keine Theokratie im herkömmlichen Sinn; man könnte es aber eine Bibliokratie nennen; „nach der Schnur des Bibelwortes" sollte alles Leben neu geregelt werden, und der Ausleger dieses Wortes war Zwingli, der „Prophet", von dessen Meinung und Ratschlag zuletzt alles abhing. Seine Stellung wuchs rasch über die des Predigers zu der eines leitenden Staatsmannes hinaus.

Es war ein gewaltiger politischer Vorteil für ihn, daß er nicht in einem halbfeudalen fürstlichen Staatswesen, sondern im Machtbereich einer städtischen Obrigkeit wirkte, die seit mehreren Generationen gewohnt war, das religiöse und sittliche Leben ihrer Untertanen ebenso zu betreuen wie ihr wirtschaftliches Wohlergehen und die dabei niemals Scheu getragen hatte, die Grenze geistlicher und weltlicher Rechtszuständigkeit zu überschreiten. Einen weiteren Vorteil bot seine politische Parteistellung: als Gegner des Reislaufens und des Pensionswesens war er zuerst bekanntgeworden, als Gegner der franzosenfreundlichen Partei nach Zürich berufen. Auch weiterhin führte er diesen Kampf, den er als ein unabdingbares Stück seines Reformationswerkes betrachtete, unablässig fort: zur sittlichen und politischen Erneuerung der Eidgenossenschaft. Das verschaffte ihm von vornherein die Sympathie der kleinen Leute, die seit langem mit Erbitterung auf das Wohlleben und die politische Macht der Adligen und Patrizier blickten: aus dem Schacher um das Blut des Volkes, so grollten sie, zog der Reiche die Mittel zu üppigem Wohlleben. Diese Sympathie vor allem hat Zwingli seinen politischen Einfluß verschafft. Grundsätzlich war er nicht Demokrat, sondern hielt die kunstvolle Mischung aus adelig-patrizischen und demokratischen Elementen, wie sie die Züricher Stadtverfassung aufwies, für die Idealverfassung schlechthin. Aber seine eigentliche Stütze fand er doch immer in den populären Elementen des sogenannten Großen Rats der Zweihundert, mit deren Hilfe sich mancherlei Widerstände in dem engeren Regierungskollegium, dem „Kleinen Rat", brechen ließen. Er hat diese Machtstellung nach Kräften und mit großer Rücksichtslosigkeit (darin Calvin ähnlich) zur Niederwerfung seiner inneren Gegner ausgenutzt. Der von ihm angestiftete Prozeß gegen die Häupter einer unzufriedenen Aristokratenpartei, die über die neuen strengen Sittenmandate einer puritanisch gewordenen Obrigkeit und über die radikale Kirchenreform heimlich murrte (unter Führung des greisen Ratsherrn Jakob Grebel), grenzte hart an Justizmord. Schließlich ging es doch nicht ohne Verfassungsänderung ab: der Anteil der Aristokratie an der Bildung des Kleinen Rates wurde enger begrenzt; die oberste politische Führung aber lag in den entscheidenden Jahren bei einem allerengsten Kollegium, dem „Heimlichen Rat", aus drei oder vier Stadthäuptern bestehend, unter denen Zwingli saß und in allen wichtigeren Fragen den Ausschlag gab. Durch lange Jahre hat er die auswärtige Politik des Züricher Gemeinwesens recht eigentlich selbst geführt.

In einem Staatswesen von dem politischen Schwergewicht Zürichs bedeutete das nicht nur die Beherrschung einer großen Stadt und Landschaft, sondern Einflußnahme auf die Politik der ganzen Eidgenossenschaft, ja zuletzt ein Hineingreifen in die Händel der großen Mächte. Vor Zwinglis Augen erhob sich die verlockende Aussicht, Zürich zum Mittelpunkt einer großen, die protestantische Schweiz und Süddeutschland umfassenden politisch-kirchlichen Verbindung zu machen. An ihre Verwirklichung hat er einen glühenden, sich selbst verzehrenden Eifer, die ganze gewaltige Energie seiner besten Mannesjahre, zuletzt sein Leben gesetzt. Er wurde zum geistigen und politischen Mittelpunkt eines weit verzweigten Kreises schweizerisch-süddeutscher Stadt-Reformatoren, von Bern und Genf über Basel bis nach Straßburg, Konstanz, Memmingen und Ulm, die alle auf sein Wort hörten, bei ihm sich Trost und politische Hilfe holten, an ihn als den unerschütterten Fels im Strudel einer wilderregten Zeit sich klammerten. Er erhob sich zum Rang einer weltgeschichtlichen Gestalt.

Aber ihm blieb auch die bittere Erfahrung nicht erspart, daß eine solche halb geistliche, halb weltliche Machtstellung ihre ganz besonderen Gefahren hat. Schon innerhalb seines engeren Kreises. Theoretisch mochte er fein säuberlich unterscheiden zwischen einer Obrigkeit, die nur als vornehmstes Glied der christlichen Gemeinde, der „Kilchhöri", ihre Christenpflicht tut, und der weltlichen Macht als solcher — praktisch blieben es doch dieselben Machthaber; und wie hätte es anders sein können, als daß sie Autorität und weltliches Gut der Kirche zugleich für ihre rein säkularen Machtzwecke gebrauchten? Obrigkeitliche, polizeiliche Strafgewalt trat an die Stelle des geistlichen Kirchenbannes. Die Unselbständigkeit der zwinglischen Kirche dem Staat gegenüber wurde eine ihrer größten Schwächen. Noch unmittelbarer spürbar war die Gefahr, die von den religiös Unbedingten, den schwärmerisch Radikalen, von der Gruppe der Wiedertäufer drohte. Ihr radikaler Flügel wollte die Liebesgemeinschaft der Gotteskinder ganz unmittelbar an die Stelle der bestehenden Gesellschaftsordnung mit ihrer ungleichen Eigentumsverteilung, ihrer Zwangsgewalt, ihren tausend Menschlichkeiten setzen; sie alle wollten nichts hören von menschlicher, sondern nur von göttlicher Gerechtigkeit, nichts von irgendwelcher Anpassung an die Welt, wie sie einmal ist. Für den Reformator, der sie selbst gelehrt hatte, keinen anderen Maßstab sittlichen Verhaltens anzuerkennen als das Zeugnis der Bibel, war es schwer, ja unmöglich, sie mit religiösen Argumenten zu überzeugen. Wohl gelang es ihm, einen hinter den Täufern drohenden Bauernaufruhr zu beschwichtigen: durch eine kluge Verbindung von Festigkeit und

Entgegenkommen, Widerstand gegen Gewalttat und praktischen Reformen (oder doch Reformversprechungen) wirtschaftlich-sozialer Art, zu denen er den Züricher Rat zu bestimmen wußte. Aber gegen die religiöse Predigt der Täufer half zuletzt kein anderes Mittel als die nackte Gewalt: die Führer der Sekte wurden gefangengelegt, des Landes verwiesen, in Fällen grober Widersetzlichkeit ertränkt. So wurde die Einheitlichkeit der Landeskirche mit Gewalt gesichert; auch die Fortdauer katholischer Gottesdienste wurde in der ganzen Landschaft zwangsweise verhindert.

Galt es gegen die Schwärmer und ihre Utopie der reinen Geistesgemeinschaft das Lebensrecht einer Sozialordnung zu verfechten, die den Wirklichkeiten des irdischen Daseins angepaßt war, so hing sich auf der anderen Seite das Bleigewicht irdisch-zeitlicher Realitäten an den kühnen Flug der zwinglischen Reformideen. Für den Züricher Rat war die Ausbreitung der reinen Lehre über die ganze Nordschweiz ebensosehr eine Sache politischen Machtinteresses wie geistlichen Eifers. Und wenn die Gemeinden der Nordostschweiz, zumal in den sogenannten Untertanenländern, sich in so großer Zahl und mit solchem Eifer der Reformation zuwandten, so hatte die Aussicht, unter dem Protektorat von Zürich ihre Rechtsstellung zu verbessern, politische Vorteile gegen ihre bisherigen Herren zu gewinnen, daran einen sehr beträchtlichen Anteil. Politische Sympathien mit den Eidgenossen spielten auch in den süddeutschen Städten, die Anschluß an das zwinglische Reformationswerk suchten (am greifbarsten in Konstanz), eine bedeutende Rolle. Der Übertritt Berns zur Reformation führte 1528 zum Abschluß eines „christlichen Burgrechts" mit Zürich, in dem diese beiden weitaus mächtigsten Orte der Schweiz sich verpflichteten, die neue Lehre mit Waffengewalt zu schützen. Seitdem griff diese immer rascher um sich. Einer der nordschweizerischen Stadtkantone nach dem andern trat dem Bündnis bei. Aber nun wurde auch der Widerstand der katholisch gebliebenen Kantone der Innerschweiz (Luzern, Zug, Uri, Schwyz und Unterwalden) zu äußerster Erbitterung angetrieben. Ihr Kampf gegen das Züricher Reformationswerk war von Anfang an nicht bloß von konfessionellen Beweggründen bestimmt gewesen. Immer war es zugleich um die Herrschaft über die „Untertanenlande" gegangen. Zugleich um die schweizerische Außenpolitik. Die Tatsache, daß Zürich als einziger der Orte sich dem Bündnis mit Frankreich entzog und das Verbot des Reislaufens und Pensionswesens nicht nur in seinem eigenen Gebiet rücksichtslos durchführte, sondern für die ganze Eidgenossenschaft durchsetzen wollte, hatte jahrelang seine politische Isolierung, ja seinen Ausschluß von den gemeinsamen Tagsatzungen zur Folge gehabt. Jetzt war es das heimliche (aber den vertrautesten Freunden in einem Gutachten klar entwickelte) Ziel des Reformators, die Verfassung der Schweiz dahin umzuändern, daß die Verteilung der Stimmen auf der Tagsatzung den wirklichen Machtverhältnissen entsprach, d. h., er wollte den protestantischen Orten die Möglichkeit verschaffen, die katholischen zu majorisieren. Er lehnte das Recht der Tagsatzung ab, in die kirchlichen Verhältnisse der Einzelkantone hineinzureden, aber er verlangte gleichzeitig von den katholisch gebliebenen Orten, daß sie die freie Predigt der evangelischen Lehre in ihrem Bereich zuließen — ohne seinerseits diese Freiheit den Katholiken im Züricher Staatsgebiet zu gewähren. Daß es darüber eines Tages zum Bürgerkrieg kommen müsse, war ihm von Anfang an klar. Schon 1524 hatte er einen Feldzugsplan zur Abwehr feindlicher Angriffe ausgearbeitet, der durch die Vielseitigkeit und Genauigkeit der darin entwickelten diplomatischen und militärtechnischen Sachkenntnisse (bis auf die Geschützarten, die Hornsignale und die Taktik der Nachtangriffe!) von jeher Staunen erweckt hat. Später ging er noch weiter. Er scheute nicht den Angriffs-, ja den Präventivkrieg. Längst war der innere Zusammenhalt der Eidgenossenschaft über dem konfessionellen Gegensatz zerbrochen. Beide Religionsparteien suchten ausländische Hilfe: die altgläubige bei Ferdinand von Österreich und den süddeutschen katholischen Mächten, die evangelische bei den protestantischen Reichsstädten Süddeutschlands und (merkwürdigerweise) beim König von Frankreich, dessen protestantische Neigungen Zwingli stark überschätzt hat.

Seit der Gründung des „christlichen Burgrechts" 1528 wurden Zwinglis Pläne immer aggressiver. Auf ein gewaltsam-kriegerisches Vorgehen Zürichs in der Ostschweiz, insbesondere gegen das Kloster St. Gallen, folgte 1529 überraschend der Angriffskrieg gegen die katholischen Orte. Militärisch war der Sieg der Züricher von vornherein sicher. Aber der Verlauf des Unternehmens zeigte, daß der gegenseitige Haß der Konfessionen doch noch nicht groß genug war, um das Bewußtsein der alten eidgenössischen Gemeinschaft zu zerstören. Schon ehe man zum Schlagen kam, setzten Ausgleichsverhandlungen von beiden Seiten ein. Die Berner, längst eifersüchtig auf die Machtstellung Zürichs und mißtrauisch gegen seinen stürmischen Eroberungsdrang, verweigerten im letzten Augenblick die Teilnahme an einer militärischen Invasion. So ging der Krieg mit einem lahmen Frieden aus, der eine weitere Ausdehnung der evangelischen Predigt in den Untertanenländern ermöglichte, aber keines der großen Kriegsziele Zwinglis verwirklichte. Sogleich spannte er seine diplomatischen Netze weiter. Durch Vermittlung des vertriebenen, evangelisch gewordenen Herzogs Ulrich von Württemberg trat er mit Landgraf Philipp von Hessen, dem aktivsten und politisch begabtesten der lutherischen deutschen Fürsten, in Verbindung. Es war die Zeit, in der Kaiser Karl V. seine italienischen Kriege zu einem glücklichen Ende gebracht hatte und sich nun nach Deutschland wandte, um dort die Einheitlichkeit der Reichskirche wieder herzustellen. Die evangelischen Reichsstände erwarteten schwere Stürme. Landgraf Philipp und die evangelischen Reichsstädte Süddeutschlands unter Führung von Straßburg drängten auf ein Bündnis aller protestantischen Stände unter Beiziehung der Schweizer. Aus dieser Lage ging die Einladung zu dem berühmten Marburger Religionsgespräch zwischen Zwingli und Luther hervor (1. bis 3. Oktober 1529), das den Ausgleich ihrer Lehrunterschiede zum Ziel hatte, um so den politischen Zusammenschluß der Protestanten aller Richtungen zu ermöglichen.

Nach der gangbaren Geschichtsüberlieferung ist der Ausgleich am dogmatischen Starrsinn Luthers, der auf seiner Deutung des Altarsakraments unnachgiebig beharrte und die brüderlichen Erbietungen Zwinglis in politischer Verblendung von sich wies, gescheitert. Heute wissen wir, daß Luther schon gebunden war, ehe er in Marburg erschien: durch ein geheimes Bündnis lutherischer Fürsten, die sich gegenseitig auf ein streng wittenbergisches Bekenntnis (die sogenannten Schwabacher Artikel) festgelegt hatten. Der Grund dieser Festlegung war zuletzt ein politischer: man hoffte, auf dem bevorstehenden Reichstag vor Kaiser und Reich die volle Rechtgläubigkeit der lutherischen Lehre im Sinn ältester kirchlicher Überlieferung zu erweisen und wollte sich deshalb gerade jetzt nicht durch ein Bündnis mit den schweizerischen Radikalen, den „Sakramentern", belasten. Insbesondere die radikale Leugnung des Mysteriums im Abendmahl erschien von da aus untragbar. Immerhin ergab die Unterredung, daß man sich doch gegenseitig näherstand, als Luther erwartet hatte. Über vierzehn Glaubensartikel wurde man einig, nur in der Abendmahlsfrage nicht. Indessen auf Drängen Landgraf Philipps haben die lutherischen Theologen sich nach dem Abschluß der eigentlichen Verhandlungen doch noch zu einer Vermittlungsformel auch in dieser Frage entschlossen, die allenfalls Raum für Zwinglis Auffassung bot. Aber jetzt war es Zwingli, der (im Gegensatz zu seinem Straßburger Freund Butzer) ablehnte. Durch diese (früher kaum beachtete) Tatsache ist sein Verhalten in neue Beleuchtung gerückt. Weshalb lehnte er ab?

Zunächst wohl deshalb, weil er besorgen mußte, durch Nachgiebigkeit in der wichtigen Abendmahlsfrage den Züricher Radikalen gegenüber in eine schiefe Lage zu geraten: man hätte ihn dort des Rückfalls in katholische Auffassungen geziehen, und das hätte seine ohnedies schwierige Lage noch mehr gefährdet. Darüber hinaus kämpfte er ganz einfach um seine theologische Selbständigkeit. Tatsächlich hat Zwingli auch später dunkle und mehrdeutige Kompromißformeln in der Abendmahlsfrage, wie die Lutheraner sie noch mehrfach (unter Vermittlung Butzers) anboten, jedesmal schroff abgelehnt. Auch dann, als die Lutheraner mit dem Versuch, dem Kaiser ihre Rechtgläubigkeit darzutun, auf dem Augsburger Reichstage gescheitert waren und nun in höchster Besorgnis vor drohenden Kriegsgefahren weit ernsthafter als früher zum Zusammengehen mit den Schweizern bereit schienen. Zwingli berief sich dabei auf die Gefahr, der gemeine Mann könne solche Kompromißformeln im Sinn des katholischen Herkommens mißverstehen, vor allem aber darauf, daß ein Zusammenschluß des Protestantismus, der auf absichtlicher Unklarheit in der dogmatischen Kernfrage beruhe, eine „jämmerlich erfochtene Einigung" sei, die auf die Dauer nicht bestehen könne und bald zu neuem Zwist führen werde. Statt dessen war er (schon in Marburg) bereit, ein rein politisches Bündnis mit den lutherischen Ständen abzuschließen, das die Gemeinsamkeiten, aber auch die Unterschiede der Lehre klar herausstellte. Da eine solche rein politische Haltung den lutherischen Theologen undenkbar schien, ist die Trennung beider Teile unvermeidlich geworden.

Das sind Vorgänge von größtem allgemein-geschichtlichem Interesse. Hinter dem Streit um das Dogma erhebt sich zuletzt der Streit um die Führung des deutschen Protestantismus. Was Zwingli unter keinen Umständen wollte, war die einfache Unterwerfung unter den Willen Luthers. In Straßburg, auf dem Wege nach Marburg, hatte er die ganze Größe der dem Protestantismus drohenden Gefahr kennengelernt. Ihr wollte er ein Bündnis aller dem Kaiser feindlichen Mächte, von Dänemark über Niederdeutschland, Hessen, den schwäbisch-alemannischen Raum einschließlich der Schweiz bis nach Venedig entgegenstellen. Auch Frankreich sollte wieder beteiligt werden. Mit glühendem Eifer gingen Zwingli und Landgraf Philipp an die Verwirklichung dieses beinahe abenteuerlichen Planes. Sollte er gelingen, so waren die lutherischen Fürsten zwar als Bundesgenossen neben den oberdeutschen Städten hochwillkommen; unter keinen Umständen aber durften die Wittenberger Theologen mit ihren ewigen politischen Bedenklichkeiten die theologische Führung erhalten. Für die altertümliche Reichs-

und Kaisertreue der deutschen Stände hat Zwingli nie das geringste Verständnis besessen. Ihm, dem schweizerischen Republikaner, erschien das „römische Kaisertum" längst nur noch als eine tote Form, ja als ein Teilstück jenes römischen Systems, von dem es doch Deutschland zu befreien galt. „Was hat Deutschland mit Rom zu schaffen?" Von hier aus enthüllt uns das Marburger Religionsgespräch noch andere Gegensätze als die Abendmahlsfrage. Schweizer und Deutsche verstanden sich auch deshalb nicht mehr, weil der Loslösungsprozeß der Eidgenossenschaft vom Reich schon zu weit fortgeschritten war.

Jener kühne europäische Bündnisplan Zwinglis ist sehr bald gescheitert. Venedig hatte längst seinen Frieden mit dem Kaiser gemacht, Frankreich verfolgte ganz andere Interessen als den Schutz des schweizerischen Protestantismus. Die lutherischen Fürsten schlossen untereinander ein eigenes Bündnis zu Schmalkalden ab, die oberdeutschen Städte wurden nachträglich wieder ängstlich und unsicher; sie sind zuletzt zu den Schmalkaldenern abgeschwenkt und haben später auch in der Glaubensfrage mit dem Luthertum ihren Kompromiß geschlossen. Was von dem großen Allianzplan allein übrigblieb, war ein Bündnis zwischen dem hessischen Landgrafen und Zürich, dem von den Schweizerstädten nur Basel sich anschloß. Die Schweizer Protestanten standen wieder außerhalb des Reiches. Als in dem bald darauf ausbrechenden neuen schweizerischen Bürgerkrieg Landgraf Philipp den Zürichern militärische Hilfe anbot, hat die Stadt (nach Zwinglis Tode) nicht einmal eine Antwort gegeben, weil sie „nicht gewohnt sei, fremde Knechte ins Land zu berufen". So fochten die Schweizer ihre politisch-kirchlichen Gegensätze zuletzt doch allein unter sich aus, ohne ausländische Hilfe. Auch so hätten die evangelischen Orte, wenn sie nur fest zusammenstanden, dennoch den Sieg über die katholische Partei gewinnen können. Zwinglis Zukunftsbild einer evangelischen, politisch und geistig neu geeinigten, unter Züricher und Berner Vorherrschaft stehenden Eidgenossenschaft hätte so am Ende doch noch verwirklicht werden können — freilich nur unter Anwendung rohester Gewalt. Aber schon vor Beginn des Krieges war seine politische Stellung in Zürich ins Wanken geraten. Die Härte seines persönlichen Regiments war den freiheitsgewohnten Bürgern auf die Dauer schwer erträglich; man begann die einseitige Festlegung der Außenpolitik auf kirchliche Interessen als Überspannung, als gewagtes Abenteuer zu empfinden; man scheute den Bruderkrieg unter Eidgenossen. Jäher Wechsel der Volksgunst gehört zum Wesen städtischer Demokratien. Als Zwingli in dieser Lage seinen Abschied aus allen Ämtern forderte, hielt man doch wieder an ihm fest; man bat ihn zu bleiben. Aber die gestraffte Energie der Züricher Politik von ehedem war dahin. Mit düsteren Ahnungen sah der Reformator, wie Ungeschicklichkeit und Zerfahrenheit der politischen Leitung, wie gleichzeitig die Eifersucht Berns alles entschlossene Handeln lähmten. Statt rechtzeitig den Krieg zu erklären, reizte man die katholischen Orte durch eine nutzlose Proviantsperre zu äußerster Erbitterung. Als sie endlich ihrerseits losschlugen, fanden sie Stadt und Landschaft ungerüstet. In völliger Kopflosigkeit und Verwirrung trat ihnen eine eilig zusammengeraffte Schar Züricher Bürger entgegen. Zwingli selbst wollte in der Stunde äußerster Gefahr unter den Seinen nicht fehlen. Mit Helm und Harnisch, Schwert und Hellebarde gerüstet zog er mit ihnen hinaus. Noch am selben Tage, dem 11. Oktober 1531, ist er in einem Vorhutgefecht bei Kappel, in den vordersten Reihen stehend, gefallen. „Sind mannlich und frölich, lieben Zürcher", waren seine letzten Worte, „müssend wir schon hie einen schweiß lyden, so werden wir doch mit Gott blyben."

Militärisch betrachtet war das Gefecht bei Kappel unbedeutend; aber es war die erste Niederlage des Protestantismus im offenen Felde und wurde deshalb in ganz Europa als ein großes Ereignis empfunden. Vor allem: der Tod Zwinglis, seiner nächsten Freunde und entschlossensten Parteigänger lähmte die Energie der züricherischen Kriegsführung vollends. Führerlos, ja zuchtlos taumelte das Heer der protestantischen Städte — trotz großer zahlenmäßiger Überlegenheit — von einer Niederlage zur anderen. Ein übereilter Friedensschluß brachte zwar nicht die Vernichtung, aber den Stillstand, in dem umstrittenen Gebiet der Nordostschweiz einen starken Rückgang des reformatorischen Bekenntnisses. Politisch bedeutete das die dauernde Zerreißung der Schweiz in zwei feindliche konfessionelle Lager, zugleich die Erstarrung ihrer Bundesverfassung für Jahrhunderte. In Zürich wurde beschlossen, fortan keinen Theologen mehr zu politischer Macht kommen zu lassen. Die Geschichte der deutschen Reformation schritt von nun an fast achtlos über die schweizerische Sonderkirche hinweg.

Dennoch ist das Lebenswerk des Züricher Reformators nicht ohne weitreichende geschichtliche Folgen geblieben. Zunächst: das züricherische Geistesleben, eigentlich von ihm erst entzündet, und die Geistesart der ganzen deutschreformierten Schweiz trägt bis heute deutlich die Spuren seines Wirkens. Der Typus einer reformierten Theologie, wie er sie geschaffen hat, in der sich eine weltoffene Bildung antikischen Ursprungs mit den Kerngedanken christlicher Predigt zu verbinden und zu versöhnen trachtet, hat eine selbständige und bedeutende Rolle im deutschen Geistesleben gespielt. Wohl blieb diese Theologie zunächst, in den großen geistigen Entscheidungskämpfen des 16. Jahrhunderts, in den Winkel gedrängt. Aber sie hat später noch eine große Zukunft gehabt. Bis nach Holland und England, in die Ursprungsländer also der späteren Aufklärung, reichen die Spuren unmittelbarer Einwirkung zwinglischen Geistes. Ähnliches gilt von dem neuen Typus einer kampfbereiten, auch politisch wohlgerüsteten evangelischen Kirche, wie sie in Zürich vorgebildet war. Auf dem Weg über Straßburg und Bern hat zwinglisches Kirchentum dem großen Reformator der Westschweiz die Wege geebnet, ja in vielen praktischen Fragen bereits die Richtung gewiesen. Calvin als Reformator steht nicht nur auf den Schultern Luthers; seine Genfer Kirche ist nicht denkbar ohne die Vorarbeit des Zürichers. Und damit eröffnet sich der Ausblick auf weltweite Wirkungen des schweizerischen Protestantismus. Nur von ihnen her gesehen rückt die Lebenstat Zwinglis, des tapferen Anhebers und Vorkämpfers, ins rechte Licht.

VI. ULRICH VON HUTTEN UND DIE REFORMATION
(1938)[14]

Die Kämpengestalt des Reichsritters Ulrich von Hutten ist für alles, was „Kampf gegen Rom" heißt, längst zum Symbol geworden. Seit der großen, glänzenden Biographie von D. Fr. Strauß (1858) ist er immer wieder als der Vorkämpfer nationaler Freiheit, politischer und geistiger, geschildert und gepriesen worden. Auch der äußere Mißerfolg seiner Lebenspläne hat dem Nachruhm des fahrenden Ritters nichts geschadet; im Gegenteil: gerade dieses Scheitern erhob seine Gestalt in die Sphäre des Tragischen; und kein Geringerer als der Schweizer K. F. Meyer hat diese Tragik in Verse von erschütternder Sprachgewalt zu fassen gewußt. Der tragische, in manchem Zug ähnliche Lebenslauf und Charakter seines Landsmannes Zwingli mag ihm den Zugang zur Geistesart Huttens erleichtert haben.

Eine solche Erhebung ins Tragische ist aber natürlich nur möglich, sofern die historische Gestalt trotz ihres zeitlichen Mißerfolgs irgendwie als bleibend bedeutsam empfunden wird. Bedeutend erschien Hutten dem Liberalismus des 19. Jahrhunderts als früher Vorkämpfer der eigenen geistigen und politischen Bestrebungen. „Hutten ist in seinen Unternehmungen gescheitert", schrieb D. Fr. Strauß, „aber nicht weil diese in sich unrecht oder verkehrt waren, sondern nur weil er zugleich und sofort durchführen wollte, was nur eines nach dem anderen und in langen Fristen durchzuführen war" — nämlich „die im Protestantismus wurzelnde freie humane Bildung" und „die politische Einheit und Macht der so gebildeten Nation". Ein früher Vorläufer des nationalen Liberalismus also: kämpfend gegen die „Dunkelmänner" und ihre kirchliche Orthodoxie und für die Einheit, Macht und Weltgeltung deutscher Nation. Die Tatsache, daß Luther den Kampf gegen Rom und seine „Dunkelmänner" schließlich siegreich zu Ende gebracht hatte, ließ den Lebenskampf Huttens doch nicht so ganz vergeblich erscheinen. Aber Luthers Werk behielt für den echten Liberalen doch immer noch schwere Mängel und Schattenseiten. Ein Hauptmangel war, daß der

Reformator sich zu einseitig, wie Strauß meinte, „auf das religiöse Gebiet beschränkte", allzusehr „vom Politischen absah" und auch die „freie humane Bildung" der erasmischen Geisteswelt sich nur in sehr begrenztem Umfang aneignete. „Der Protestantismus hat in seinem Kampf mit der katholischen Reaktion die Einheit und Macht des Deutschen Reiches vollends gebrochen und und Sitte und Bildung des deutschen Volkes in enge Bande geschnürt, in rauhe Gewänder gekleidet." Erst der Liberalismus des 19. Jahrhunderts war demnach berufen, im Sinn und Geist Huttens wieder beides miteinander zu vereinigen: freie humane Bildung und christlichen Gottesglauben, geistige und politische Emanzipation von Rom, religiösen Individualismus und enthusiastische Begeisterung für nationale Einheit, Größe und Macht — Freiheit vom Aberglauben, so könnten wir sagen, und Glauben an die Nation.

Man sieht: die Huttenbegeisterung des 19. Jahrhunderts lebte in einer Vorstellungswelt, in der Menschliches und Göttliches, Humanismus und Christentum, Politik und Religion unterschiedslos durcheinandergingen. Die abgrundtiefen Gegensätze, die einst Luther zwischen christlicher Offenbarung und menschlicher Vernunft, zwischen religiöser Gesinnungspredigt und irdischem Machtstreben aufgerichtet hatte, waren im hellen Licht der Aufklärung zu wesenlosem Schein verblaßt. An die Stelle der göttlichen Offenbarung war die „religiöse Weltanschauung" getreten; ihr erschien politische, allgemeingeistige und religiöse „Freiheit" im wesentlichen als ein und dasselbe Ideal. Hutten und Luther kamen auf den gemeinsamen Sockel desselben historischen Denkmals zu stehen. Dieser stand zwar höher als jener, weil er den unvergleichlich größeren Erfolg gehabt hatte; aber im Grunde empfand man Hutten viel unmittelbarer und freudiger als Vorläufer der eigenen Zeit.

Auf die Dauer konnte es nicht ausbleiben, daß die vertiefte Lutherdeutung und Lutherrenaissance des 20. Jahrhunderts gegen eine so primitive Gleichstellung beider Männer Widerspruch erhob. Je mehr die Zuversicht des älteren Liberalismus schwand, daß recht verstandener „Protestantismus" und idealistische Weltgesinnung der neuen Zeit nicht nur miteinander versöhnbar, sondern im Grunde identisch wären, um so deutlicher wurde auch die innere Gegensätzlichkeit zwischen humanistischen und religiösen Freiheitsbestrebungen der Reformationszeit. Je furchtbarer die entfesselte Dämonie nationaler Leidenschaften im Weltkrieg das wahre Gesicht des modernen, rein weltlichen Machtstaates enthüllte, um so tiefer lernten wir auch wieder den Gegensatz verstehen zwischen Luthers „Freiheit eines Christenmenschen" und den politischen Macht- und Freiheitskämpfen deutscher Reichsstände im 16. Jahrhundert, wie sie der fränkische Ritter verfochten hatte. In den ersten Nachkriegsjahren nach 1919 hat die ehemals so strahlende Gestalt Huttens ihre tiefste Verdunkelung erfahren. Der Kirchenhistoriker Paul Kalkoff maß sie am Maßstab der echt evangelischen Glaubenserkenntnis und seelisch-geistigen Tiefe Luthers und kam so natürlich zu einem vernichtenden Urteil. Statt aber die religiöse Flachheit der kirchenpolitischen Kampfschriften Huttens in den Mittelpunkt seiner Kritik zu stellen — was eine unbefangene Anerkennung der tapferen menschlichen Haltung und der weltlich-politischen Leistung des streitbaren Publizisten ermöglicht hätte —, versteifte er sich in grämlichem Eifer darauf, weder an seinen Schriften noch an seinem Leben ein gutes Haar zu lassen. Ein ungeheurer Aufwand mühsamster Quellenuntersuchung wurde darauf verwandt, um nachzuweisen, daß Hutten eine durch und durch unechte Persönlichkeit gewesen sei, sein nationales Pathos nur prahlerische Rhetorik, sein „Pfaffenkrieg" eine ganz gemeine Straßenräuberei; in allen wirklich kritischen Momenten, vor allem während des Wormser Reichstages, habe er versagt, ja sich durch die katholischen Gegner Luthers als Werkzeug dazu gebrauchen lassen, den Reformator in eine Falle zu locken. Statt des Propheten deutscher Freiheit und Größe von ehedem wurde jetzt dem Leser das Bild eines literarischen Strauchdiebes von ebenso fragwürdigen menschlichen wie publizistischen Qualitäten vorgeführt.

Die offenbare Gehässigkeit und Übertreibung dieser Polemik hat seither von so vielen Seiten Widerspruch erfahren und ist in einer solchen Fülle von wissenschaftlichen und publizistischen Arbeiten widerlegt worden, daß Kalkoffs Schilderung heute als völlig überwunden gilt. Es lohnt kaum noch, sich im einzelnen damit auseinanderzusetzen. Aber auch das idealisierende Huttenbild von ehedem ist heute endgültig zerstört. Wir kennen jetzt die sachliche Leistung, kennen aber auch die Grenzen und Schwächen des großen Publizisten sehr viel genauer als früher. Wer die Persönlichkeit und ihr Werk gerecht würdigen will, muß vor allem den historischen Ort richtig bestimmen, der ihm im Ganzen der deutschen Reformationsgeschichte zukommt.

Es ist nicht der Platz unmittelbar an der Seite des Reformators, sondern auf der anderen Seite der historischen Bühne: da wo über die Geschichte des deutschen Staates und Volkes, nicht eigentlich der Kirche verhandelt wurde. Denn um beides ging es damals: um die Kirche, aber auch um den weltlichen deutschen Staat. Das 16. Jahrhundert ist nicht bloß das Jahrhundert der Reformation, sondern der großen weltlichen Staatsreformen. Überall in Europa fing die moderne Staatsform des fürstlichen Absolutismus an, den mittelalterlichen Feudalismus zu überwölben. England, Frankreich, Spanien stellten das Vorbild großer nationaler Machtstaaten auf, in denen jeweils ein starker Wille gebot, die Machtmittel des Landes straffer konzentrierte und sie bereitstellte zum Einsatz für große außenpolitische Ziele, zur Mehrung nationaler Macht und dynastischen Ruhms. Diesen Vorbildern es gleichzutun, war der stolzeste Traum, das eigentlich bewegende Lebensziel Maximilians I. Über eine Reform des Reiches beriet man in Deutschland schon lange. Ihre Notwendigkeit war allgemein sichtbar geworden, seit die klägliche Ohnmacht des Reiches gegenüber den Hussitenstürmen Schrecken und Elend ohne Ende über das deutsche Land gebracht hatte. Aber erst die jugendliche, ritterliche Persönlichkeit Maximilians war imstande, den mühsamen, schleppenden Beratungen deutscher Fürstentage den rechten Schwung zu geben. Durch seine burgundische Erbschaft war er ganz unmittelbar in die Händel der großen europäischen Welt verflochten. Sein ganzes Wesen war von der Überzeugung durchdrungen, daß in einer Zeit der großen Neuordnung Europas das Deutsche Reich und Kaisertum unmöglich tatenlos beiseitestehen dürfe, sollte nicht der Glanz des kaiserlichen Namens für immer verblassen. Die Mittel für eine neue, kühne, weitausgreifende Machtpolitik des Reiches zu schaffen — dazu sollte ihm die große Reichsreform dienen.

Aber damit stieß er auf den hartnäckigen Widerstand der größeren Reichsstände, der deutschen Landesfürsten. Seinem abenteuerlichen Unternehmungsdrang gegenüber erscheinen sie in ihrer Mehrzahl als die vorsorglichen Haus- und Landesväter, mehr auf die Bewahrung ihres Familienerbes als auf kriegerischen Ruhm bedacht, am wenigsten aber für uferlose auswärtige Unternehmungen der Habsburger zu erwärmen, die ihren politischen Horizont weit überschreiten. Mißtrauisch und zögernd feilschen sie um jeden Pfennig für das Reich, immer eifrig bemüht, die Politik des Kaisers unter ihre Kontrolle zu bringen. Sein unruhig-phantastischer Ehrgeiz, der sprunghafte Wechsel seiner außenpolitischen Ziele und Allianzen gab denn auch Anlaß genug zu berechtigter Kritik. Sollte aber die Reichspolitik in solchem Hin- und Herzerren nicht erlahmen, so bedurfte sie der Unterstützung durch die öffentliche Meinung. Die ganze Nation, d. h. vor allem

VI. Ulrich von Hutten und die Reformation

der ganze deutsche Adel mußte aufgerufen werden für große politische Ziele: für eine Erneuerung alten deutschen Ruhms, der alten Kaiserherrlichkeit. Dazu benutzte Maximilian die Federn der Humanisten.

Man weiß, mit welchem Eifer sie sich dieser Aufgabe bemächtigt haben. Sagenhafte Stammbäume, bis auf die Trojaner oder gar bis auf den Stammvater Noah zurückreichend, dienten zur Verherrlichung der Kaiserdynastie und der germanischen Vorfahren des deutschen Volkes. Man wetteiferte mit gelehrten Beweisen dafür, daß Karl der Große ein Deutscher, kein Franzose gewesen sei, daß niemals Franzosen über Deutsche geherrscht hätten und daß allein die Deutschen rechtmäßigen Anspruch auf die römische Kaiserkrone besäßen. Alte deutsche Tugenden: Reinheit der Sitten, Treue und Heldenkraft wurden im Anschluß an die Germania des Tacitus gepriesen, welscher Hinterlist und Tücke gegenübergestellt. Ein nationaler Patriotismus wurde erweckt, wie ihn das Mittelalter in solcher Bewußtheit nicht gekannt hatte. Die Anfänge deutscher nationaler Geschichtsschreibung sind aufs engste damit verknüpft.

Im Rahmen dieser nationalistischen Bewegung hat Ulrich von Hutten seinen historischen Platz. Er war für literarische Aufgaben dieser Art von Hause aus besser befähigt (trotz sehr geringen historischen Wissens) als die meisten anderen Humanisten: nicht ein Mann der Studierstube wie sie, sondern ein echter Vertreter seines ritterlichen Standes. Sein Kampfeseifer war ganz ursprünglich politischer, nicht literarischer Art, und jederzeit war er bereit, die Feder mit dem Schwert zu vertauschen, die Polemik des Schriftstellers durch eine echte kriegerische Fehde gegen seine Widersacher zu bekräftigen. Der verarmte Reichsadel, dem er angehörte, hatte einst die Schlachten der Kaiser geschlagen. Seit langem war er aus dieser Rolle durch die Söldnerheere und durch das politische Übergewicht der fürstlichen Landesherren verdrängt. In romantischer Sehnsucht gedachte man in diesen Adelskreisen der lang entschwundenen Zeiten deutscher Kaiserherrlichkeit. Ihrer Erneuerung mit der Feder zu dienen, war also für Hutten nicht bloß eine Sache literarischen Ehrgeizes, sondern gewissermaßen ein natürliches Standesinteresse. Es war ein ähnliches Verhältnis zur Reichsidee, wie es später bei dem Reichsritter Freiherrn vom Stein, dem grundsätzlichen Gegner des Landesfürstentums, wiederkehren wird. Seine ersten literarischen Sporen hat sich Hutten im Kampf gegen die Tyrannei eines Landesfürsten, Ulrichs von Württemberg, verdient, der einen Verwandten Huttens heimtückisch erschlagen, die Ehre seiner Familie geschändet hatte. Seine ersten patriotischen Gedichte galten der romantischen Idealisierung italienischer Feldzüge Maximilians und dem Lobpreis deutscher Geistesart und deutscher Machtstellung in der Welt. Damit stimmte er in das allgemeine Lieblingsthema der Patrioten mit ein. Aber während die meisten in moralisch-historischen Allgemeinheiten verharrten, stellte er seine Muse schon früh bewußt in den Dienst praktischer Tagespolitik. Die Verbindung von literarischer Arbeit mit unmittelbar praktischem, kämpferischem Handeln hat er selbst in seinem großen Bekenntnisbrief an Pirckheimer (25. Oktober 1518) als sein Lebensideal bezeichnet.

Allein auf diesem Wege, über die praktische Tagespolitik, ist Hutten denn auch an die großen Fragen der Kirchenreform gelangt. Irgendeine eigene, vom kirchlichen Herkommen abweichende Stellungnahme zu den religiösen Problemen, ja auch nur eine tiefere Ergriffenheit von ihnen, irgendeine Spur persönlicher Frömmigkeit ist in keiner seiner Schriften zu entdecken. Seine Lebensgesinnung war mehr durch stoische Vorbilder männlicher Ethik (virtus) als durch christliche Vorstellungen bestimmt. Die Kirchenfrage war von Anfang bis Ende für ihn nichts weiter als das große, alle Erörterung des Tages beherrschende politische Problem seiner Zeit. Sein erster Aufenthalt in Italien zeigte ihm die Macht des weltlichen Kirchenstaates unter dem kriegerischen Papst Julius II.; er empfand sie als Gefahr für die italienischen Pläne des Kaisers und begann nun einzustimmen in die allgemeinen Anklagen der Zeitgenossen wider die Übergriffe geistlicher Gewalt in den weltlichen Machtbereich. Eine Zeitlang hat er dann, unter dem Einfluß erasmischer Schriften und fortgerissen von der allgemeinen Stimmung deutscher Humanistenzirkel, auch wider die scholastische Theologie geeifert; aber er zeigte selbst, wie wenig er von diesen Dingen verstand, wenn er höchst nebelhaft von einer „alten und deutschen Theologie" sprach, die es jetzt zu restaurieren gelte — offenbar ohne jede Vorstellung vom Wesen der patristischen Literatur, für deren Erneuerung Erasmus kämpfte. Sein Eingreifen in die Reuchlinfehde, die bittere Satire seiner „Dunkelmännerbriefe", hat gar nichts mit theologischen Überzeugungen zu tun: sie ist nichts weiter als der Ausdruck leidenschaftlicher Empörung darüber, daß die neue humanistische Bildung von der alten klerikalen Schulwissenschaft mißachtet wird. Der humanistische Schriftsteller fühlt die Ehre seines Standes gekränkt, der Patriot fürchtet, daß Deutschland von neuem in die „Barbarei" versinken könnte, aus der es sich soeben mit Hilfe der neuen humanistischen Bildung zu erheben beginnt. Sein stürmisches Temperament, sein reizbares, ritterliches Ehrgefühl reißt ihn zu heftigeren Invektiven hin als alle anderen. Dröhnend schlägt er schon jetzt ans Schwert.

Neue Nahrung fand sein Zorn, als er auf der zweiten Italienreise den ohnmächtigen Rückzug des Kaisers aus den italienischen Händeln erlebte und das üppige weltliche Treiben an der römischen Kurie aus nächster Nähe beobachtete. Der nationale Gegensatz zwischen Deutschen und Italienern wird jetzt zum Hauptthema seiner Kampfschriften. Den Traum der alten kaiserlichen Universalmonarchie hat er auch jetzt nicht aufgegeben. Aber das Idealbild des abendländischen Imperators gewinnt jetzt zugleich völkische, deutsche Züge. „Jetzt ist Dein Volk das größte, ehemals war es Rom", so redet die „Dame Italia" jetzt den Kaiser an. Die geschichtliche Erinnerung daran, wie böse es von jeher die römischen Bischöfe mit den deutschen Herrschern gehalten hätten, rief ihm (ähnlich wie schon Walther von der Vogelweide) das Bewußtsein nationaler Selbständigkeit der Deutschen wach. Es ist seine bedeutendste literarische Leistung, daß er dieses nationale Selbstbewußtsein in ein groß gesehenes Geschichtsbild einzuordnen vermochte. Arminius, der „Befreier Deutschlands", wie ihn schon Tacitus nennt, wurde für ihn der Anfänger eines durch alle Jahrhunderte seither fortdauernden Kampfes zwischen Deutschen und Römern. Die Geschichte Deutschlands ließ er mit diesem Kampf anheben; seine siegreiche Beendigung schien ihm die dringendste politische Aufgabe der Gegenwart.

Damit hatte die Publizistik Huttens eine Wendung genommen, die ihr mit einemmal die stärkste Wirkung sicherte. Die „Beschwerden deutscher Nation", d. h. des deutschen Adels über Mißbräuche und Übergriffe des römischen Hofes, Verletzung der Konkordate, Aussaugung Deutschlands durch päpstliche Finanzpraktiken — das war ein unerschöpfliches Thema, von dem seit langem alle deutschen Reichs- und Fürstentage widerhallten. Aber noch niemand hatte sie so eindrucksvoll zu formulieren, geschichtlich und moralisch zu unterbauen verstanden wie Hutten in seinen großen „Dialogen" im lukianischen Stil, die er seit 1518 in rascher Folge erscheinen ließ. Vom Kampf gegen den päpstlichen Türkenzehnt (1518) bis zur Verteidigung Luthers auf dem Wormser Reichstag (1521) hat er in immer neuen, immer schärferen Wendungen aufgerufen zur Wahrung deutscher Würde und Selbständigkeit gegen die Gewalt und Hinterlist der „Romanisten", d. i. des Papstes und seiner Hofjuristen, und gegen das Eindringen römischer „Curtisanen" in deutsche Kirchenpfründen. Sicherlich hat er damit der Reformation Luthers als Volksbewegung die Wege ebnen helfen, zumal seit er von der lateinischen zur deutschen Sprache überging. Aber es wäre ein Irrtum zu glauben, daß es dem wackeren Kämpen dabei um kirchliche oder gar um religiöse Interessen gegangen wäre. Nicht die Kirche Christi, sondern ausschließlich Macht und Ansehen deutscher Nation, des weltlichen deutschen Staates lag ihm am Herzen. Reichsreform schien nicht möglich ohne Kirchenreform — das war die allgemeine Überzeugung der Zeit. Wie die neuen, absoluten Monarchien Westeuropas, so sollte auch das Deutsche Reich sein Kirchenwesen als Nationalkirche von Rom loslösen, auf sich selber stellen. Praktisch wäre das ohne Zweifel — genau wie in Frankreich und England — auf eine national organisierte Staatskirche hinausgelaufen. Das Reichsregiment hätte an ihr, wie einst in den Tagen der Ottonen, aber in modernerer, d. h. weit strafferer Form, ein Werkzeug seiner weltlichen Macht gefunden.

Es bedarf keiner langen Erörterung mehr um einzusehen, daß eine solche Zielsetzung mit den reformatorischen Gedanken Luthers gar nichts zu tun hatte, ja daß sie ihnen in letzter Konsequenz sogar entgegenlief. Politische Kirchenreform, das hätte für Luther bedeutet: die Gemeinschaft der Jünger Christi nicht unter das Gebot ihres Herrn und Meisters stellen, sondern den zufälligen politischen Wünschen und Bedürfnissen irdischer Machthaber unterordnen. Wäre es nach denen gegangen, so hätte man wieder einmal — zum tausendsten Mal! — an den äußerlich sichtbaren Schäden der Kirche herumgeflickt, ohne den eigentlichen, tiefsten Grund des Schadens, die Verfälschung, Verwässerung und Verweltlichung des Evangeliums in den Lehren und dem Kultus der Kirche überhaupt anzugreifen. Das wurde Luther nur allzu deutlich in den geheimen Verhandlungen mit reformerisch gesinnten Reichsständen, die seinem öffentlichen Verhör in Worms folgten. Schweren Herzens, aber mit unerschütterlicher Tapferkeit widerstand er damals allen Zumutungen, das neue Verständnis christlicher Offenbarung, das ihm geschenkt war, zu opfern gegen irgendwelche kirchenpolitischen, nationalen Reformmaßnahmen und damit sich die Sympathien der politischen Machthaber für immer zu sichern. Wider alle Lockungen, Warnungen und Drohungen behauptete er die Reinheit seines religiösen Prinzips mit unabdingbarer Härte und mit prophetischer Sicherheit. Von der Großartigkeit dieser Haltung und von ihrer Begründung in einer Sphäre jenseits aller irdischen Gewalt hat selbst das Weltkind Hutten in jenen Tagen etwas verspürt. „Darin unterscheidet sich unser Vorhaben", schrieb er dem großen Bekenner, „daß meines menschlich ist, während Du, als ein schon Vollkommenerer, alles auf das Göttliche gestellt hast." Er selbst saß damals auf der Ebernburg Sickingens und hatte sich durch kluge Politiker des kaiserlichen Lagers in eine Lage zwischen den Parteien hineinmanövrieren lassen, die gerade im entscheidenden Augenblick seine Propaganda für Luther und die Kirchenreform vorübergehend verstummen ließ. Zum Verräter an der Sache Luthers, wie Kalkoff gemeint hat, ist er freilich doch keinen Augenblick geworden. Man konnte ihn überlisten, weil dem romantischen Utopisten der nüchterne Instinkt für die politischen Wirklichkeiten fehlte; aber man konnte ihn niemals seinen Grundsätzen abtrünnig machen. Die tapfere, ehrliche Hingabe an seine Sache, die keine Gefahr scheut, ist der schönste Zug an seinem Charakterbild. „Das ist Treulosigkeit", schrieb er einmal, „wenn sich einer nach dem Wechsel des Glückes richtet und danach seine Treue wandelbar macht. Mich hat die Gerechtigkeit meiner Sache getrieben, auch gegen widrige Glücksfälle anzustreben." Er hat das wahr gemacht, indem er alles Lebensglück im Stich ließ und elend in der Fremde sein Dasein beschloß, um seinen politischen Zielen nicht untreu werden zu müssen.

Während die meisten seiner humanistischen Freunde und Kampfgenossen — an der Spitze der große Erasmus — zuletzt doch ihren Frieden mit der alten Kirche machten, hat er tapfer an der Seite Luthers standgehalten bis zum bitteren Ende. Sobald er von dem unglücklichen Ausgang der Wormser Religionsverhandlungen erfuhr, machte er sich von allen Bindungen los und nahm seinen Kampf gegen die „Römlinge" wieder auf, ja er steigerte ihn noch zu einer abenteuerlichen „Pfaffenfehde" auf offener Landstraße. Das läßt ihn wohl als überzeugten Protestanten erscheinen. Und doch war er es nicht. Er hielt an Luther fest, obwohl er dessen eigentliches Anliegen niemals verstanden hat. Er betrachtete ihn als Kampfgenossen gegen die politische Macht Roms und fühlte sich, als echter Edelmann, beim Herannahen der Gefahr nun erst doppelt verpflichtet zu kameradschaftlicher Treue. Aber das hinderte nicht, daß er selbst den Unterschied seiner eigenen Geistesart von der Luthers deutlich empfand und seine geistige Selbständigkeit gelegentlich mit Stolz betonte. Erst die modernen Biographen haben diesen Unterschied verwischt. Und Luther? Den Reformator hat das, was Hutten wollte, kaum jemals tiefer berührt. Wohl hat er in seinem Kampf wider die alte Kirche einzelne Waffenstücke benützt, die ihm der Ritter in seinen Schriften darbot: die von Laurentius Valla aufgedeckte Fälschung der sogen. Konstantinischen Schenkung hat er wohl zuerst durch Hutten erfahren, vielleicht auch aus dessen Dialog „Vadiscus" diese und jene Wendung in der

Aufzählung von Beschwerden der deutschen Nation gegen Rom entnommen. Als er seine große Reformschrift „von des christlichen Standes Besserung" an den deutschen Adel richtete, dachte er gewiß auch an die Reichsritter am Mittelrhein, die ihm soeben eine sichere Zuflucht auf ihren Burgen angeboten hatten. Aber Huttens Wege waren nicht seine Wege. Gewiß hat auch er den Kampf gegen Rom, den er ausschließlich aus christlicher Gewissensnot aufnahm, zugleich als deutschen Befreiungskampf empfunden, sich selbst auch wohl voll Stolz einen Propheten der Deutschen genannt. „Für meine Deutschen bin ich geboren, ihnen will ich auch dienen." Aber er blieb weit entfernt von der Huttenschen Selbstvergötterung deutschen Wesens. Mehr als einmal hat er seinen „lieben Deutschen" sehr kräftig ins Gewissen geredet, zuweilen fast an ihnen verzweifelt. Was ihn am meisten zur Verzweiflung brachte, war dieselbe Haltung, die er auch bei Hutten wiederfand: daß sie den geistlichen Gehalt seiner Bußpredigt „fleischlich" verstanden, äußerliche Reform der Kirche oder gar des sozialen Lebens für das Wesen der Sache nahmen. Er selbst kämpfte ausschließlich für die Sache Gottes, für die Verkündigung des reinen, wiedergefundenen Evangeliums — was galten ihm angesichts dieser letzten und höchsten Ziele die Völker und politischen Mächte dieser Welt?

Diese Unfähigkeit zum politischen Kompromiß in Sachen der religiösen Überzeugung hat es ihm und seiner Kirche unendlich schwer gemacht, sich in der Welt, wie sie nun einmal ist, zu behaupten. Das große Unternehmen einer geschlossenen nationalen Kirchenreform wurde zwar nicht sogleich aufgegeben, aber praktisch aussichtslos, als Luther in Worms sich weigerte, in den Dienst der ständischen Beschwerden gegen Rom zu treten und ihnen seine tiefste Glaubensüberzeugung zu opfern. Die konfessionelle Spaltung der Nation wurde unvermeidlich, als sich herausstellte, daß die neugläubigen Theologen noch viel weniger als die altgläubigen zu einem Kompromiß in Kernfragen des Glaubens zu bringen waren. Aber dafür wurde auch verhindert, daß der große Anlauf zur Erneuerung des religiösen Lebens wieder einmal, wie schon so oft, in halben und äußerlichen Reformmaßnahmen versickerte. Und indem Luther nicht dem Reich, sondern den Landesfürsten und städtischen Obrigkeiten die äußere Organisation seines Werkes anvertraute, trat er mit den zukunftsreichsten Mächten des deutschen politischen Lebens in Verbindung. Diese deutschen Landes- und Stadtväter waren längst gewohnt, sich mit Eifer der Kirchenverbesserung im engen Rahmen ihrer Territorialverwaltungen anzunehmen. Sie betrachteten es als ihre Gewissenspflicht, mit staatlichen Mitteln der Kirche als „Nothelfer" zu dienen und waren unvergleichlich viel weniger in Versuchung, ihrerseits die Kirche zum Werkzeug staatlicher Macht zu machen als etwa die großen Monarchien Westeuropas. So entwickelten sich die deutschen protestantischen Landeskirchen in organischer Fortbildung spätmittelalterlicher Traditionen. Das Reich aber fiel nun erst recht auseinander; die öffentliche Gewalt wurde nun vollends zur Beute des Landesfürstentums; von Reichsreform, Reichskirche und nationaler Kirchenreform war schon bald keine Rede mehr.

Man kann das Scheitern dieser Hoffnungen, denen das Lebenswerk Huttens gegolten hatte, aufs tiefste bedauern. Aber es läßt sich doch gar nicht verkennen, daß sie niemals mehr gewesen sind als eine romantische Utopie. Weder besaß der Reichsgedanke am Ende des Mittelalters wirklich noch die Kraft, die politische Selbstsucht der deutschen Territorialherrschaften zu überwinden, noch entsprach die Politik der internationalen habsburgischen Dynastie dem Idealbild, das sich Hutten davon machte. Die habsburgischen Kaiser jener Zeit waren als Träger eines völkischen deutschen Staatswillens so ungeeignet wie nur möglich. Es ist kaum denkbar, daß die große Reichskirchenreform, die man 1521 in Worms plante, zu wirklich fruchtbaren Ergebnissen gelangt wäre, wenn nur Luther sich zum politischen Kompromiß hätte bereitfinden lassen. Denn die deutsche Kaiserkone zierte damals einen Spanier, der ganz andere kirchliche Überzeugungen und politische Interessen besaß als die deutschen Reichsstände. Vergeblich hat sich Hutten mit seinen Lebenshoffnungen an ihn geklammert; niemand hat ihn so grausam enttäuscht wie Kaiser Karl.

Und so bliebe als Ergebnis dieses Lebens tatsächlich nichts weiter übrig als ein Haufen zerstörter Illusionen? Wer ein Bewußtsein davon hat, wie selten echtes, aus letzter Überzeugung fließendes, auch in Leiden und Not sich bewährendes Kämpfertum ist, wird sich trotz allem sträuben, ein solches Urteil zu unterschreiben. Geschichtliche Leistung ist nicht notwendig an den sichtbaren politischen Erfolg geknüpft. Nicht als Genosse des Reformators, wohl aber als dessen publizistischer Wegbereiter und vor allem als Erwecker nationalen Stolzes, politischen Selbstbewußtseins unter den gebildeten Deutschen behält Ulrich von Hutten unter den denkwürdigen Gestalten unserer nationalen Geschichte einen ehrenvollen Platz.

VII. DIE REFORMATION
UND DAS POLITISCHE SCHICKSAL DEUTSCHLANDS
(1927)

Die Reformation und das politische Schicksal Deutschlands — dahinter steckt eine Unsumme uralter, leidenschaftlicher Anklagen beider Konfessionen gegeneinander. In der glücklichen Friedensepoche vor 1914, als die nationale Bewegung in Deutschland ihr nächstes Ziel, die Gründung eines starken deutschen nationalen Staates, erreicht hatte, und als man auch in Österreich sich im Schirm und Schatten dieses Bundesgenossen leidlich gesichert fühlte, trotz aller wachsenden Bedrängnis im Innern des Habsburgerstaates, trotz aller völkischen Wünsche und Hoffnungen für die Zukunft — damals konnten jene Dinge der Vergangenheit vielleicht als begraben gelten. Im neuen Deutschen Reiche jedenfalls empfand man den befriedigten Stolz über das endlich errungene Ziel nationaler Hoffnungen unvergleichlich stärker als den Schmerz der Erinnerung an so viele Leiden einer kämpferischen Vergangenheit. Eine Geschichtsauffassung verbreitete sich, der unsere ganze politische Vergangenheit deutlich auf das eine Ziel hinauszulaufen schien: nach langen Jahrhunderten voll Mühsal und Kämpfen doch endlich einen mächtigen nationalen Staat hervorzubringen, an dessen Aufbau wesentlich protestantische Kräfte beteiligt waren. Die konfessionelle Spaltung erschien von hier aus zwar als ein tief beklagenswertes Hemmnis deutscher Entwicklung, aber doch nicht als Unheil schlechthin: die katholisch gebliebenen Dynastien, so gut wie ausschließlich als Mächte der Reaktion gewertet, hatten ja den Aufstieg der norddeutsch-protestantischen Großmacht Preußen zum Zwing- und Schirmherrn ganz Deutschlands nur verzögern, nicht hindern können! Martin Luther als den Befreier des deutschen Staates aus den Fesseln römischer Theokratie, den Schöpfer der modernen deutschen Nationalsprache, den Begründer der modernen deutschen Kultur zu feiern, wurde Gemeingut unzähliger Gebildeter protestantischen Bekenntnisses in ganz Deutschland. Selbst unter den Katholiken Österreichs hat es im letzten Jahrzehnt vor

VII. Die Reformation und das politische Schicksal Deutschlands

1914 eine starke Bewegung gegeben, die aus ähnlichen politisch-historischen Gedankengängen heraus vom römischen Bekenntnis sich abwandte, um engeren Anschluß an den angeblich protestantischen Staat Bismarcks zu gewinnen. Aber die Selbstverständlichkeit, mit der jene früheren Generationen das Ziel der deutschen nationalen Geschichte erfüllt glaubten mit der Begründung eines starken deutschen Staates auf wesentlich norddeutsch-protestantischer Grundlage, ist heute schwer erschüttert.

Wer heute, nach dem jähen Zusammenbruch beider deutscher Großmächte im Ersten Weltkrieg, mit einiger Ernsthaftigkeit über die merkwürdige Geschichte unseres deutschen Volkes nachsinnt, vor dem tauchen viele alte dunkle Fragen wieder auf, die man ehedem eindeutig erledigt und beantwortet glaubte. Niemand kann es heute noch wagen, jene ältere Meinung von dem geradlinigen Aufstieg der politischen Entwicklung Deutschlands auf norddeutsch-protestantischer Grundlage öffentlich auszusprechen, ohne leidenschaftlichen Widerspruch zu ernten. Nirgends leidenschaftlicheren als in Österreich. Der Vermischung protestantisch-religiöser und politisch-liberaler Ideen, wie sie in der älteren Generation vielfach üblich war, wird heute eine nicht minder trübe Verquickung katholisch-konfessioneller und großdeutsch-österreichischer Gedankengänge entgegengestellt; der politische Kampf um die Zukunft des deutschen Staates — denn darum handelt es sich in Wahrheit in all diesem Streit um die deutsche Vergangenheit — wird zu einem wesentlichen Teil mit konfessionellen Waffen geführt. Die deutsche Reformation, so ruft man den Protestanten zu, weit entfernt davon, die gesündesten, zukunftreichsten politischen Kräfte deutschen Wesens zu entfesseln, hat vielmehr die natürliche Entwicklung des deutschen Staates zu einem einheitlichen Ganzen unter Führung der Großmacht Habsburg verhindert, den Weg zum politischen Aufstieg Deutschlands hoffnungslos verschüttet. Sie ist die eigentliche Quelle alles deutschen politischen Elends in den Jahrhunderten seither. Es ist nicht wahr, so sagt man uns, daß die Entseelung des mittelalterlichen, katholischen Kaisertums, die Zersprengung des längst vermorschenden alten Reiches notwendig war, um die Bahn zu öffen für den Aufstieg junger, gesunder, machthungriger und bald machtvoll emporstrebender territorialer Staasbildungen; dieses angeblich vermorschende alte deutsche Reich steckte noch voller Lebenskraft, und die protestantischen Territorialstaaten sind seine Verderber gewesen. Der machthungrigste von ihnen, der brandenburgisch-preußische, war von Anfang an nicht der berufene Träger deutscher Zukunftshoffnungen, sondern der schlimmste Schädling von allen, Bundesgenosse Frankreichs, Verräter des Reichsgedankens und der Nation in den schweren Kämpfen gegen die Übermacht Ludwigs XIV. und gegen die Eroberungspolitik der großen Revolution. Mit dem Aufkommen des Luthertums im 16. Jahrhundert ist der Sieg unpolitischer, rein theologischer Interessen über die weltlich-staatlichen entschieden, die innerpolitische Verwirrung Deutschlands vollendet worden. Der durch die Spaltung der Kirche begründete und durch protestantische Theologen zu unerträglicher Verhetzung gesteigerte Zank um das Dogma hat schließlich in den Dreißigjährigen Krieg und also geradenwegs in das Verderben hineingeführt. Die Glaubensspaltung ist daran schuld, daß die alten Gegensätze zwischen Nord- und Süddeutschen, Reichsdeutschen (von heute) und Österreichern konfessionell vergiftet und damit erst vollends unüberbrückbar wurden. Reich genug war unser deutsches Leben ohnehin an inneren Gegensätzen: der Landschaften, der Stämme, der vorwiegend agrarischen und der vorwiegend städtisch-industriell sich entwickelnden Provinzen, an erblicher Eifersucht und Feindschaft der Dynastien und Staaten. Ist nicht ihre Verschärfung und Verbitterung durch die Glaubensspaltung einer der wichtigsten Gründe dafür, daß wir — weltgeschichtlich betrachtet — zu spät zur Schöpfung eines nationalen Staates gelangt sind? Daß die politische Einigung Deutschlands erst zustande kam, nachdem die anderen europäischen Mächte sich längst daran gewöhnt hatten, die politische Schwäche Mitteleuropas als ein festes Stück des politischen Gleichgewichtssystems in Europa zu betrachten? Und erst zu einem Zeitpunkt, als der sprunghafte Übergang Deutschlands vom Agrar- zum Industrieland das soziale Problem gleichzeitig mit dem nationalen auftauchen ließ? Und endlich erfährt das Luthertum vom Standpunkt moderner, zumal demokratischer Staatsauffassung noch eine besondere, sehr herbe Kritik. Seine unpolitische Lehre von der blinden Gehorsamspflicht der Untertanen, so heißt es, hat am meisten dazu beigetragen, das Sinnen und Trachten der Deutschen vom Staate abzudrängen, jenes unpolitische, schläfrige Spießertum der unverbesserlichen Privatmenschen zu erzeugen, das später, im 19. Jahrhundert, für ein Durchdringen nationaler Einheitsbestrebungen, staatlicher Gesinnung überhaupt, sich als schwerstes Hemmnis erweisen sollte und heute noch jeden politischen Fortschritt lähmt.

Anklagen und Fragestellungen ohne Ende! Ihnen zu begegnen, wird ein überzeugter Bekenner evangelischen Glaubens in erster Linie sich auf sein Gewissen berufen. Es gibt einen Standpunkt so hoch über allen Schicksalen

VII. Die Reformation und das politische Schicksal Deutschlands

irdischer Mächte, daß es von da aus unwesentlich erscheint, ob um der evangelischen Wahrheit willen sogar das irdische Vaterland verderben sollte. „Was hülfe es dem Menschen, so er die ganze Welt gewänne und nähme doch Schaden an seiner Seele?" Aber damit allein werden die wenigsten sich zufrieden geben. Ein Christentum, das die Welt nicht anders als vom Standpunkt des „Gerichts", der Verdammnis alles Fleisches zu betrachten vermag, gerät in Gefahr, mit der hochmütigen Geste des weltflüchtigen Asketen sich der von Gott verordneten Aufgabe zu entziehen, diese Welt gestalten zu helfen. So hat auch Martin Luther nicht gedacht, als er seine Schrift „an den christlichen Adel deutscher Nation von des christlichen Standes Besserung" schrieb (trotz aller gegenteiligen Versicherungen theologischer Überlutheraner von heute). So wenig er jemals sich bereit gefunden hätte, politischen Rücksichten das religiöse Prinzip zu opfern, so sehr lag ihm doch mit dem Schicksal der Kirche auch das seines deutschen Vaterlandes am Herzen. Der Frage, ob wirklich die Predigt Luthers das politische Unheil der deutschen Nation gewesen ist, darf sich niemand entziehen, der es mit seinem Deutschtum ebenso ernst meint wie mit seinem protestantischen Bekenntnis.

Im Zeitalter Martin Luthers selber würde niemand die Sorge verstanden haben, daß die Reformation den politischen Interessen der deutschen Nation gefährlich werden könnte. Am wenigsten die eifrigsten Verfechter nationaler Ideen. Die standen damals alle auf der Seite der Wittenberger Reformation.

Denn das ist das erste, was man jenen Anklagen gegen die Reformation entgegenhalten muß: das deutsche Nationalgefühl hat sich überhaupt erst im Kampf mit Rom entzündet. Im katholischen Mittelalter war nationales Empfinden (im heutigen Sinn) auch in den gebildeten Schichten des deutschen Volkes keineswegs eine Selbstverständlichkeit. Vielleicht, daß die Grenzmärker des deutschen Ostens, insbesondere die Mitglieder des Deutschen Ritterordens, die in beständigem Kampf mit Slawen und Litauern spüren mußten, was deutsche Art, deutscher Geist, deutsche Kraft bedeuten, davon eine Ausnahme machten. Aber sie lebten halb jenseits der deutschen Grenzen. Im allgemeinen fühlten sich die Träger deutscher Bildung, Klerus und Adel, in erster Linie als Söhne der großen abendländischen Kirche, als Mitglieder der abendländischen Christenheit. Im eigentlichen Mittelalter gibt es wohl mancherlei Beispiele patriotischen Stolzes, aber nur seltene Zeugnisse nationalen Selbstbewußtseins in unserem Sinn: eines Bewußtseins völkischer Eigenart. Das berühmteste dieser Zeugnisse sind die Gedichte des Österreichers Walther von der Vogelweide. Wie sieht aber dessen deutsches Nationalgefühl aus? Es ist gegen Rom und den Papst gewendet! Er ist erfüllt von der ganzen Bitterkeit des Streites, den die deutschen Könige mit den Päpsten auszufechten hatten.

> Ha, wie so christlich hör' den Papst ich jetzo lachen,
> wenn er zu seinen Welschen sagt: „Seht her, so muß man's machen!"
> Er spricht — o Schande, daß er's auch nur je gedacht! —
> „Zwei Deutsche hab ich unter *eine* Kron gebracht,
> damit das Reich verwüstet und zerstört ihr Hassen.
> Unterdessen füllen wir die Kassen!
> Zum Opferstock trieb ich sie, ihr Gut ist alles mein,
> ihr deutsches Silber fährt in meinen welschen Schrein.
> Ihr Pfaffen, esset Hühner, trinket Wein:
> die deutschen Schafe sollt ihr fasten lassen!"

Genau dieselben Beschwerden sind unzählige Male in den folgenden Jahrhunderten bis zu Luthers Auftreten wiederholt worden. Immer wieder klagte man, die deutschen Frommen würden ausgesaugt durch den welschen Ablaßhandel und durch alle die Gelder, die als Abgabe von deutschen geistlichen Pfründen nach Rom gefordert würden. Das deutsche Volk fühlte sich darin weit stärker beschwert als andere: zumal im Vergleich mit Frankreich und England. Daran zuerst hat sich das deutsche Nationalgefühl aufgeregt, viel stärker und unmittelbarer als an dem Gegensatz etwa zu den gewiß bedenklichen Ausdehnungsgelüsten des französischen Nachbarn am Rhein. Die Deutschen des 15. Jahrhunderts, soweit sie überhaupt politisch sich Gedanken machten, hatten das Gefühl (einerlei, ob mit Recht oder Unrecht), in Rom für die Dummen zu gelten, die man übervorteilen und ausnutzen kann, besser als andere. Vor allem seit dem Scheitern der großen Konzilsbewegung. Auf den abendländischen Konzilien von Konstanz und Basel, in den Jahrzehnten vor 1450, saßen ja zum ersten Male Vertreter aller großen abendländischen Nationen auf deutschem Boden, unter dem Schutz des deutschen Kaisers versammelt, beieinander. In diesem Zusammensein der verschiedensten Nationen hat man nicht mit Unrecht den stärksten Anstoß für das Bewußtwerden der nationalen Eigenart bei allen Völkern des Abendlandes gesehen. Hier regt sich denn auch das deutsche Selbstbewußtsein, der deutsche Nationalstolz mit Macht. Als diese großen Kirchenversammlungen ohne das erhoffte Ergebnis auseinandergehen, als die Päpste mit den alten Praktiken fortfahren, italienische Höflinge mit deutschen geistlichen Stellen versorgen, die deutsche Kirche mit hohen Steuern belasten, einen gewaltigen Segen von Ablässen in Deutschland verkaufen lassen usw., erheben sich immer leidenschaftlicher die „Beschwerden deutscher Nation", von Generation zu

VII. Die Reformation und das politische Schicksal Deutschlands

Generation sich weiterschleppend. Ihren zündendsten Ausdruck finden sie im Reformationszeitalter selbst, in der ganzen ungeheuer ausgedehnten Volks- und Flugschriftenliteratur, die sie begleitet, spitzig zugeschliffen vor allem von den Humanisten. Jakob Wimpfeling faßt sie im Auftrag Kaiser Maximilians zu einem Libell zusammen, zugleich freilich — als Elsässer — auch durch die französische Gefahr zu nationalem Empfinden aufgestachelt. Leidenschaftlicher noch und viel wirksamer vertrat sie der „Herold deutscher Freiheit", Ulrich von Hutten, der fahrende Ritter, mit allen seinen Schwächen doch ohne Frage der weitaus kräftigste und volkstümlichste der humanistischen Streitrufer.

Keiner fühlt wie er, daß Deutschlands große geschichtliche Stunde gekommen ist, daß es aufwache. Von Deutschland wird die große Weltbewegung ausgehen, deren geschichtliche Bedeutung er dunkel ahnt. „Und möcht' noch die Welt sich bewegen lassen, wenn Deutschland witzig würde." Dazu ruft er die Nation auf: römische Sklavenketten abzuschütteln — wie er es versteht: „Sterben kann ich, aber Knecht sein kann ich nicht, auch Deutschland geknechtet sehen kann ich nicht." Seine volkstümlichen Reime machen die Runde:

> Erbarmt Euch übers Vaterland,
> ihr werten Teutschen, regt die Hand!
> Jetzt ist die Zeit, zu heben an
> um Freiheit kriegen. Gott will's han...

Freilich: der geschichtliche Ruhm Huttens als Vor- und Mitkämpfer Martin Luthers ist heute stark verblaßt[15]). Die Tat des Reformators selber ist ganz gewiß nicht der Stimmung des nationalen Hasses gegen Rom, sondern letzten, abgründigen Tiefen des religiösen Erlebens entsprungen — in einer Sphäre weltenfern von aller Politik und allen nationalen Leidenschaften.

Dennoch wird sich nicht bestreiten lassen, daß die reformatorische Bewegung als Ganzes — die ja mit den ursprünglichen Absichten und den rein geistigen Bestrebungen des Wittenberger Reformators keineswegs gänzlich sich deckt — als nationale Volksbewegung ins Leben getreten ist. Vom Standpunkt des politischen Historikers gesehen erscheint sie durchaus als Fortsetzung und Steigerung aller jener spätmittelalterlichen, in tausend Naturlauten hervorbrechenden Strebungen und Hoffnungen des deutschen Volkes, durch eine Reform von Reich und Kirche zugleich eine Erneuerung und Gesundung seines tief entarteten staatlichen Lebens zu gewinnen. Die Sehnsucht nach dem Retter aus so vielen sozialen und politischen Nöten, die — ach so oft — vergeblich nach dem „Endkaiser" ausgeblickt hatte, der da kommen sollte, die Armen frei und die reichen Pfaffen arm zu machen, das Reich des „Antichrists" auf Erden zu zerstören und den kleinen Mann von seinen Fronvögten zu erlösen — die Sehnsucht der politisch Gebildeten nach einer Erneuerung der verlorenen alten Reichsherrlichkeit, jener Zeit, da der deutsche Kaiser der erste Mann der Christenheit war, bis die römischen Päpste den Schemel seiner Macht umstießen —, alle diese vage und doch so heiße Sehnsucht sieht man die Arme ausstrecken nach dem Manne, der endlich wagt, das erlösende Wort zu sprechen: „Ha, ha, der wird's tun!" so hieß es, als die Ablaßthesen ganz Deutschland durcheilten. Diese Hoffnungen, und nicht die Tiefe seiner religiösen Erkenntnis, haben Martin Luther wie im Sturmwind zum Helden seines Volkes gemacht.

Und er selber hat sich diesen Stimmungen und Hoffnungen wenigstens für die erste, dramatisch bewegteste Epoche seines Wirkens als Reformator nicht entziehen können. Niemand war weiter entfernt von Stimmungen antikaiserlicher ständischer Opposition als gerade er, der so treu an Kaiser und Reich hing wie irgendeiner unter den Deutschen, und der sich zeitlebens, trotz vieler Enttäuschungen, gegen offenen Aufruhr wider den Kaiser gewehrt hat[16]). So hat denn auch er — wenigstens zeitweise — die Hoffnung der politischen Führer des deutschen Volkes, des Adels deutscher Nation, geteilt, es müsse möglich sein, auf der Grundlage seines neuen Bekenntnisses Reich und Kirche zugleich zu erneuern, in gemeinsamer Abwehr gegen römisch-päpstliches Wesen über alle inneren Gegensätze des deutschen politischen Lebens hinwegzukommen: den Kaiser, den Vogt der Kirche, als ihren Erneuerer zugleich an die Spitze eines verjüngten, von päpstlicher Oberherrschaft und utopisch-universalen Aufgaben befreiten deutschen Reiches zu stellen. Das war in den Tagen der großen Sendschriften von 1520, in den Monaten unmittelbar vor dem Reichstag von Worms, der dann alle diese Hoffnungen jäh zum Scheitern brachte. Damals galt er als der Held der Nation schlechthin:

> Zu Worms er sich erzeiget,
> er stand wohl auf dem Plan,
> sein Feind hat er geschweiget,
> keiner durft ihn wenden an.

Damals also schien die ganze Nation einig in dem Gefühl, daß ein neuer Tag für den Deutschen anbrechen werde und müsse. Es bleibt doch — über alle konfessionellen Gegensätze hinweg — eine ewig denkwürdige Erinne-

VII. Die Reformation und das politische Schicksal Deutschlands

rung unserer nationalen Geschichte, daß es diesen einen Moment gegeben hat, in dem unsere seit Jahrhunderten in kleinlichen politischen Händeln, in engen Streitigkeiten um Mein und Dein, blutigen Klassenkämpfen der Städte, tausend Fehden der einen Stadt und Landschaft gegen die andere dahinlebende Nation plötzlich auf das Wort *eines* Führers lauschte. Ein weltgeschichtlicher Moment — derselbe, in dem von Deutschland die große Welterschütterung ausging.

Aber freilich, es war nur ein Moment, nur ein Augenblick gleichsam, in dem der ewig fortrasende innere Zwist den Atem anhielt. Daß eben in diesem Augenblick ein undeutscher Herrscher den Kaiserthron bestieg, ein Fürst fremder Sprache und Abstammung, der von deutschem Wesen nicht das mindeste verstand und dessen politische Hauptinteressen notwendig jenseits der deutschen Grenzen lagen, war vielleicht das schwerste, aber nicht das einzige Verhängnis. Es brachte die Unmöglichkeit einer durchgreifenden Neuordnung des deutschen Lebens sofort zum Bewußtsein, als der Kaiser noch in Worms das Verbot der lutherischen Lehre bei entsetzlichen Strafen von Reichs wegen durchsetzte. Man darf gewiß zweifeln, ob ohne seinen Widerstand die große politische und geistliche Reform des deutschen Lebens wirklich geglückt wäre oder ob nicht auch dann die politischen Schwierigkeiten zu groß gewesen wären. Es ist schon möglich, daß die innerdeutschen Gegensätze der verschiedenen Staaten und Stämme bereits zu tief und zu verhärtet, die Einzelterritorien dem Reichsgedanken bereits zu stark entfremdet waren, als daß eine ständische Reichsreform im Sinne der protestantischen Hoffnungen wirklich noch zu fruchtbaren Ergebnissen führen konnte. Die Erfahrungen, die später das ständische Reichsregiment 1522 bis 1524 gemacht hat, sprechen durchaus für eine pessimistische Auffassung der Lage. Aber das eine darf man ohne Zweifel feststellen: daß nicht die reformatorische Bewegung als solche, sondern erst das Eingreifen ihr feindlicher politischer Mächte die durchgehende konfessionelle Spaltung des deutschen Volkes verschuldet hat. Denn die Hoffnung der Reformatoren, ohne Schwertes Gewalt, allein durch die Predigt des Wortes nach und nach das ganze deutsche Volk für ihre Sache zu gewinnen (selbstverständlich war dies und nicht die Errichtung vielgeteilter, politisch hilfloser protestantischer Landeskirchen ihr letztes Ziel), war durchaus nicht zu kühn, wie die Geschichte gezeigt hat, war nichts weniger als ein phantastischer Gedanke: vorausgesetzt, daß ihre Predigt frei ausgehen durfte in alle deutschen Länder, daß sie nicht gehindert wurde durch die weltliche Politik.

Wie unglaublich schnell hat sie sich verbreitet trotz aller politischen Hindernisse, trotz Reichsverbot und trotz der furchtbaren Katastrophe des Bauernkriegs! Mit welcher stürmischen Bereitwilligkeit wird sie überall aufgenommen — in einem Begeisterungsrausch, der für die historische Betrachtung auch heute noch, trotz aller Erklärungsversuche und weitgedehnten Studien zur Vorgeschichte der Reformation, etwas Rätselhaftes behält, wenn man die begrenzte Wirkung ketzerischer Predigten im ausgehenden Mittelalter vergleichend daneben hält! Wie ungeheuerlich schwillt die Zahl der Flugschriften in deutscher Sprache in wenigen Jahren an, die ihrer Ausbreitung oder Bekämpfung gelten: kaum daß die deutschen Druckereien die Masse noch bewältigen können! Predigt, Streitschrift, Lied, Gesang — alles muß der großen Sache dienen. Keine deutsche Landschaft bleibt davon unberührt. Gewiß: nicht überall in gleichem Maße drang die Predigt des Reformators in die Tiefen des Volkes ein. Im deutschen Südosten, unter verstärktem Gegendruck weltlicher und geistlicher Obrigkeiten, langsamer und unvollkommener als in Norddeutschland. Auch an Zwangsmaßnahmen protestantischer Landesherren zur beschleunigten Durchführung des Reformationswerkes, wenn dies einmal von unten her begonnen war, hat es kaum irgendwo gefehlt. Aber das Ganze der Bewegung als politische Mache von oben her auslegen, wie es öfters versucht worden ist, heißt die offenbare geschichtliche Wahrheit auf den Kopf stellen. Nicht als politische Mache, sondern durchaus als Volksbewegung, und als Volksbewegung allergrößten Stils, hat die Reformation in Deutschland sich durchgesetzt, wesentlich durch freiwilligen Zulauf der Massen zur evangelischen Predigt sich verstärkend. Und mit welchem Erfolg! Um 1560 war der Nordosten Deutschlands vollständig evangelisch, in Mittel- und Westdeutschland nur mit Mühe, durch Eingriff des Kaisers, der Besitz der großen geistlichen Stifte und des Jülicher Herzogs am Niederrhein und in Westfalen für die alte Kirche gerettet, aber die Gefahr, auch diese Gebiete zu verlieren, noch längst nicht abgewendet: sie wurde bald darauf wieder brennend. Das Bistum Mainz und die Fürstabtei Fulda lagen wie Inseln rings umspült inmitten protestantischer Gebiete, ähnlich Würzburg und Bamberg. Im Süden bestanden größere Gebiete katholischen Bekenntnisses nur noch in Oberschwaben, Bayern und den österreichischen Alpenländern, während die böhmischen Kronländer im Begriff standen, gänzlich abzufallen. Und überall in den katholisch gebliebenen Restgebieten war die Auflösung der alten Kirche stark im Gang, der Ausgang der Dinge zweifelhaft. Vor allem der

Adel und die Städte hielten großenteils offen zum protestantischen Bekenntnis, die katholischen Landesherren fühlten sich außerstande, die Bewegung zu unterdrücken. Die Klöster standen großenteils verlassen; die ersten Jesuitenschulen mußten hie und da wegen mangelnden Zulaufs geschlossen werden. Lutherische Prädikanten traf man überall, die katholischen Gottesdienste wurden von den Besuchern oft genug gleich nach der Predigt verlassen, so daß die Messe sich ohne Zuschauer vollzog, Wallfahrten waren mit allen obrigkeitlichen Zwangsmitteln nicht mehr durchzusetzen, die katholisch-theologischen Studien verfielen, der Spott über Rom war allgemein. Ein italienischer Beobachter berichtete 1557 nach Hause: „Hätte ich ein Urteil zu fällen, so würde ich glauben, daß dieses Land in kurzem der römischen Kirche völlig entfremdet sein werde." Sieben Zehntel der Deutschen wurden zu den Protestanten, ein Zehntel zur katholischen Kirche gerechnet, der Rest zu den Sektierern. Mit anderen Worten: selbst *nach* der großen Niederlage der protestantischen Fürstenpartei im Schmalkaldischen Krieg schien die neue Lehre noch immer unaufhaltsam fortzuschreiten. Selbst damals, nach der Neuordnung und rechtlichen Festlegung der konfessionellen Verhältnisse durch den Augsburger Religionsfrieden von 1555, schien die Möglichkeit nicht völlig ausgeschlossen, ganz Deutschland eines Tages unter den protestantischen Fahnen zu sammeln, in einer neuen nationalen Kirche oder doch in mehreren protestantischen Gemeinschaften nebeneinander, deren innere Gegensätze sich mit der Zeit von selber abschleifen mußten. Erst von der sogenannten Gegenreformation seit den siebziger Jahren des 16. Jahrhunderts ist diese Aussicht endgültig zerstört worden.

Es ist — vom Standpunkt nationaler Politik gesehen — zwecklos, dieser verschwundenen Möglichkeit heute noch trauernd nachzuhängen. Ein einheitliches Empfinden der Deutschen gegenüber diesen Dingen ist wohl dauernd unmöglich. Ich will deshalb auch bei Ihnen nicht die schrecklichen Erinnerungen aufwühlen, an denen gerade die evangelische Märtyrerkirche Österreichs so reich ist. Was für die einen Entsetzen und Verhängnis, das bedeutet für die andern die Rettung der Kirche und Deutschlands. Hier entscheidet die religiöse Überzeugung und nicht die nationalpolitische Erwägung; da wird keiner den andern jemals auf seine Seite bringen — solange das kirchliche Interesse über dem politischen steht. Es ist gar keine Frage, daß vom Standpunkt der katholischen Kirche das Werk der Gegenreformation eine unbedingte Notwendigkeit war. Aber eben darum, weil hier das kirchliche, nicht das nationalpolitische Interesse letztlich den Ausschlag gegeben hat, sollte man aufhören, einseitig die Reformation zu beschuldigen, daß sie aus Gründen religiöser Überzeugung sich am politischen Interesse der Nation versündigt habe. Soll die protestantische Kirche andern religiösen Gemeinschaften das Recht zugestehen, an die Ausbreitung und Verteidigung ihrer Ideen alle Kraft zu setzen, unbekümmert um die politischen Folgen, so darf sie es mit gleicher Energie für sich selber in Anspruch nehmen. Hatte sie etwa schlechtere Aussichten, die ganze deutsche Nation auf ihren Wegen mit sich fortzureißen, als die Kirche der Gegenreformation, ganz Deutschland für sich zurückzuerobern? Das Gegenteil ist der Fall; wir hörten es soeben. Wer sie dennoch anklagt, daß sie den vergeblichen Versuch unternommen habe, ruft notwendig die Gegenklage hervor, daß sie gewaltsam verhindert sei, ihr Werk an der deutschen Nation zu vollenden — kurz vor der Vollendung. Oder will man sich darüber entrüsten, daß ihre Verteidiger, notgedrungen und spät genug, zu den Waffen der Politik und des Krieges griffen, um sie vor der Vernichtung zu retten? Gerade in Deutschland ist dazu am wenigsten Anlaß gegeben. Im Geiste Luthers lag bekanntlich nichts weniger als politischer Kampf; gerade er wollte nur der Macht des Gotteswortes vertrauen, nicht Wehr und Waffen. Wäre es nach ihm gegangen, so hätte sein Werk sich rein als Geisteskampf vollendet, und bis zur politischen Torheit und Verblendung sind die mittelstaatlichen Politiker, die seiner Lehre anhingen, dieser Anweisung gefolgt. Niemand hat die grundsätzliche Scheidung von Politik und Religion — in schroffem Gegensatz zu den politischen Traditionen der alten Kirche — mit größerem Ernst gepredigt als er, der den weltlichen Staat aus den Fesseln kirchlicher Bevormundung zu befreien glaubte, und nicht seine Schuld war es, daß beide Sphären sich dennoch mehr und mehr vermischten. Gewiß: auch er konnte schließlich nicht hindern, daß tausend Interessen irdischer Art sich mit seinem Werk verbanden; ihm blieb nicht Zeit noch Wahl: sollte sein Werk nicht gleich in den Anfängen erstickt werden, so mußte er wenigstens den *Schutz* weltlicher Obrigkeiten in Anspruch nehmen und damit wider Wunsch und Willen ihr politisches Interesse an das seiner Kirche binden. Das Evangelium, als reine Idee gepredigt, wurde mit der Zeit zu einem gewaltigen Faktor weltlicher Politik. Aber wer die Reformation deswegen anklagt, wird die Widerklage hören, daß die Gegenreformation noch in ganz anderm Maße als politischer Handel mit politischen Interessen und politischen Mitteln betrieben worden sei. Hüten wir uns vor Übertreibungen: auch auf katholischer Seite, unter den Jesuiten seit Peter Canisius und den andern

VII. Die Reformation und das politische Schicksal Deutschlands

Missionaren Roms und unter dem neuen, in Rom erzogenen deutschen Weltklerus der Gegenreformation hat viel ehrlicher Glaubenseifer im Geisteskampf gegen das Luthertum und die andern Abtrünnigen gestritten, die alte Kirche auch innerlich neu aufgebaut. Aber daß ihr Bekehrungswerk viel stärker und viel einseitiger als die Predigt der Reformation auf den starken Arm der weltlichen Obrigkeit sich stützen mußte, daran kann ehrliche Geschichtsbetrachtung gar nicht zweifeln. Von einer protestantenfeindlichen Volksbewegung irgendwie nennenswerter Art — geschweige denn so großen Stiles wie in Frankreich zur Zeit der Hugenottenkriege oder vollends in Spanien — kann in Deutschland schlechterdings keine Rede sein. Alles, was an katholischer Frömmigkeit, an Begeisterung für die kirchlichen Ideale des Mittelalters, an treuer Anhänglichkeit für das Papsttum innerhalb der katholischen Kirche Deutschlands noch lebendig war oder im geistigen Kampf mit der Predigt der Reformation neu sich belebte, hätte von sich selber aus niemals hingereicht, diese Kirche vor der Zersetzung durch die neuen Ideen zu retten. Fast überall drängte die populäre Bewegung die Obrigkeiten in entgegengesetzte Richtung; nicht einmal in Bayern, dem Zentrum altgläubiger Frömmigkeit, fehlte es an solchen Kräften. Erst dem Eingreifen auswärtiger Mächte, vor allem Roms und der spanischen Politik, gelang es, die katholisch gebliebenen Fürstenhäuser zu kräftiger Gegenwehr und angriffsweisem Vorgehen zu ermutigen und anzustacheln. Durchaus als Sache der Höfe, durchaus von oben her ist die Gegenreformation in Gang gebracht worden.

So ging denn, was als Geisteskampf begonnen, aber fast von Anfang an politische Kräfte mit auf den Plan gerufen hatte, vollends als ein Ringen von Macht zu Macht zu Ende. Noch heute läßt die Karte der Konfessionsverteilung die längst verschwundenen politischen Grenzen der deutschen Staatenwelt um 1590 erkennen. Immer stärker mischten sich weltliche Tendenzen in den Glaubenskampf, auf beiden Seiten. Ein Zeitalter rein religiöser Interessen, ein Zeitalter reiner Glaubenskämpfe hat es niemals gegeben; undenkbar, daß jemals der weltliche Staat sich geistlicher Leitung gänzlich überlassen könnte, ohne sich selber zu zerstören. Die politischen Interessen aber, die in der Politik der deutschen Staaten den Ausschlag gaben, waren überall solche der eigenen Geltung, Sonderinteressen, nirgends nationale. Auch das Kaiserhaus war viel zu eng an die politischen Bedürfnisse seiner Hausmacht gebunden, als daß es in seinem nationalen Beruf hätte aufgehen, der Erhaltung des Reiches seine österreichischen Sonderinteressen hätte opfern können; es ist eine groteske Entstellung offenkundiger Tatsachen, den katholischen Eifer der Habsburger heute noch als Vertretung des nationalen Gesamtinteresses, das die Einheit des Glaubens gefordert habe, gegen die Auflehnung selbstsüchtiger Vasallen zu deuten. Das Interesse der Nation lag in ganz anderer Richtung.

Die inneren Gegensätze des politischen Lebens in Deutschland sind ja nicht erst durch die Reformation geschaffen worden. Der Ursprung des politischen Chaos ist viel älter als sie: er geht auf die Zertrümmerung der Einheit des Reiches im Mittelalter zurück, an der die päpstliche Politik wesentlich mitbeteiligt war. Die Auflösung des Reiches in eine unübersehbare Menge politischer Sonderbildungen war zu Anfang des 16. Jahrhunderts bereits so weit fortgeschritten, daß ein einheitliches Vorgehen aller Reichsstände in der konfessionellen Frage schon durch ihre gegenseitige Eifersucht fast unmöglich wurde. Man hätte sie zwingen müssen. Nachdem der ungeheure Druck der reformatorischen Volksbewegung nicht genügt hatte, um diesen Zwang gegen die starken, vom Ausland her wirkenden Hemmungen mit Erfolg durchzuführen, war vollends nicht mehr daran zu denken, daß kaiserliche Willensäußerungen imstande sein würden, die verlorene kirchliche Einheit gewaltsam wiederherzustellen. Selbst die Machtmittel Karls V., des größten abendländischen Herrschers, mit höchster diplomatischer Kunst und trefflicher militärischer Führung zur Niederwerfung der Rebellen eingesetzt (im Schmalkaldischen Kriege), reichten dazu nicht aus. Und die Wiederholung dieses Versuches durch Ferdinand II. nach dem Sieg über die Böhmen hat später dasselbe Ergebnis gehabt. Man konnte die protestantischen Stände militärisch niederwerfen, politisch demütigen, aber weder ihre trotzige Auflehnung wider das monarchische Regiment des Kaisers im Reich noch der neue Glaube ließ sich aus der Welt schaffen. Unmöglich konnte nach den Erfahrungen von 1552 die gewaltsame Wiederherstellung der Glaubenseinheit noch als ein nationales Interesse gelten. Es blieb nur noch der eine Weg: die Streitigkeiten um das Kirchengut beider Konfessionen durch politische Verständigung möglichst aus der Welt schaffen, die Politik des Reiches entlasten von den Gegensätzen kirchlicher Weltanschauungen, den Streit der Kirchen den Theologen überlassen, die Politik des weltlichen Staates nach den Gesichtspunkten weltlicher Staatsklugheit führen. Dies forderte das wahre Interesse der Nation.

Der Versuch einer solchen Verständigung der Konfessionen auf rein weltlich-politischer Grundlage war auch im 16. Jahrhundert keineswegs aus-

VII. Die Reformation und das politische Schicksal Deutschlands

sichtslos. Das Beispiel anderer europäischer Staaten zeigt es deutlich. In anderen Ländern Europas hat der konfessionelle Kampf durchaus nicht die tragischen Folgen gehabt wie bei uns, obwohl er dort nicht weniger heftig, ja mit noch viel größerer Leidenschaft ausgefochten worden ist. Frankreich und England haben diese Erschütterungen siegreich, ja mit sichtbarer Belebung ihrer inneren Kräfte überstanden. In Frankreich hat schon das 16. Jahrhundert blutige Religionskämpfe von unerhörter Grausamkeit heraufgebracht, in denen die Autorität des französischen Königtums viel ärger erschüttert wurde als jemals die Autorität der habsburgischen Kaiser in Deutschland. Zeitweise schien es ganz und gar zu versinken im Strudel der Parteikämpfe, Frankreich in zwei feindliche Heerlager auseinanderzufallen. Dennoch ist das Ergebnis nicht die Auflösung, sondern eine gewaltige Kräftigung der monarchischen Autorität und damit der nationalen, staatlichen Einheit gewesen. Warum? Weil die französische Krone (dank Heinrich IV.) es verstanden hat, im rechten Augenblick sich über den Streit der Konfessionen zu erheben, ihre Souveränität auf rein weltlich-politischer Grundlage neu zu errichten, Frankreich vom Hader der Religionsparteien zu erlösen und damit zum Retter des Landes zu werden. Nur diese Loslösung des Königtums von parteilicher Gebundenheit im Streit der Konfessionen hat seinen schnellen Aufstieg im 17. Jahrhundert zu absoluter Macht ermöglicht; und wenn auch Richelieu, der Schöpfer des modernen königlichen Absolutismus in Frankreich, im Interesse der staatlichen Einheit die politische Organisation der Hugenotten zerstörte, hat er doch ihre religiösen Freiheiten nicht angetastet. Die später in Frankreich obsiegende Meinung, das Nebeneinander beider Konfessionen sei für die innere Einheit der Monarchie bedrohlich, ist weit mehr gewissen nationalen Vorurteilen und vor allem der fanatischen Hetze katholisch-kirchlicher Kreise als der nüchternen Erwägung staatlicher Interessen entsprungen, und die grausame Hugenottenverfolgung unter Ludwig XIV. hat denn auch, wie jedermann weiß, die französische Monarchie durchaus nicht gekräftigt, sondern ihren späteren Niedergang zu einem wesentlichen Teil mit vorbereitet.

War eine ähnliche Überwindung der konfessionellen Gegensätze, wie sie Heinrich IV. gelang, in Deutschland unmöglich? War die Einheit der Nation, die zusammenbindende Macht des Reiches schon zu sehr geschwächt, um das Nebeneinander beider Konfessionen zu ertragen? War es unbedingt notwendig, daß in dreißigjährigem Wüten der Kriegsfurie die konfessionellen Gegensätze blutig ausgetragen wurden, ehe Katholiken und Protestanten sich an den Gedanken gewöhnten, in einem deutschen Staat friedlich beieinander zu wohnen?

Es war sicherlich schwierig, den Ausgleich zu finden; aber unmöglich war es nicht; nachträgliche Geschichtsbetrachtung glaubt die theoretischen Möglichkeiten des Ausgleichs ziemlich deutlich zu erkennen; und nicht bloß sie: auch die Staatsmänner des 16. Jahrhunderts haben sie erkannt. Unmittelbar nach dem Scheitern der Katholisierungsversuche Karls V. hat das habsburgische Kaiserhaus den Versuch zum Ausgleich allen Ernstes und zunächst mit vollem Erfolg unternommen. Der Augsburger Religionsfriede von 1555 bedeutet diesen Versuch. Gewiß: dieser Verständigungsfrieden hatte viele Mängel, ließ die gefährlichsten Streitfragen ungelöst; vor allem die Frage nach dem Schicksal der geistlichen Fürstentümer, jener verhängnisvollsten Besonderheit der deutschen Verfassung. Aber auch über diese Schwierigkeiten war bei gutem Willen schließlich hinwegzukommen, wie die spätere Regelung des Westfälischen Friedens (1648) zeigt. Und der gute Wille der deutschen Fürsten war wenigstens zeitweise da — in der ersten Generation unmittelbar nach dem Friedensschluß, in den sechziger Jahren. Tatsächlich sind damals großartige Pläne zur Reichsreform am Kaiserhofe aufgetaucht: Ausgleich aller noch bestehenden Religionsstreitigkeiten, Zusammenfassung aller deutschen Kräfte zur Verteidigung des Reiches nach außen, zur Abwehr des türkischen Ansturmes gegen die Ostmark. Warum sind alle diese Hoffnungen schließlich gescheitert?

Es genügt durchaus nicht, wie es oft geschieht, die Schärfe der konfessionellen Gegensätze, die gegenseitige Verhetzung der Theologen katholischen, calvinischen, lutherischen Bekenntnisses in den verschiedensten Abwandlungen dafür verantwortlich zu machen. Sicherlich haben sie die Verständigungspolitik der Staatsmänner sehr erschwert, im einzelnen nicht selten verhindert. Aber schließlich war man dieses Gezänk schon lange gewöhnt und hatte doch den Religionsfrieden zustande gebracht. Wenn die Spannung zwischen den Konfessionsparteien jetzt von Jahrzehnt zu Jahrzehnt beklemmender wuchs, so hatte das in erster Linie politische Gründe, die ihrerseits auch auf die Streitigkeiten der Theologen verbitternd zurückwirkten. Das wichtigste war: das Abschwenken Habsburg-Österreichs aus dem Fahrwasser einer rein auf deutsche Ziele orientierten Politik in den Kurs der spanischen Weltmacht hinüber.

Man sieht es deutlich: solange das Kaiserhaus, durch die Teilung des habsburgischen Länderbesitzes beim Abgang Karls V. losgelöst von den

VII. Die Reformation und das politische Schicksal Deutschlands

spanisch-niederländisch-italienischen Interessen der Gesamtdynastie, sich auf seine deutschen Länder und auf die Führung der Reichsgeschäfte konzentrierte, war die Schärfe der konfessionellen Gegensätze abgeflaut, hatte man Reichsreformpläne großen Stils ernsthaft verfolgen können. Dynastische, nicht nationale Interessen bestimmten seit den siebziger Jahren Kaiser Maximilian, sich den spanischen Vettern wieder zu nähern. Damit aber entstand sofort die Gefahr, daß Deutschland, bisher eine Insel des Friedens mitten zwischen dem großen Weltkampf der Religionsparteien im Westen und Osten, zwischen Polen, Schweden, England, Frankreich, Spanien und den Niederlanden, hineingerissen wurde in diese Welthändel der großen Mächte. Jetzt mit einem Male tauchen für Deutschland die ganz großen Gefahren auf: die innerdeutschen Gegensätze drohen zu verschmelzen mit den europäischen: hinter Österreich steht die spanische, hinter den Protestanten die niederländisch-englisch-schwedische Partei. Was die calvinistischen Pfälzer Fürsten so lange vergeblich erstrebt hatten: Anschluß der deutschen Religionsparteien an das Ausland, wurde zur Tatsache, als der Kaiser selber diesen Weg betrat.

Zu den Motiven der auswärtigen Politik Habsburg-Österreichs kamen solche der inneren. Die Gegenreformation der österreichischen Länder ist mehr noch ein Kampf der Monarchie gegen aufsässige Landstände, insbesondere gegen einen trotzig-wilden Landadel, als gegen das protestantische Bekenntnis als solches. Man kann das Bestreben der sich zum Absolutismus emporarbeitenden modernen Monarchie, den Trotz dieses Adels mit allen Mitteln zu zähmen, als ein echtes politisches Bedürfnis anerkennen; die Frage, ob dies nur auf dem Wege gewaltsamer Rekatholisierung möglich war, dürfen wir offen lassen: entscheidend ist für unsere Betrachtung, daß dieses politische Bedürfnis ein dynastisches und innerösterreichisches, nicht ein nationales war. Vom Standpunkt nationaler Geschichte kann man nicht anders urteilen, als daß die Gegenreformation in den österreichischen Ländern (und ähnlich in Bayern) ein schweres Verhängnis, die wichtigste Ursache für die namenlose Verbitterung des konfessionellen Streites und schließlich der unmittelbare Anlaß für den Ausbruch des großen verwüstenden Krieges gewesen ist. Wie einst der Bauernkrieg von 1524 durch die ersten Bemühungen süddeutscher Fürsten um die gewaltsame Unterdrückung der reformatorischen Predigt zur Entzündung gebracht worden war, so hat die Gegenreformation in Österreich und Böhmen den Anstoß gegeben zum Losbruch des Dreißigjährigen Krieges.

Das Ergebnis dieser ganzen Betrachtung ist klar. Einmal, daß es im höchsten Grade ungerecht ist, die Reformation mit der Verantwortung für alles politische Unglück zu belasten, das aus der konfessionellen Spaltung der Nation nachträglich gefolgt ist, und von der Schuld der Gegenseite zu schweigen. Sodann: daß man die politische Bedeutung dieser Spaltung überhaupt nicht einseitig überschätzen darf. Sie hat die längst bestehende politische Zerrissenheit Deutschlands gewiß verschärft, den alten innerdeutschen Zwistigkeiten vielfach erst ihre tragische Wucht gegeben, eine neue Gruppierung der Parteien hervorgerufen — aber sie hat die politischen Gegensätze, die unser Unglück wurden, nicht erst geschaffen. Sie hat nur deshalb politisch unheilvoll wirken können, weil das politische Unheil schon ohne sie da war: die politische Zerrissenheit des Reiches, aufs äußerste gesteigert durch die Verflechtung der innerdeutschen Zwistigkeiten in die Händel der größten Mächte Europas.

Wenn man der Reformation also vorwirft, sie sei für Deutschlands politisches Schicksal verhängnisvoll gewesen, so läßt sich mit viel besserem Recht behaupten, daß die politische Zerrissenheit Deutschlands für die Reformation zum Verhängnis geworden ist. Sie ist dadurch nicht nur in ihrem Siegeslauf schwer gehemmt, sondern vor allem gewaltsam auf Bahnen abgedrängt worden, die ihrem ursprünglichen Wesen fremd waren: auf die Bahnen kleinstaatlicher, oft genug kleinlicher und dilettantischer Politik. Der großartige Schwung, mit dem die reformatorische Bewegung gerade in Deutschland anhob, verkümmerte rasch in der erstickenden Enge und Dürftigkeit der politischen Verhältnisse, unter denen die neuen Landeskirchen der deutschen Klein- und Mittelstaaten entstanden. Niemals wäre das dogmatische Gezänk der protestantischen Theologen verschiedenster Richtung schon zu Lebzeiten des alternden Luther und vollends nach seinem Tode zu so grotesker Häßlichkeit entartet, wären die deutschen Landeskirchen in größeren und freieren politischen Verhältnissen aufgewachsen. Der Vergleich mit den Ländern des skandinavischen Nordens, vor allem mit Schweden, zeigt, zu welcher machtvollen Größe auch das lutherische Kirchentum in großem politischem Rahmen sich entwickeln konnte; die ganze Kultur der baltischen Länder ruhte bis in unser Jahrhundert auf seinen Grundlagen. Es ist darum auch höchst ungerecht, die Reformation und im besonderen die Lehre Luthers verantwortlich zu machen für die Enge und Unzulänglichkeit der politischen Anschauungen, die „Staatsfremdheit", in der das deutsche Volk jahrhundertelang dahingelebt hat — ebenso ungerecht wie

VII. Die Reformation und das politische Schicksal Deutschlands

der umgekehrte Vorwurf, den wir bereits zurückgewiesen haben: die Reformation habe Religion und Politik vermischt, habe den Staat mehr als je zuvor kirchlichen Interessen dienstbar gemacht. Erst der Kampf beider Konfessionen widereinander, so hörten wir, hat diese Vermischung zustande gebracht, sehr wider Luthers ursprüngliche Absicht; und selbst Calvin, der von Hause aus politischem Treiben und Denken viel näher stand als der Wittenberger Mönch, ist erst durch den Zwang äußerer Umstände in die Politik hineingetrieben worden. Dieser Zwang der äußeren Umstände, die unausweichliche Verflechtung aller irdischen Dinge ineinander, war im einen wie im andern Falle stärker als die Lehre und Absicht der Reformatoren. In Genf, in Frankreich, in den Niederlanden und den angelsächsischen Ländern, überall, wo die calvinische Lehre sich ausbreitete, stieß sie auf innerpolitische Spannungen, ergriff sie eine in städtischer Politik oder in ständischen Kämpfen mit der Krone längst sehr selbstbewußt gewordene, an politische Selbsthilfe gewöhnte Aristokratie von bürgerlicher oder adeliger Herkunft. Auf diesem Boden hat die Reformation, von ihren Gegnern zum Kampfe gedrängt, neue politische Ideen, eine neue politische Entwicklung erzeugen helfen, hat sie mitgewirkt an der Vorbereitung der modernen liberalen Bewegung. In den landesväterlich regierten, politisch rückständigen deutschen Klein- und Mittelstaaten hat sie die konservative Haltung der mittleren und niederen Volksschichten, die sie dort vorfand, die patriarchalische Gesinnung rein passiven Gehorsams der Untertanen gegen den Landesherrn noch verstärkt, aber nicht erst geschaffen; und von der Enge dieser politischen Verhältnisse ist sie selbst gelähmt worden. Das unpolitische Philistertum, die Entfremdung der Deutschen vom Staat, der Mangel an staatlichem Sinn, über den moderne Nationalpolitiker so viel klagen, ist wahrlich keine Frucht der lutherischen Gehorsamspredigt, sondern unserer alten deutschen Vielstaaterei und Kleinstaaterei. Die Folgen dieser Verhältnisse sind in den katholischen Mittel- und ehemaligen Kleinstaaten des deutschen Südens nicht weniger, sondern noch mehr und noch länger zu spüren als in dem protestantischen Norden, wo der rasche Aufstieg Preußens zur Großmacht schon im 18. Jahrhundert eine wirkliche Staatsgesinnung von bedeutender Wucht erzeugt hat. Erst das Verfassungsleben des 19. Jahrhunderts hat da einen gewissen Ausgleich geschaffen. Niemand aber im Bereiche deutschen Volkstums weiß mehr zu erzählen von den verhängnisvollen Folgen landesväterlicher Bevormundung, polizeilichen Drucks, gewaltsamen Fernhaltens der Untertanen von politischem Denken und freiwilliger Mitwirkung an den Aufgaben der Staatsverwaltung als die Untertanen des ehemaligen katholischen Habsburgerstaates, die dem katholisch-kirchlichen Eifer ihrer Herrscher zu einem wesentlichen Teil die künstliche Absperrung Deutschösterreichs vom Leben der deutschen Gesamtnation verdanken.

Allzu lange hat diese Absperrung gedauert, allzusehr haben sich österreichisches und „reichsdeutsches" Volkstum einander entfremdet. Wenn heute eine Schranke nach der andern fällt, wenn die geistige Bewegung von Tag zu Tag stärker hinüber- und herüberzufluten beginnt, dann sollten wir damit anfangen, daß wir einander zu verstehen suchen, nicht aber gegenseitig anklagen. Von einem nationalgesinnten katholischen Österreicher ist kürzlich, wie ich höre, die Forderung öffentlich gestellt worden: die Reichsdeutschen müßten gründlich umlernen in ihrem Verständnis für die Kulturbedeutung des katholischen Mittelalters, damit ein solches gegenseitiges Verstehen möglich würde. Nun, für die Kulturbewegung des katholischen Mittelalters besteht in Deutschland seit langem ein Verständnis, das gerade im letzten Jahrzehnt erstaunlich gewachsen ist; und was uns Deutschen das mittelalterliche Österreich mit seinem Nibelungenlied und seinem Walther von der Vogelweide bedeutet, das brauche ich nicht erst zu sagen: ein Stück unseres kostbarsten nationalen Besitzes. Aber das moderne Österreich ist etwas anderes als katholisches Mittelalter; was dem Reichsdeutschen daran fremdartig ercheint, ist nicht aus jenen mittelalterlichen Traditionen zu erklären, die uns allen gemeinsam sind. Und wenn jenes „Umlernen" etwa von irgend jemandem dahin ausgelegt werden sollte, daß der deutsche Protestantismus lernen müsse, den Glauben an sich selber zu verlieren, so wäre keine Form der Ablehnung zu schroff. Es mag auch in Österreich Kreise geben, die gut daran täten, umzulernen über die Kulturbedeutung des Protestantismus und norddeutscher Sonderart. Ich hoffe, nicht mißverstanden zu werden. Die Einseitigkeiten einer Geschichtsbetrachtung, die Protestantismus und politischen Liberalismus, Reformation und Sieg des modernen, nationalen Staatsgedankens einander gleichsetzt oder doch auf eine Linie der Entwicklung bringt, habe ich gleich zu Anfang dieses Vortrages abgelehnt. Jeder Reichsdeutsche, der dieses schöne österreichische Land besucht, wird mit Staunen die gewaltigen künstlerischen Schöpfungen des katholischen Barockzeitalters wahrnehmen, Schöpfungen deutschen Geistes trotz aller italienischen Elemente der Form, alles in allem ein Reichtum, dem in dieser Art kein zweites deutsches Land gleichkommt. Auch wer als Protestant mit Bitterkeit daran denkt, welche Opfer diesen Reichtum allein ermöglicht haben, wird die Anmut und Großartigkeit dieser kirchlichen Schöpfungen doch bewundern. Noch unmittelbarer vielleicht und noch freudiger wird er des musikliebenden alten Österreichs gedenken, dessen unvergängliche Schöpfungen von jeher, über alle staatlichen und konfessionellen Schranken hinweg, Besitz des ganzen deutschen Volkes geworden sind — ähnlich wie die Werke der großen österreichischen Dichter und Denker. Man braucht die Kulturleistungen dieses alten Österreich nicht erst alle aufzuzählen, um sich von etwaigen Anwandlungen zu einseitiger Überschätzung protestantisch-norddeutscher Kultur zuungunsten katholisch-süddeutscher Eigenart (im Stile des alten Gervinus) zu befreien. Wir wollen auch gerne als deutsche Patrioten lernen, die Siege eines Prinzen Eugen und die Erhebung Österreichs gegen Napoleon im Jahre 1809 als deutsche Heldentaten von Herzen mitzufeiern. Nur sollte man das Ausspielen des einen gegen das andere unterlassen. Wir können und wollen nichts lernen von einer österreichischen Geschichtsbetrachtung, die dem Ideal großdeutscher Volksgemeinschaft vorgeblich dient, in Wahrheit zuwiderhandelt, indem sie die Verdienste der protestantisch-norddeutschen Großmacht und die Leistungen protestantisch-deutscher Kultur zugunsten eines idealisierten katholischen Österreich nach Kräften herabsetzt. Ihr gegenüber bleibt nichts übrig als abweisender Stolz. Zur Abwehr sollte schon die *eine* Erinnerung genügen: an die protestantischen Wurzeln jener Heldenepoche des deutschen Geistes von Kant und Lessing bis zu den Großen der idealistischen und romantischen Bewegung des 19. Jahrhunderts. Was die große Tradition des Luthertums für diese gewaltigste Bewegung unserer deutschen Geistesgeschichte bedeutet, wird gerade der neuesten Geschichtsforschung immer deutlicher. Es dient unmöglich dem gemeinsamen nationalen Interesse, wenn man zu berechnen anfängt, wer für die deutsche Kultur mehr geleistet habe, ob der katholische oder der protestantische Volksteil. Aber zu scheuen brauchte der Protestantismus eine solche Abrechnung wahrhaftig nicht.

Und ebenso verfehlt ist der Versuch, politische Verdienste um die Nation nur einer der beiden deutschen Großmächte zuzurechnen. Es heißt die Maßstäbe moderner nationaler Politik gewaltsam in eine Epoche übertragen, in der nur das Interesse des Einzelstaates etwas galt, wenn man den protestantischen Rebellen wider das Haus Habsburg vorwirft, die nationale Sache verraten zu haben. Und man muß schon krampfhaft die Augen verschließen, um nicht zu sehen, wie das Anwachsen der „protestantischen" Macht ganz von selber zur Bildung eines festen Kerns für eine spätere nationale Staatsbildung führte. Wir wollen den protestantischen Charakter dieser Staatsbildung gewiß nicht überschätzen: sie umschloß bekanntlich starke katholische Minderheiten und war als politisches Gebilde durchaus weltlichen, nicht konfessionellen Charakters. Aber wer uns den unpolitischen Geist des Luthertums vorwirft, den dürfen wir schon auf die lutherischen Wurzeln der Staatsgesinnung Bismarcks und auch auf die protestantischen Wurzeln der großen Erhebung von 1813/15 hinweisen, die uns noch immer die schönste aller großen geschichtlichen Erinnerungen bedeutet. Fragen Sie nur die Kämpfer von 1813, fragen Sie die Stein und Arndt, die Scharnhorst und Gneisenau, die Fichte und Schleiermacher, die Jugend der deutschen Hochschulen, die damals begeistert zusammenströmte ins Feld, die nachher auf der Wartburg sich versammelte, um gemeinsam das Abendmahl zu feiern nach protestantischem Ritus — fragen Sie, was ihnen der Name Luthers bedeutete: das Ideal kraftvoller Gläubigkeit und deutscher Männlichkeit — und jedes Bedenken wird Ihnen schwinden, ob protestantischer Gehorsam gegen die Obrigkeit ein Hemmnis bedeutet für echte Staatsgesinnung, für die freie Hingabe im Dienst für das Vaterland.

Der Gegensatz der beiden großen Konfessionen, der uns Deutschen so viel Not gemacht hat, ist gewiß nicht einfach aus der Welt zu schaffen durch den guten Willen zu nationaler Einigung. Die Illusion des 18. Jahrhunderts (der josephinischen Zeit, wie man in Österreich sagt), in der man glaubte, die „Vorurteile" der Konfession würden von selber zerfallen mit dem Fortschritt vernünftiger Aufklärung wie die Nebel vor der Sonne, wurde von der Entwicklung der folgenden Generationen rasch widerlegt. Aber dieser Gegensatz hat die politische Einigung der Nation dann doch nicht mehr ernsthaft verzögert, und er ist gerade in den Krisenzeiten der großen Kriege völlig zurückgetreten. Schließlich: er hat sich geschichtlich nicht *nur* als Schaden ausgewirkt: führte er doch dahin, daß jede Konfession die in ihr schlummernden geistigen Energien aufs äußerste anzuspannen suchte, um den Wettkampf mit der andern zu bestehen und um das Gebot des Meisters aller christlichen Konfessionen auf ihre Weise zu erfüllen. Beide Kirchen wissen, wieviel sie diesem Wetteifer verdanken an innerem Gewinn; sie wissen auch, daß ihr Kampf um die Seele des deutschen Volkes über alle politischen Folgen hinweg die eine, höchst bedeutende Wirkung für unsere Nation gehabt hat: daß mit der religiösen Spannung zugleich die Glut und der Ernst des religiösen Lebens in ihr beständig wach gehalten wurde, das

Christentum in immer erneuten Gestalten ein erregender Faktor deutscher Geistesentwicklung geblieben ist. Auch die konfessionelle Doppelgestaltigkeit bedeutet schließlich ein Stück vom Reichtum deutschen Wesens. Verschwinden kann und wird sie nicht. Aber ist es darum nötig, daß sie ein Hindernis nationaler Gemeinsamkeit bildet? Hören wir auf, überall Folgewirkungen des konfessionellen Streites zu suchen, wo sich der Zusammenhang in Wahrheit aus weltlich-politischen Ursachen erklärt! Geben wir dem Kaiser, was des Kaisers, und Gott, was Gottes ist! Nur so ist eine ehrliche Verständigung, die wirkliches Verstehen ist, zu erreichen.

VIII. GUSTAV ADOLF, DEUTSCHLAND UND DAS NORDISCHE LUTHERTUM
(1932)

Am 6. November jährt sich zum dreihundertsten Mal der Tag, an dem der größte schwedische König, der Befreier und Retter des deutschen Protestantismus, den Soldatentod fand. Was hat uns diese Erinnerung heute noch zu sagen?

Der Streit, den das 19. Jahrhundert zwischen protestantischen und katholischen Historikern hat entbrennen sehen um die Motive seiner kühnen Meerfahrt nach Deutschland: ob sie „religiöser" oder „politischer" Natur gewesen seien, hat für uns nur noch wenig Interesse. Es war beinahe selbstverständlich, daß die katholisch-großdeutsche Partei in ihrem Kampf gegen die kleindeutsch-protestantische Geschichtsauffassung auch dieser nordischen Heldengestalt den Nachruhm zu verdunkeln suchte, und wenn ihre Versuche praktisch ziemlich erfolglos blieben, so lag es nicht nur an den geringen darstellerischen Fähigkeiten des katholischen Biographen (Gfrörer), sondern mehr noch daran, daß Gustav Adolfs strahlend reines Charakterbild polemisch-kritischer Darstellung so wenig Einsatzpunkte bot. Hatten sich doch vor der menschlichen Größe und Tragik dieses Heldenlebens dereinst sogar erbitterte Feinde im katholischen Lager — auch den Papst nicht ausgenommen! — respektvoll beugen müssen! Gefährlicher für seinen Nachruhm (allerdings nur in Deutschland, nicht in Schweden!) schien es, als man auch im kleindeutschen Lager an der Echtheit seiner religiösen Motive zu zweifeln begann. Gustav Droysen der Jüngere, einer der mittelmäßigsten Historiker aus der „kleindeutschen Schule" (Sohn des berühmten J. G. Droysen), dessen Quellenstudien über Gustav Adolf der Spezialforschung noch heute unentbehrlich sind, glaubte allen Ernstes, Gustav Adolf verstanden zu haben, indem er sein Handeln rein aus weltlichen, d. h. aus schwedisch-nationalen Machtzielen ableitete. Und die Geschichtschreibung des positivistischen Zeitalters (B. Erdmannsdörffer, Mor. Ritter u. a.), die

VII. Die Reformation und das politische Schicksal Deutschlands

unsere Einsicht in diese politischen Motive im einzelnen wesentlich vertieft hat, neigte stark dazu, es bei diesen Entdeckungen bewenden zu lassen, den konkret faßbaren Anlaß politischer Entschlüsse allein zu bewerten und die Bedeutung des Religiösen in alledem zu vernachlässigen, wo nicht gar zu leugnen. In der profan-historischen Literatur der vorigen Generation spielen die religiösen Beweggründe Gustav Adolfs im allgemeinen gar keine oder nur eine sehr bescheidene Rolle. Daneben freilich hielt die protestantisch-kirchliche Literatur (wie sich versteht) an ihrem „Glaubenshelden" mit Eifer fest.

Mir scheint, diese eine Seite des Gustav-Adolf-Problems — die Frage nach den Beweggründen seines Unternehmens — lohnt heute nicht mehr eine ernsthafte wissenschaftliche Debatte[17]). Die intimen Erwägungen und geheimen Korrespondenzen des großen Königs liegen ebenso vor uns wie seine öffentlichen Erklärungen: die konkrete politische Lage, aus der sein großer Entschluß entsprang, ist oft genug untersucht, erwogen, durchgerechnet. Es ist ganz klar, daß man aus den Quellen ebensogut die eine wie die andere Auffassung beweisen kann — wenn man es überhaupt für möglich hält, das eine von dem anderen zu trennen. Eben das aber ist unmöglich. Natürlich war Gustav Adolf ein Sohn seines Zeitalters, und wir wissen längst, daß das Zeitalter der konfessionellen Kämpfe an keinem Punkt ausschließlich oder auch nur überwiegend von konfessionellen Gegensätzen bewegt worden ist; am wenigsten sind die verschiedenartigen Feldzüge, die man zusammen als „Dreißigjährigen Krieg" bezeichnet, ausschließlich oder auch nur überwiegend Religionskrieg gewesen. Anderseits war dieser Krieg an keinem Punkt seines Verlaufs so sehr Religionskrieg, wie in der Epoche des Restitutionsedikts von 1629 und der Feldzüge Gustav Adolfs. Auf katholischer Seite opfert Kaiser Ferdinand II. seinen Feldherrn Wallenstein und dessen Pläne zur Wiederherstellung monarchischer Reichsverfassung dem rein kirchlichen Interesse, den geistlichen Güterbesitz wieder auf den Stand von 1555 zu bringen; auf der protestantischen Seite verzichtet Gustav Adolf auf die glänzende Aussicht, den im Glaubenskampf schon halb verbluteten dänischen Erbfeind nun vollends niederzuwerfen, seinen Schweden endlich den freien Zugang zum Weltmeer zu erkämpfen, und zieht statt dessen, nach politischer Verständigung mit den Dänen, den deutschen Glaubensbrüdern zu Hilfe. Katholisches und protestantisches Prinzip treten sich in den Gestalten des Habsburgers und des Wasa mit beispielhafter Klarheit gegenüber. Am protestantischen Charakter der schwedischen Politik ändert es gar nichts, daß Gustav Adolf sich nicht gerade den Augenblick größter Gefahr für den Protestantismus, sondern beginnenden Umschwungs der Mächtekonstellation für seine Heerfahrt aussuchte, daß er als Verbündeter des katholischen Frankreich auftrat, daß er den längst begonnenen, vom Vater ererbten Kampf gegen Polen nur mit anderen Mitteln fortsetzte, indem er die pommersche Seeküste für Schweden zu erobern unternahm, und daß er ein dringendes Interesse an der Beherrschung der Ostsee durch die schwedische Flotte und an der Verbreitung des schwedischen Kupfergeldes in Deutschland besaß. Das alles versteht sich für einen Schwedenkönig von selbst; er wäre ein Abenteurer und Phantast gewesen und nicht ein Meister der Politik, hätte er, wie ein fahrender Kreuzritter, die konkreten Machtinteressen seines schwedischen Staates vergessend, schwedisches Blut für die deutschen Protestanten geopfert. Denn nur da, wo die Idee aus dem Wurzelboden des nüchternen Machtinteresses die Kraft zur Verwirklichung empfängt, entstehen die wahrhaft großen geschichtlichen Leistungen. Wer daran Anstoß nimmt, wer das Bild des „Glaubenshelden" getrübt glaubt, wenn er sich ihn nicht vorstellen darf als reinen Kirchenmann von idealer „Selbstlosigkeit", der verharrt geistig noch immer auf der Ebene jenes unpolitischen, zum Glaubenskampf hoffnungslos unfähigen Altluthertums, das dem Befreier des deutschen Protestantismus sein Lebenswerk so schwer gemacht hat wie nichts anderes.

Aber macht es der starke Anteil schwedischer, also ausländischer Nationalinteressen an diesem Lebenswerk nicht auch dem deutschen (nicht bloß dem religiösen) Empfinden unmöglich, das Andenken des Mannes zu feiern? Damit kommen wir zu der zweiten Seite des Gustav-Adolf-Problems: der Frage nach seinen letzten Zielen. Sie ist nicht so eindeutig zu beantworten wie die nach seinen Motiven. Ob er schon einen protestantischen Eroberungs- und Herrschaftsplan nach Deutschland mitbrachte oder ob er ihn (wie Oxenstierna immer versichert hat) erst allmählich, parallel dem Wachstum seiner militärischen Erfolge entwickelte; ob seine vielerörterten Bündnisse mit deutschen Kleinfürsten bloß aus militärischen Rücksichten (die im Vordergrund deutlich sichtbar sind) oder schon aus politischen Nebenabsichten (die man im Hintergrund vermutet) das „directorium absolutum" für die Krone Schwedens festsetzten; ob er nur das Protektorat über den deutschen Protestantismus oder auch die deutsche Kaiser- oder Königskrone erstrebt hat; welche deutschen Gebiete er für Schweden annektieren, welche andern er sich durch ein „ewiges" Bündnis verpflichten oder bloß für die Kriegsdauer sich unterwerfen wollte — das alles und noch viel mehr ist strittig und wohl niemals eindeutig zu entscheiden. Grundsätzlich wichtig sind diese Einzelfragen aber zuletzt nicht. Unzweifelhaft steht fest: daß Gustav Adolf ein kühner Eroberer war, ein Wikingerkönig ganz großen Stiles, und daß er einen Teil seiner Eroberungen auf deutschem Boden machen wollte. Im einzelnen waren seine Pläne bei seinem vorzeitigen Tode schwerlich schon festgelegt. Aber was man als Mindestmaß seiner Ansprüche bei glücklichem Friedensschluß voraussetzen darf, ist etwa dies: Übergang der wichtigsten pommerschen und mecklenburgischen Häfen und des ganzen Herzogtums Pommern in schwedische Hand (Brandenburg sollte für seine pommerschen Erbansprüche durch geistliche Stifte entschädigt werden), Sitz und Stimme des Schwedenkönigs auf den deutschen Reichstagen als Herzog von Pommern; auf dieser Rechtsgrundlage Bildung eines bewaffneten, auch durch Festungen gesicherten „corpus Evangelicorum", ähnlich der Organisation der französischen Hugenottenpartei unter Heinrich IV., aber unter schwedischem Protektorat; Neuordnung Deutschlands unter schwedischer Führung mit Hilfe eines reichen Besitzes an Faustpfändern, den der König aus erobertem Gebiet, zumeist aus ehemals geistlichen Herrschaften, sich gebildet hatte. Das alles sind Tatsachen, mit denen jeder Deutsche sich abzufinden hat, der dem Schwedenkönig Verehrung entgegenbringt.

Sie haben die meisten deutschen Historiker — von Schiller bis auf Treitschke — zu dem Urteil veranlaßt: der frühe Heldentod Gustav Adolfs sei für seinen Nachruhm ein Glück und für Deutschland eine Gnade gewesen. Einer hat es dem andern nachgeschrieben. Aber nur die Gedankenlosigkeit kann es heute noch wiederholen. Wie? den Befreier des Protestantismus will man sich gefallen lassen, aber dem Sieger den redlich erkämpften Erfolg nicht gönnen? Sieht man denn nicht, daß mit dem Tode Gustav Adolfs das Elend des „Dreißigjährigen Krieges" recht eigentlich erst beginnt? Daß Deutschland nun einmal unfähig war — wesentlich durch Schuld seiner Fürsten —, sich aus eigener Kraft aus dem Sumpf seiner konfessionellen und politischen Gegensätze herauszuziehen, daß es dazu — mit oder ohne den Schweden — ausländischer Hilfe bedurfte und daß niemand anders als Frankreich, das Frankreich Richelieus, die Rolle des Protektors aus den Händen des sterbenden Schwedenkönigs übernommen hat? Seit die große Führergestalt gesunken war, besaß keine der streitenden Parteien mehr Aussicht auf raschen und endgültigen Sieg. Wer die Unsumme nutzlos vergossenen Blutes betrachtet, wie Deutschland nun erst recht zum Schlachtfeld Europas wurde, wie der Friede zuletzt unter französischem statt unter schwedischem Vorzeichen zustande kam, das Elsaß verlorenging, das der Schwedenkönig einst gegen französische Begehrlichkeit gedeckt hatte („Protector, non proditor Germaniae sum!" war seine stolze Antwort an Richelieu gewesen!) und das sein getreuester Anhänger und Schüler Bernhard von Weimar vergeblich für Deutschland zu retten suchte — wer das alles bedenkt, kann der wirklich den Mut aufbringen, Gustav Adolfs frühen Tod ein Glück für Deutschland zu nennen? Der katholische Geschichtschreiber Johannes Janssen hat freilich gemeint, wer in Deutschland Gustav Adolf feiern wolle, müsse auch Napoleon feiern, und „das wäre noch eine geringere Sünde gegen das deutsche Nationalgefühl und die Ehre der Nation als die Feier des schwedischen Eroberers". Demgegenüber hat schon Max Lenz die nahe Stammesverwandtschaft des Schwedenkönigs betont, der von seiner Mutter her deutsches Blut, das Blut Philipps des Großmütigen, in den Adern trug, dessen ganzes Wesen deutscher Art unendlich viel näher kam als das des Korsen; er hat zugleich darauf hingewiesen, daß Schweden niemals stärker unter deutschem Einfluß stand, von deutschem Bildungsgut lebte als im 17. Jahrhundert, so daß eine Gefahr geistiger „Überfremdung", wie sie die Hegemonie Frankreichs seit den Tagen Richelieus über uns brachte, von Schweden her kaum zu befürchten stand. Der Vergleich mit Napoleon hinkt auch darum auf beiden Seiten, weil das 17. Jahrhundert von den nationalen Gegensätzen der napoleonischen Epoche noch kaum etwas empfand — jedenfalls sehr viel weniger als von der Gemeinschaft und den Gegensätzen der Konfession. Man kann aber noch weiter gehen. Man kann fragen: lag wirklich soviel daran, daß die ohnmächtig gewordenen Institutionen der alten Reichsverfassung 1648 noch einmal für anderthalb Jahrhunderte erneuert wurden — daß erst Napoleon und nicht schon Gustav Adolf den Reichskörper sprengte? War wirklich die Herrschaft des habsburgischen, von italienischen Jesuiten geleiteten, von Spanien aus kontrollierten Kaiserhauses eine „nationale" Regierung? Hätte der Schwedenkönig ein sieghaftes Ende erlebt, so hätte er einen großen skandinavisch-deutschen Staatenbund der Protestanten errichtet, eine echte Schöpfung des konfessionellen Zeitalters; vielleicht auch ein großes skandinavisch-deutsches Königreich; dessen Erbe sollte der brandenburgische Kurprinz Friedrich Wilhelm, der spätere „große Kurfürst", werden, den Gustav seiner einzigen Leibeserbin, der Prinzessin Christina, vermählen wollte.

Es ist nicht auszudenken, wie sich der Gang deutscher Geschichte durch eine solche Kombination (die ohne Zweifel zu den ganz großen, genialen Planungen jener Epoche gehört) hätte verändern müssen. Sicherlich wäre das norddeutsch-protestantische Wesen dem süddeutsch-katholischen noch weit stärker entfremdet, die spätere „Mainlinie" unabsehbar vertieft worden. Anderseits ist es angesichts der natürlichen Kräfteverhältnisse (ganz Schweden zählte damals knapp eine Million Einwohner!) wenig wahrscheinlich, daß die skandinavische Fremdherrschaft sich auf die Dauer hätte behaupten und ihre Sonderinteressen gegen das Schwergewicht der deutschen Interessen hätte durchsetzen können. Aber welche Erziehungsarbeit hätten inzwischen die schwedisch-deutschen Herrscher am deutschen Luthertum vollbracht!

Damit verlassen wir das Gebiet unsicherer Vermutungen und gelangen wieder auf den Boden klar faßbarer Tatsachen. Es wäre traurig um unsere nationale Geschichtsschreibung bestellt, wenn sie ihr Urteil allein von dem allerengsten Gesichtspunkt dynastisch-politischer Interessen bestimmen ließe. Höher als die sehr fragwürdige „Libertät" deutscher Kleinstaaten, die das Fürstengeschlecht des 17. Jahrhunderts durch den „Löwen aus Mitternacht" bedroht sah, steht ihr der Gehalt deutschen Wesens, um den zuletzt die Entscheidung ging. Wer den Mut hat zu wünschen, das Restitutionsedikt Kaiser Ferdinands wäre durchgeführt, ganz Deutschland bis auf ein paar ohnmächtige altlutherische Territorien des deutschen Nordens den Jesuiten ausgeliefert worden, der rede von schwedischer Fremdherrschaft. Wer aber der Meinung ist, daß die heillos zerfahrenen deutschen Zustände des 17. Jahrhunderts nur durch eine kräftige Faust geheilt werden konnten, die Ordnung schuf in dem Wirrwarr kleinlichster Partikularinteressen — die den Glaubenseifer der Protestanten endlich einmal ablenkte vom orthodoxen Gezeter um das Dogma auf große, allen gemeinsame Ziele hin —, die allein imstande war, die ungeheuren latenten Kräfte dieses deutschen Landes endlich einmal wirtschaftlich und militärisch zu mobilisieren (sei es auch auf Kosten zeitweiliger „Fremdherrschaft") — der kann nicht anders als den vorzeitigen Tod des nordischen Helden als ein Verhängnis zugleich der deutschen und der schwedischen Geschichte beklagen. Auch Napoleon Bonaparte hat ja seine unbestrittenen — freilich ungewollten — Verdienste um das deutsche Schicksal. Er hat ein Ende gemacht mit dem heillosen Gerümpel des alten Reichsfeudalismus, der 1632 in Lützen noch einmal gerettet war; er hat die Grundsätze moderner Staatsverfassung in Deutschland eingebürgert, und er hat schließlich das deutsche Nationalbewußtsein wider sich aufgerufen; durch alles dies hat er erst den Weg zum deutschen Aufstieg frei gemacht. Was ihn verhaßt machte, war die seelenlose Tyrannei eines Fremdlings, der von deutschem Wesen nie einen Hauch verspürt hat und dessen Gewaltherrschaft zuletzt durch keine höhere Idee mehr verklärt und gerechtfertigt wurde. Als Zerstörer eines veralteten Feudalismus, aber nicht als Befreier lebt er im Gedächtnis der Deutschen fort. Gustav Adolf war zum Befreier in einem viel tieferen Sinn, nicht bloß im politischen, berufen. Erfüllt von den edelsten Kräften germanischen und lutherischen Wesens, hätte er bei günstigem Schicksal wohl zu unserem nationalen Erzieher werden können.

Wenn wir das Gedächtnis seiner Todesstunde feiern, so tun wir gut daran, ihn vor allem als lebendige Kritik an unserer von fürstlich-höfischen Interessen allzu stark belasteten Vergangenheit, als Gegenbild deutscher Untugenden seines Zeitalters — und nicht bloß der damaligen! — zu betrachten. Es ist recht eigentlich das Großartige seiner Erscheinung, daß hier nichts zu verspüren ist von all den Verkrampfungen, Verstiegenheiten und Armseligkeiten deutschen Lebens, wie es auf dem Boden der lutherischen Territorien des 17. Jahrhunderts sich zeigt. Sein Glaube ist schlichtes, kerniges, tapferes Gottvertrauen, das heldische Entschlüsse nicht lähmt, sondern beflügelt, das vor Hochmut bewahrt, aber nicht ein ewig schlechtes Gewissen macht. Er hat nicht hinter dem Ofen gehockt, wie jene bibel- und trunkfesten Kleinfürsten, die über jesuitische Arglist und calvinische Ketzerei so tapfer zu fluchen wußten, aber in der Stunde der Gefahr sich fein stille hielten, um ihr fürstliches Hausgut zitterten und ihre Sache „Gott befahlen". In vollem Bewußtsein der Gefahren, die seiner warteten, hat er seine schwedische Heimat verlassen, von seinem Reichsrat für immer Abschied genommen: „Handelt so", schrieb er den Räten, „daß Ihr oder Eure Kinder einen glücklichen Ausgang erlebt, den Gott uns verleihe. Für mich selbst erwarte ich nun keine andere Ruhe mehr als die ewige Ruhe." Und mit dem Ruf: „Jesus, Jesus, Jesus, hilf mir heute streiten zu Deines heiligen Namens Ehr'!" — ist er in die Schlacht gesprengt, in der er gleich darauf den Reitertod gefunden hat. Sein sächsischer Verbündeter, der Dresdner „Bierjörge" (den die Boten Gustav Adolfs immer nur nachmittags aufzusuchen wagten, wenn er sich vom morgendlichen Katzenjammer erholt und Mut angetrunken hatte), war indessen mitsamt seinen Truppen weit vom Schuß. Längst hatte er den Abfall von der evangelischen Sache vorbereitet und war der erste unter denen, die nach dem Tode des Königs ihren Sonderfrieden mit dem Kaiser machten. Seine Aufgabe sah er ausschließlich in der Rettung des fürstlichen Hausguts und der Reinhaltung des lutherischen Dogmas. Und ähnlich dachten alle diese lutherischen Höfe über ihre religiösen Pflichten — sofern sich ihre Interessen über Trinkgelage, Sau- und Hirschjagden erhoben. Das Luthertum Gustav Adolfs wußte so wenig von Dogmengezänk wie von fanatischer Propaganda und Verfolgung Andersgläubiger. Ein paar professorale Streithähne, die an seiner Universität Uppsala Unruhe stifteten, hat er auf eine ebenso sanfte wie wirksame Weise voneinander getrennt. Seine Frömmigkeit war die Frucht einer Landeskirche, die als einzige unter den lutherischen schon damals ausgesprochen nationale Züge trug — einer Kirche, die nicht im kleinlichen Gezänk reichsrechtlicher Prozesse um Stifts- und Klostergüter, in den eifersüchtigen Streitigkeiten landesfürstlicher Fakultäten um die „reine Lehre" groß geworden war, sondern in den Befreiungskämpfen des schwedischen Volkes gegen dänische und polnische Fremdherrschaft. Eine Kirche zugleich, die als Stiftung eines kraftvollen nationalen Königtums begründet war und deren Bischöfe auf den Reichstagen der Monarchie gelernt hatten, was politische Notwendigkeit ist. Unverkümmert, frei und mächtig erhob sich dieses Luthertum auf dem Boden eines rein germanischen Volkstums. Wenn irgendwo, dann verschmolz in den baltischen Ländern beides zu einer Einheit, ruhte alle höhere Kultur auf dem festen Boden des lutherischen Bekenntnisses; und Gustav Adolf hatte, längst ehe er nach Deutschland kam, in jahrzehntelangen Kämpfen den Bestand dieser deutschprotestantischen Kultur gegen Überfremdung durch Polen und Jesuiten gerettet. Die ganze Staatsverfassung der schwedischen Monarchie hing mit diesen Kämpfen aufs engste zusammen: Königtum, Stände und Volk waren in ihnen aufs wunderbarste, über schwere Spannungen hinweg, zur Einheit zusammengeschweißt. Tatsächlich war Gustav Adolf der einzige unter den protestantischen Fürsten seiner Zeit, der imstande war, den Kampf der Konfessionen vom europäischen Gesichtspunkt, als ein Ringen um die Gestaltung der abendländischen Kultur- und Staatenwelt zu erfassen. Zugleich der einzige, der Mut und Weitblick genug besaß, um (trotz der natürlichen Schwäche seines Landes!) die Verteidigung angriffsweise, in Meerfahrten und Landfeldzügen von unerhörter Kühnheit zu führen.

Wie turmhoch stand er an Bildung über dem deutschen Fürstentypus seiner Zeit! Im Besitz von Kenntnissen aller europäischen Kultursprachen, sorgsam geschult an der modernen staatstheoretischen und militärwissenschaftlichen Literatur der Westeuropäer, zumal der Holländer, ein glänzender Diplomat, ein hinreißender Redner, geistig und körperlich gleich wohl geschult, verkörperte er annähernd das Ideal der Fürstenspiegelliteratur seiner Epoche. Er vereinigte in sich den unbändigen Freiheitstrotz Gustav Wasas, seines Großvaters, mit der feinen, gelehrten Bildung seines Oheims, Johanns III. Die urwüchsige Kraft dieser nordischen Könige, die noch in seinem Vater Karl IX., dem Urbild des altgermanischen Recken, in beinahe barbarischer Wildheit sich offenbarte, war in ihm gebändigt zu sehniger, geschmeidiger, beherrschter Energie. Gelegentlich konnte auch er aufbrausen in jähem Zorn; die furchtsame, hilflose Schwerfälligkeit seiner deutschen Bundesgenossen hat ihn oft genug zu heller Empörung getrieben. „Was ist das für ein Ding: Neutralität? Ich verstehe es nicht", herrschte er einmal den brandenburgischen Gesandten an. Und als der Schwarm deutscher Kleinfürsten, Grafen, Ritter und Herren, die sich seinem Siegeszug anschlossen, es gar zu arg trieb mit rebellischem Aufmucken gegen die schwedische Disziplin, mit Saufen, Prassen, Huren und Marodieren, las er ihnen in Nürnberg vor versammeltem Offizierskorps die Leviten, daß ihnen der Schädel brummte: „Wann ihr auch also Gott vergessen, und ewere Ehre nicht bedenken oder gar von mir setzen wollet, und gleich zu entlauffen gedenket, soll doch die gantze Christenheit erfahren, daß ich mein Leben vor euch als ein Christlicher König, der den Befelch Gottes zu verrichten begehret, auf dem Platz lassen will. Wollet ihr rebellieren, so will ich mich zuvor neben meinen Schweden und Finnen mit euch herumhawen, daß die Stück von uns fliegen sollen ... Mir ist so wehe bey euch, daß mich verdreust, mit einer solchen verkehrten Nation umbzugehen." Er bedurfte keines äußerlichen Prunkes, um sich inmitten dieses Schwarmes als König zu manifestieren. Für das steife spanische Zeremoniell war in seinem Feldlager kein Platz; er gab sich als schlichten Feldsoldaten, liebte heitere Geselligkeit, Frohsinn, Tanz und einen guten Becher Weines, mischte sich gern mit seinem Lederwams und mächtigen Schlapphut unter das gemeine Volk, nahm an seinen Festen teil und blieb doch immer in vornehmer Überlegenheit der Herrscher. Wo seine schlanke, hohe Siegfriedgestalt mit dem rötlichblonden Haar der skandinavischen Rasse und den blitzenden blauen Augen erschien, zog sie von selber alle Blicke auf sich. Hingerissen berichten die Zeitgenossen davon, wie er natürliche Liebenswürdigkeit und Lebhaftigkeit mit königlicher Würde verbunden habe. „Ich kann Euer Liebden versichern", schrieb der hessische Gesandte seinem Herrn, „daß alle Vollkommenheiten in Ihrer Majestät so zusammenlaufen, daß ein jeder, welcher mit Ihrer Majestät zu reden und ihr aufzuwarten die Gnade hat, sich in sie verlieben muß." Noch niemand vor ihm hatte das ungebärdige, eigensinnige, vielköpfige deutsche Fürstengeschlecht unter einer Fahne zu sammeln vermocht. Dieser Persönlichkeit, die nicht nur die Köpfe, sondern auch die Herzen bezwang, gelang es.

Nicht ohne Anwandlungen von Neid blickt der nachlebende Deutsche, der die mühselige, von tausend Rückschlägen gehemmte innere Geschichte der deutschen Territorialstaaten kennt, auf die soviel großartigeren inneren Verhältnisse des Königreichs Schweden unter den ersten Wasa. Ein rein germanisches Staatswesen, früh geeinigt, unverdorben durch römisch-rechtliche Einflüsse und durch die partikulare Selbstsucht kleiner Herren und Stadtobrigkeiten. Ein freier Bauernstand, der noch nichts weiß von Leibeigenschaft und Frondienst, dessen Vertreter im Reichstag neben dem städtischen Patriziat, dem Landesadel und den Prälaten der Landeskirche ihren Sitz einnehmen. Ein mächtiger, trotziger, aber nun an Gehorsam und Pflichterfüllung gewöhnter Adel, dessen Söhne ihrem König in Heer und Verwaltung dienen, dessen Kraft unmittelbar für den Staat nutzbar gemacht ist. Altgermanische Wehrhaftigkeit des ganzen Volkes, allgemeine Dienstpflicht, ein Heer von Landeskindern anstatt (oder doch neben) der rohen Masse hergelaufener Söldner, mit denen man sich anderswo ausschließlich behelfen mußte, seit das militärische Lehnssystem des Mittelalters in Verfall geraten war. Und über dem allem eine Monarchie, die noch ganz die alten echten Züge germanischen Heerkönigtums trägt, die sich noch stützt auf die persönliche Mannentreue aller freien Männer. Die zentrale Verwaltungsbehörde, weit entfernt von bürokratischer Erstarrung, zeigt noch immer etwas vom Charakter der alten Gefolgschaft, des „comitatus", von der schon Tacitus berichtet hatte; Oxenstierna, der Kanzler, zog selbst mit ins Feld, bald als Geschäftsleiter, bald als militärischer Befehlshaber tätig. Mit Hilfe der wehrhaften Bauern von Dalekarlien hatte einst Gustav Wasa den Adel gebeugt und seinem Hause den Thron erkämpft; als Volksführer, in blutigem Ringen mit der inzwischen wieder emporgekommenen Adelsgesellschaft hatte Karl IX. die Macht der Krone abermals über alle Reichsstände erhoben. Aber immer von neuem mußte diese Monarchie sich bewähren in Kampf und Sieg, im Schutz der vaterländischen Grenzen, in der Mehrung vaterländischen Ruhmes, um ihre Autorität zu behaupten. Höchst persönlich verhandelte der König mit seinen getreuen Ständen; höchst persönlich rief er in feuriger vaterländischer Rede sein Volk zur Anspannung aller Kräfte auf. Dafür war gesorgt, daß diesen Königen das Regieren nicht allzu bequem wurde. Hier genügte es nicht, wie in Deutschland, für die „liebe

Justiz" und für die reine Lehre zu sorgen, die Last der Alltagsgeschäfte den landesherrlichen Räten, das Kriegführen gemieteten Generälen zu überlassen. Hier galt es Leistungen, nicht bequemes Sichausruhen auf dem Gottesgnadentum. Je ärmer das Land, um so sorgsamer die Wirtschaftspflege, je menschenleerer das weite Gebiet, um so eifriger die Kolonisationstätigkeit. Nicht länger als ein Jahrhundert hat die schwedische Militärmonarchie sich unter den Großmächten Europas behaupten können. Aber dieses eine heldische Jahrhundert ist mit so viel ruhmvollen Taten erfüllt wie kaum eines in der Geschichte anderer europäischer Nationen. Und als die Kräfte endlich ermatteten, als die schwedische Fahne niedersank an der Ostküste des baltischen Meeres, schob sich der moskowitische Barbar an die Stelle, eine noch lange halbasiatische Großmacht, deren Emporkommen eine dauernde Bedrohung für die Staatenwelt Europas darstellte.

Die Geschichte des schwedischen Nachbarvolkes, seine innere Verfassung wie seine Rolle als Vormacht germanisch-protestantischer Kultur gegen den slawischen Osten, ist in Deutschland erstaunlich wenig bekannt. Der Aufstieg des brandenburgisch-preußischen Hauses zur nationalen Führerschaft hat unsere Erinnerung daran verdunkelt, ja fast vertilgt, daß eine Zeitlang die schwedische Krone, mit Brandenburg eng verbunden, zur Einigung des protestantischen Deutschlands berufen schien. Wenn wir heute Gustav Adolfs gedenken, so braucht sich unsere Verehrung keineswegs auf den Retter des Protestantismus zu beschränken. Es ist doch wohl kein Zufall, daß der Aufstieg der Hohenzollern mit dem Manne beginnt, den Gustav Adolf sich zum Thronerben ersehen hatte, und daß seine Herrschertugenden, die ihn aus der Masse deutscher Landesfürsten hinaushoben, denen des schwedischen Königshauses recht ähnlich sind. Die brandenburgisch-preußische Militärmonarchie hat einen Teil der Erziehungsaufgaben gelöst, die Schweden beim Sieg Gustav Adolfs zugefallen wären. Der brandenburgische Kurstaat ist eigentlich erst im Kampf gegen Schweden zur Militärmonarchie herangereift, und von niemandem lernt man bekanntlich so viel wie von seinen Feinden. Natürlich wird niemand von Nachahmung sprechen, wo alle Grundlagen staatlichen Aufbaus — geistige wie politische — in ihrer Struktur so weit voneinander abwichen wie diesseits und jenseits des baltischen Meeres. Aber daß etwas von der stählernen Energie schwedischer Heerführung und Politik auf den brandenburgisch-preußischen Nachbarn zurückgestrahlt habe und damit heilsam in das deutsche Leben eingedrungen sei, wird man ohne Übertreibung behaupten dürfen.

VIII. Gustav Adolf, Deutschland und das nordische Luthertum

Das politische Elend des von konfessionellen Streitigkeiten zerrissenen, unter lauter Kleinfürsten verkümmernden deutschen Staatslebens im 17. Jahrhundert hat man immer wieder auf die große Kirchenspaltung durch die Reformation zurückgeführt. Und der Satz, daß Luthers unpolitische Lehre die Deutschen (im Gegensatz zum Calvinismus) zu einer unmännlichen Knechtsgesinnung gegenüber ihren „Landesvätern" erzogen habe, galt eine Zeitlang fast als Dogma der modernen Geschichtschreibung. Die Erscheinung Gustav Adolfs sollte uns davor warnen, Erscheinungen des politischen Lebens vorschnell aus kirchlich-konfessionellen, geistesgeschichtlichen Zusammenhängen abzuleiten. Sie lehrt uns, zu welch heroischer Größe auch ein durchaus lutherischer Staatsmann sich erheben kann. Sicherlich hätte ihn Luther selbst als einen der großen „Wundermänner" betrachtet, die Gott von Zeit zu Zeit unter den Menschen erweckt, um mit starker Hand eine verfahrene Welt zu neuer, besserer Ordnung zu bringen. Was den Schwedenkönig von allen andern Kraftgestalten des Frühbarocks so stark unterscheidet, ist nichts anderes als seine ausgesprochen lutherische Gesinnung. Er gehört durchaus noch nicht zu den Vertretern einer rein weltlich gewordenen „Staatsräson", wie sie eben damals im Frankreich Heinrichs IV. und Richelieus oder im Holland Oldenbarnevelts sichtbar wurde — trotz seiner Verehrung für Hugo Grotius, den Wegebahner des neuen säkularisierten Natur- und Völkerrechts. Er gehört noch ganz und gar in die Welt der Reformation. Aber auf schwedischem Boden, im Kampf um die Behauptung nordisch-germanischer und protestantischer Freiheit gegen die polnische Gegenreformation und die moskowitische Barbarei, hat sich dieses Luthertum großartig und frei entfaltet, während es in der bedrückenden Enge und tatenlosen Stille patriarchalischer deutscher Fürstenstaaten verkümmerte. Und so steht dieser lutherische König an schöpferischer Energie des politischen Handelns hinter keiner der großen Gestalten zurück, denen Europa die Neugestaltung seiner Staatenwelt nach Ablauf des konfessionellen Zeitalters verdankte.

IX. DEUTSCHE UND WESTEUROPÄISCHE GEISTESART IM SPIEGEL DER NEUEREN KIRCHENGESCHICHTE
(1931)

Nationale Geschichtschreibung ist nationale Selbstbesinnung. Es gilt, in vergleichender Betrachtung von möglichst vielen Seiten her den geistigen Gehalt deutschen Wesens zu ergründen, seine Eigenart aus seiner Geschichte verständlich zu machen, seinen Eigenwert, aber auch (in nüchterner Selbstkritik) die ihm eigentümlichen Grenzen und Gefahren ans Licht zu stellen, um so ein nationales Selbstbewußtsein ohne falsche Überhebung, aber auch ohne vorschnelles und unbegründetes Verzagen zu ermöglichen.

Nun ist aber keine Epoche der neueren Geschichte für die geistige Differenzierung der das Abendland bewohnenden germanisch-romanischen Völker wichtiger gewesen als das Zeitalter der großen Konfessionskämpfe. Erst im Ringen der das 16. Jahrhundert beherrschenden geistigen Mächte: der Renaissance, der Reformation und des Geistes der erneuerten mittelalterlichen Kirche, sind die modernen Nationen Europas aus der ungeschiedenen Masse der „Einen abendländischen Christenheit" herausgewachsen, ihrer selbst und ihrer Gegensätzlichkeiten mit voller Klarheit bewußt geworden, haben sie erst ihr geistiges Gesicht empfangen. Vor allem entschied sich damals jener tiefgreifende Gegensatz des deutschen Geistes zum westeuropäischen, der die deutsche Geistesgeschichte seitdem in mannigfachen Variationen immer von neuem beschäftigt hat und dessen Wesen von der theologischen, philosophischen, literarhistorischen, wissenschaftsgeschichtlichen Seite her unzählige Male erörtert worden ist. Ich möchte heute versuchen, seinem Ursprung von der politischen, genauer: der kirchenpolitischen Seite her beizukommen. Warum hat die Auseinandersetzung zwischen Staat und Kirche im Zeitalter der Konfessionskämpfe einen so gründlich verschiedenen Verlauf genommen in Deutschland einerseits, in Frankreich und England (denn auf diese westeuropäischen Hauptnationen werden wir uns beschränken müssen) auf der anderen Seite? Welche Wirkungen hat dieser verschiedenartige Verlauf der Dinge ausgeübt auf die Neuprägung der christlichen Frömmigkeit, weiterhin aber des geistigen Lebens überhaupt auf beiden Seiten? Das ist unsere Fragestellung.

Zu ihrer Beantwortung müssen wir ausgehen von den Verhältnissen des Mittelalters. Schon damals beginnt der Gegensatz, den ich meine, sich auszubilden.

Die juristische Eigenart der mittelalterlichen Kirche hat der Rechtshistoriker Günther Holstein sehr zutreffend so charakterisiert: die Gesellschaft der Jünger Jesu ist nicht genossenschaftlich, sondern als Herrschaftsverband organisiert, und zwar so, daß der religiöse Gedanke der Herrschaft Christi über die Geister unmittelbar ins Juristische übersetzt ist. Die Kirche, eine von Jesus gestiftete Rechtsanstalt, hat die im Namen Christi Getauften der Leitung ihrer Seelenhirten unterstellt. Deren Autorität ist unmittelbar göttlichen Ursprungs; ihre Amtsfunktionen sind übernatürlicher, schlechthin wunderhafter Art, und darum eignet ihnen auch eine viel schwerere Strafgewalt als irgendeinem weltlichen Herrscher. Der ursprünglich rein spirituale Charakter der „Gemeinschaft der Gläubigen", der communio sanctorum, wird nie ganz vergessen, aber tritt praktisch weit zurück. In die Kirche wird man hineingeboren; die Teilnahme an ihrer Gemeinschaft wird nicht etwa begründet durch persönlichen religiösen Besitz, durch irgendein individuelles Verhältnis zu dem geistlichen Haupte, Christus, sondern schon durch bloßen Empfang der Sakramente, vor allem durch die Taufe. Aus der „Geistkirche" ist so eine „Rechtskirche" geworden, alles pneumatische Leben an objektive Rechtsinstitutionen geknüpft, die ihren Ursprung der Theorie nach nicht in menschlicher Satzung, sondern im jus divinum, einem übernatürlich geoffenbarten Recht, haben. Demgegenüber erscheint der weltliche Staat als eine Rechtsinstitution zweiten Ranges: er ruht auf dem jus naturale, einer bloßen „Naturordnung"; auch sein Dasein ist freilich gottgewollt — aber er entstammt einer anderen Rechtssphäre von geringerer Qualität. Innerhalb seiner rein menschlichen Zwecksetzungen (Erhaltung von pax und justitia, also menschlicher Wohlfahrt und äußerer Rechtssicherheit) ist er prinzipiell autonom, von der Kirche nicht gestört und beschränkt — sofern sein Handeln nicht unmittelbar kirchlichen Interessen widerspricht. Die vielberufene Theorie einer gottgewollten Abhängigkeit des weltlichen Staates von der Kirche (im Lehnsverhältnis oder sonstwie) ist nur eine extreme Überspitzung, nicht die Normalanschauung der mittelalterlichen Kirche. Die Rechtstheorie der berühmten Bulle „Unam sanctam"

Bonifaz' VIII. hat das Tridentinum bekanntlich nicht bestätigt, sondern ausdrücklich abgewiesen. Im System des Thomismus, den das Trienter Konzil zu fast kanonischem Ansehen erhob, sind die geistliche und die weltliche Rechtssphäre reinlich voneinander getrennt; und in der klassischen Fürstenlehre des erneuerten Katholizismus, in Bossuets Politique tirée des propres paroles de l'Écriture sainte, erscheint die Bewegungsfreiheit der weltlichen Politik nicht durch kirchliches Gebot, sondern ausschließlich durch christliche Moralvorschriften beschränkt. Freilich: trotz aller theoretischen Scheidung der Rechtssphären bleiben praktisch immer noch Reibungsflächen, Kompetenzkonflikte, Fragen der rechtlichen Zuständigkeit. Im Mittelalter lagen sie an anderer Stelle als in der modernen Welt. Das Eherecht und die Schulverwaltung, heute die meistumstrittenen Gebiete, waren damals unangefochtener, ausschließlicher Besitz der Kirche. Statt dessen ging der Kampf um die Grenzen weltlicher und geistlicher Gerichtsbarkeit, die heute durch staatliche Machtentscheidung eindeutig gegeneinander abgegrenzt sind, und um den geistlichen Güterbesitz mit allen daran hängenden Besteuerungs- und sonstigen Hoheitsrechten — um einen Fragenkomplex also, der heute gleichfalls (und zwar im wesentlichen zugunsten des Staates) entschieden ist.

In den Kompetenzkonflikten des Mittelalters erscheinen ursprünglich die weltlichen Gewalten als der schwächere Teil. Die mittelalterliche Kirche, als öffentliche Rechtskörperschaft früher und technisch weit besser organisiert als der mittelalterliche Staat, dehnt die Grenzen ihrer Rechtsgewalt und ihres Güterbesitzes immer weiter aus. Man weiß aus der Geschichte des deutschen Kaisertums, wie sehr sie unter günstigen Umständen den weltlichen Rivalen ins Hintertreffen zu drängen vermochte. Indessen war seit dem Ende des 13. Jahrhunderts der Höhepunkt dieser Entwicklung überschritten. Langsam, aber stetig emanzipiert sich jetzt die europäische Staatenwelt von den Fesseln der kirchlichen Rechtsanschauung; das Selbstbewußtsein des weltlichen Staates erstarkt, seine juristisch-technischen Machtmittel werden allmählich verbessert. Für unser Thema ist es nun entscheidend, daß diese Emanzipation schon im Mittelalter den westeuropäischen Staaten weit besser gelingt als den deutschen. In Frankreich und England wird die kirchliche Rechtssphäre schon in den letzten Jahrhunderten des Mittelalters zugunsten der weltlichen Gewalt stark eingeschränkt, die staatlichen Hoheitsrechte (auch die finanziellen!) über den kirchlichen Besitz in weitem Umfang durchgesetzt. In Deutschland fehlt es nicht ganz an Parallelerscheinungen — aber

IX. Deutsche und westeuropäische Geistesart im Spiegel der neueren Kirchengeschichte

die Erfolge der weltlichen Obrigkeit bleiben hier sehr viel unvollkommener. Auf die geschichtlichen Gründe für den so verschiedenartigen Verlauf der Dinge können wir hier nicht weiter eingehen. Eine wichtige Rolle spielt dabei u. a. die frühere Ausbildung fester Verwaltungstraditionen mit Hilfe eines juristisch geschulten Beamtentums in Westeuropa an Stelle des feudalen Lehnssystems, über das die deutsche Reichsverwaltung eigentlich nie recht hinausgelangt ist.

Günstige äußere Umstände wie die Schwäche des Papsttums gegenüber der französischen Krone seit der Entführung nach Avignon (1309), das 1378 ausbrechende große Schisma der Papstkirche und zuletzt noch, nach Wiederherstellung des römischen Papsttums, die Notlage des Kirchenstaates im Kampf mit andern Mächten, kamen hinzu, um die Machtstellung der französischen Krone zu stärken. Das Ergebnis war am Ende des Mittelalters: eine nationale („gallikanische") Episkopalkirche mit stark eingeschränktem Rechtsbesitz, dem Staate auf dem Gebiet der Gerichtshoheit nicht mehr (oder doch kaum noch) als Konkurrentin lästig, mit ihrem Güterbesitz in weitem Umfang praktisch (wenn auch nicht theoretisch) steuerpflichtig und abhängig von der Krone, die ihre Pfründen großenteils nach Belieben besetzen durfte. Der politische Einfluß und die Steuerhoheit des römischen Bischofs waren schon jetzt stark beschränkt. Das berühmte Konkordat Franz' I. von 1516 bestätigte diese Rechtslage und machte die französische Kirche zu einer der wichtigsten Stützen monarchischer Gewalt.

In noch viel günstigerer Lage befand sich die englische Krone. Gestützt auf die alte eifersüchtige Abneigung des Inselvolkes gegen jede Einmischung fremder Mächte in englische Verhältnisse hatte sie ihre Rechtslage gegenüber der Kirche so günstig gestalten können, daß der Anteil Englands an der großen Konzilbewegung sich auf ein Mindestmaß beschränken durfte: in England gab es kein Bedürfnis mehr nach Einschränkung der Papstgewalt zugunsten des nationalen Episkopates wie in Frankreich und Deutschland! Vollends die großen Machtverschiebungen des beginnenden 16. Jahrhunderts, der Ausbruch der Reformation in Deutschland und die Verstrickung des Papsttums in nationalitalienische Kämpfe ermöglichten dem englischen Königtum die völlige Loslösung der anglikanischen Kirche von Rom (1531), die einfache Aneignung des kirchlichen Supremats durch die Krone, ohne den inneren Charakter dieser Kirche wesentlich zu verändern. Zugleich gelang es den Tudors, mit Hilfe einer massenhaften Konfiskation kirchlichen Grundbesitzes, zumal von Klostergut, sich ungeahnte Machtmittel zu verschaffen; durch Verschenken solchen Gutes sicherte sich die Krone einen starken Anhang unter der Aristokratie des Landes. So wurde die Loslösung von Rom fast das wichtigste Mittel des englischen Königtums im Kampf gegen den Feudalismus.

Die Gründung derartiger Landeskirchen von mehr nationalem als ultramontanem Charakter war überall in Europa das Ziel des neu aufsteigenden königlichen Absolutismus, der sich den engen Schranken des alten Feudalwesens entwand. In Spanien wurde es mit andern Mitteln als in Frankreich und England, aber nicht weniger vollkommen erreicht. Auch den deutschen Staatsmännern des 15. und beginnenden 16. Jahrhunderts schwebte es beständig vor Augen: alle Reichstage dieser Epoche sind erfüllt von den „Gravamina deutscher Nation" gegen Rom, die auf eine ähnliche Loslösung der deutschen Kirche von der päpstlichen Allgewalt hinauslaufen. Indessen war der Erfolg aller dieser Bemühungen nur sehr unvollkommen im Vergleich mit den westeuropäischen Verhältnissen. Den Deutschen fehlte eben der starke nationale Staat, der seine Machtansprüche gegenüber Rom hätte durchsetzen können. Das deutsche Kaisertum konnte sich niemals zu einem nationalen Königtum entwickeln, weil es verknüpft war mit universalen Ansprüchen, die es nur in enger Verbindung mit dem Papsttum zur Geltung bringen konnte. So sieht man das deutsche Kaisertum des 15. Jahrhunderts auf den Reichstagen meist in engem Bund mit den päpstlichen Legaten, um sich gegen die drängenden Machtansprüche der deutschen Territorialfürsten zu behaupten. Diese kleinen deutschen Herren aber, die sich alle bemühten, die Kirchen ihres Gebietes unter ihre landesfürstliche Aufsicht zu bringen, sahen sich auf Schritt und Tritt gehemmt durch die Schwäche ihrer Machtmittel, die Unsicherheit und Zerstückelung ihrer landesherrlichen Besitztitel, die innere Unfertigkeit ihrer Staatswesen. Alles Bemühen um kirchenpolitische Souveränität blieb hier ein Kämpfen und Feilschen in kleinlichem Stil. Schließlich war auch die Existenz geistlicher Fürstentümer (diese vielleicht verhängnisvollste Besonderheit des deutschen Staatslebens) ein Hindernis durchgreifender Erfolge.

Somit war zu Beginn der Neuzeit die Stellung des weltlichen Staates gegenüber der Kirche in Deutschland unvergleichlich schwächer als in den westeuropäischen Ländern. Mehr noch: selbst der Begriff einer rein weltlichen Staatsgewalt, fürstlicher Souveränität, war hier viel unvollkommener entwickelt als dort. Wie unklar die Scheidung geistlicher und weltlicher Rechtssphäre in Deutschland noch immer geblieben war, sieht man deutlich

IX. Deutsche und westeuropäische Geistesart im Spiegel der neueren Kirchengeschichte

an den großen Reformschriften Luthers. Noch immer steckt darin (trotz aller Ableugnungsversuche moderner Lutherinterpreten) viel von der alten Vorstellung des einheitlichen Körpers der Christenheit, des Corpus christianum, das von geistlichen Hirten und christlich-weltlichen Oberkeiten in schöner Gemeinsamkeit regiert wird; die naturnotwendige innere Gegensätzlichkeit dieser beiden Mächte wird noch nicht mit voller Schärfe erkannt.

Nun war freilich das politische Denken der Zeit auch in Westeuropa noch weit entfernt davon, die Eigengesetzlichkeit des modernen staatlichen Lebens wirklich zu begreifen. Aber eben um diese Zeit griff hier die zweite große, epochebildende Bewegung ein, die das Mittelalter von der Neuzeit scheidet: die Renaissance. Sie hat den nationalen Gegensatz, von dem hier fortwährend die Rede ist, noch ungeheuer verstärkt. Ihr Wesen war nicht etwa Kirchenfeindschaft, aber doch ein Bewußtwerden der Tatsache, daß neben den christlichen Kulturtraditionen des Mittelalters noch eine zweite, vorchristliche Bildungswelt von gleichem, wenn nicht höherem geistigem Rang bestand und fortdauernd nachwirkte, zumal in der Geschichte Italiens. Neben die christlich-feudale Welt des Mittelalters trat die Antike: die Kultur einer säkularen Weltgestaltung, neu erlebt mit höchster Wertbetonung. Damit gewann notwendig auch der weltliche Staat eine erhöhte Würde und selbständigen sittlichen Rang neben der Kirche. Die ersten großen Staatsdenker der neueren Zeit traten auf, in ihrer polaren Gegensätzlichkeit Vertreter der beiden Haupttypen alles späteren politischen Denkens: Machiavelli, der Begründer der modernen Machtstaats-Idee, und Thomas Morus, der erste Vorkämpfer angelsächsischer Ideale vom insularen Wohlfahrtsstaat.

Ihre geschichtlich bedeutendste Wirkung haben diese Ideen in Westeuropa geübt (nicht etwa in Italien, wo alles politische Leben in engsten Rahmen gepreßt blieb). Schon die westeuropäischen Monarchien des beginnenden 16. Jahrhunderts, die Staaten Franz' I. und Heinrichs VIII., sind (im Kern) Renaissancestaaten gewesen. Das sowohl von Machiavelli wie von Morus verkündete Ideal eines wahrhaft modernen Staates, der nach Gesichtspunkten rationaler Zweckmäßigkeit statt nach feudaler Willkür verfährt, wurde in Frankreich, den Niederlanden, England im Lauf des Jahrhunderts von denkenden Staatsmännern und politisch einsichtigen Denkern der Wirklichkeit immer näher gebracht. Am Ende der Epoche stehen die großen Namen der Bodinus und Grotius; ein Menschenalter später folgt Thomas Hobbes. In ihnen erfüllt sich der westeuropäische Staat mit dem Bewußtsein höchster sittlich-menschlicher Würde.

Ganz anders verliefen die Dinge in Deutschland. Hier blieb die allgemeine Kulturbedeutung der Renaissancebewegung ganz gering. Die deutsche Bildung des 16. Jahrhunderts ist wesentlich theologisch gerichtet. Schwache Ansätze humanistischer Bildungsinteressen wurden von der Reformation rasch erstickt oder in den Dienst der neuen Kirche gezogen. Das religiöse Interesse der Deutschen war von höchster Lebendigkeit; nichts anderes konnte sich daneben behaupten.

Damit ist schon angedeutet, daß die Bedeutung der reformatorischen Bewegung für die politische Entwicklung Deutschlands keinesfalls überschätzt werden darf. Zur Erhöhung der Autorität des weltlichen Staates gegenüber der Kirche, zur Ausdehnung seiner Macht- und Rechtssphäre hat sie mehr indirekt und unfreiwillig als bewußt beigetragen. Ja, sofern die gewaltige Steigerung der modernen Staatsautorität gegenüber dem kirchlichen Wesen zusammenhängt mit der allgemeinen Säkularisierung der europäischen Kultur, ist die Reformation sogar das schwerste Hindernis dieses Aufstiegs gewesen: bedeutet sie doch eine ungeheure Intensivierung und Neubelebung geistlicher Interessen, religiöser Gesinnung, weit über den Stand des späteren Mittelalters hinaus, ja eine gewaltsame Verstrickung aller Politik in kirchliche Fragen — also vom Standpunkt des Renaissancestaates gesehen (in dem die Grundzüge des modernen rein säkularen Staates bereits deutlich zu erkennen sind) nicht nur einen „Rückfall" ins Mittelalter, sondern eine Verchristlichung der Politik in einem im Mittelalter unerhörten Maße.

Verchristlichung bedeutet freilich noch nicht: Vergeistlichung! Vielmehr hat die Reformation den Versuch gemacht — und das ist ihre wichtigste Leistung vom Standpunkt der politischen Historie —, das geistliche Wesen des Mittelalters durch ein christliches zu ersetzen. Sie hat die mittelalterliche Priesterkirche in ihrem traditionellen Wesen zerstört und damit ganz neuartige Verhältnisse geschaffen — die größte geistlich-politische Revolution des Abendlandes angerichtet. Erst indem wir diese revolutionäre Auswirkung in Deutschland und Westeuropa verfolgen, wird uns der tiefe Gegensatz der kirchlich-politischen Verhältnisse hüben und drüben mit allen seinen geistig-kulturellen Folgen ganz verständlich.

Es gehört recht eigentlich zum Wesen der Reformation, den Begriff der mittelalterlichen Kirche als „Rechtskirche" zu zerstören, ihren Neuaufbau als „Geistkirche" zu versuchen. Sie will mit Hilfe neuartiger kirchlicher Institutionen den Geist der Liebe, der Brüderlichkeit und religiösen Zucht,

IX. Deutsche und westeuropäische Geistesart im Spiegel der neueren Kirchengeschichte

der die Jüngerschaft Christi beseelen soll, ohne Veräußerlichung in juristischen Formen verwirklichen. Sie lehnt es also ab, die Herrschaft Christi über die Geister durch einen juristischen Herrschaftsverband zu befestigen, in dem die Priester an Christi Stelle das Regiment führen. Statt der Priesterhierarchie wird das allgemeine Priestertum der Gläubigen, an Stelle der res publica christiana die christliche Gesinnungsgemeinschaft, die Gemeinschaft der Heiligen als Ideal verkündigt. Indessen: die Frage, wie dieses Ideal praktisch zu verwirklichen sei, war von Anfang an das schwerste Problem der Reformation. Es gab sehr zahlreiche und sehr verschiedenartige Lösungsversuche, von denen doch keiner voll befriedigen konnte.

Praktisch kommen vor allem drei Haupttypen in Betracht: der lutherische, der calvinisch-presbyteriale, der schwärmerisch-spirituale. Ihre Unterschiede muß man kennen, um die ganz verschiedenartige Wirkung der Reformation in Deutschland und Westeuropa zu begreifen.

Die konsequenteste Verwirklichung des neuen genossenschaftlichen Kirchenbegriffs findet man im dritten Typ, dem schwärmerisch-spiritualen. Hier ist (in den radikalsten Gruppen) nicht nur auf jede Zwangsgewalt des geistlichen Amtes verzichtet, sondern auf das geistliche Amt überhaupt: die Gemeinschaft der Heiligen ist nichts weiter als ein freiwilliger Zusammenschluß von Erweckten, ohne besonderes Priesteramt und Lehramt. Als einzige Form des Glaubenszwanges besteht die Möglichkeit, unwürdige Mitglieder aus der Genossenschaft auszuschließen, aber ohne alle bürgerlichen Folgen. Die Gefahr solcher Gemeinschaften ist offenbar: die chaotische Zufälligkeit der religiösen Lehrmeinungen, eine radikale, vielfach phantastische Willkür in der Auslegung der christlichen Offenbarungsschriften und der christlichen Überlieferung überhaupt. Sie wird vor allem da als bedrohlich empfunden, wo das theoretisch-spekulative Interesse an der Religion, an der „reinen Lehre" überwiegt, wie in Deutschland — weniger in England, wo das praktische Verhalten höher steht als die theologische Doktrin. Für den Staat droht aus dieser Bewegung nur da Gefahr, wo chiliastische Erwartungen des nahen Weltendes zu dem Versuch führen, die Aufrichtung des Gottesreiches mit gewaltsamen Mitteln zu erzwingen. Doch sind das Entartungserscheinungen der spiritualistischen Idee, die nur vereinzelt auftreten. Im allgemeinen ist das Schwärmertum dem Staate gegenüber entweder rein passiv (wie die meisten der deutschen „Täufer"), oder es kämpft für Durchsetzung staatlicher Toleranz, in extremen Fällen gesteigert bis zur Ablehnung aller staatlichen Zwangsmittel (englische Independenten, Quäker).

Indessen war der Übergang aus der mittelalterlichen Anstalts- und Zwangskirche zu diesen ganz freien Genossenschaften ein sehr radikaler Schritt, den die eigentlichen Reformatoren nicht mitgemacht haben. Als „Reformatoren" wollten sie nicht Zerstörer, sondern Erneuerer der Kirche sein. Die Gefolgschaft Christi soll nicht durch priesterliche Herrschaft und kanonische Rechtssatzungen aufgebaut werden, aber sie soll doch eine „Kirche" bleiben, d. h. eine öffentlich-rechtliche Institution, grundsätzlich das ganze christliche Volk, d. h. alle Getauften umfassend — nicht bloß die Erweckten, Erwählten, freiwillig sich Zusammenschließenden: also eine Volkskirche im weitesten Sinn, wirkliche Nachfolgerin der mittelalterlichen Kirche. Die innere Problematik dieses Ansatzes ist von vornherein deutlich: sie ist die Ursache der meisten politischen Kämpfe des konfessionellen Zeitalters gewesen. Aber die Notwendigkeit des Festhaltens an der „Anstaltskirche" (wenn auch ohne priesterliche Hierarchie und ohne eigentlich sakramentale Amtsgewalt) ergibt sich konsequent aus dem Begriff der „Offenbarungsreligion", und zwar einer einmaligen Offenbarung. Die einmalige Offenbarung, das Bibelwort, verpflichtet alle Gläubigen zu unbedingter Anerkennung. Dabei wird von Luther das Hauptgewicht auf die Lehre, das „Wort" gelegt, während Calvin stärker als er auch das praktische Verhalten der Gläubigen betont. Für Luther kommt alles darauf an, daß „reines Gotteswort", d. h. die nach seiner (wissenschaftlich begründeten) Auffassung allein richtige Auslegung der biblischen Offenbarung gepredigt wird; er ist fest überzeugt, daß aus dem richtigen Verständnis der evangelischen Lehre, der Predigt Jesu und Pauli, auch die richtige Herzens- und Willensstellung, die rechte Gesinnung, von selber folgen wird. Denn richtiges Verständnis ist selbst nur möglich bei richtiger Einstellung des Gemütes, das aufnahmebereit ist für das Gotteswort und zu dieser Aufnahmefähigkeit durch die Predigt und sonstigem religiösem Unterricht vorzubereiten ist. Aus der christlichen Gesinnung folgt aber dann ohne weiteres das christliche Handeln. Entscheidend wichtig ist also die Aufrichtung des christlichen Lehramts, die Einsetzung theologisch geschulter Männer, deren richtige theologische Überzeugung mit allen Mitteln zu sichern ist. Diese Sicherung darf nicht etwa der Gemeinde der Gläubigen selbst überlassen werden! Das könnte nur dann geschehen, wenn diese Gemeinde aus lauter wahren, d. h. evangelisch gesinnten Christen, bestünde. Dafür fehlt aber jede Garantie. Die Welt ist der Schauplatz eines ewigen Kampfes zwischen Gott und dem Teufel; auch die Seele jedes Christen ist Schauplatz dieses Kampfes. Es gibt keine endgültige Heiligkeit, die

IX. Deutsche und westeuropäische Geistesart im Spiegel der neueren Kirchengeschichte

nicht immer neu erkämpft werden müßte. Schon aus diesem Grunde sind die wahren Christen von den falschen gar nicht sicher zu unterscheiden; und eben deshalb ist eine rein genossenschaftliche Organisation der Gefolgschaft Jesu unmöglich. Also tritt an die Stelle subjektiver Überzeugungen der Kirchenmitglieder die Autorität einer festen Lehrtradition. Ihre Reinheit bedarf dringend der äußeren Sicherung durch obrigkeitliche Gewalt. Die weltliche Obrigkeit, der weltliche Staat, hat die Garantie, den „Schutz" der reinen Lehre zu übernehmen — einfach deshalb, weil eine andere, allgemein anerkannte Autorität fehlt — und weil eine neue priesterliche Hierarchie mit rechtlich anerkanntem autoritärem Charakter nicht aufgerichtet werden soll.

Mit andern Worten: die lutherische Kirche ist ohne Hilfe der weltlichen Staatsgewalt gar nicht zu organisieren. Ein ähnliches Verhältnis besteht auch bei Calvin. Nur daß zur Sicherung der reinen Lehre hier noch hinzukommt: die öffentliche Überwachung des christlichen Lebens durch besondere Sittenüberwachungsorgane, eine Art von christlicher Sittenpolizei. Der Glaube an die wunderhafte Wirkung des „Worts" auf die Gesinnung und das Handeln der Menschen ist hier geringer, das willensmäßige Moment des Religiösen stärker als bei Luther entwickelt. Nun sind freilich die Organe der Sittenzucht in der calvinischen Kirche nicht Organe des Staates, sondern der christlichen Gemeinde: die Presbyter, als Unterstützung der Pasteurs, mit ihnen vereinigt zum consistoire. Die calvinische Kirche ist also stärker auf eigene Organe aufgebaut, weniger auf direkte Staatshilfe angewiesen als die lutherische. Vollends da, wo der Zusammenschluß der einzelnen Gemeinden zu großen Synodalverbänden erfolgt (wie in der französischen Hugenottenkirche), macht diese kirchliche Organisation den Eindruck einer großartigen Geschlossenheit und Selbständigkeit. Aber auch hier ist staatliche Hilfe zur praktischen Durchführung der Sittenzucht und Reinhaltung der Lehre in letzter Linie unentbehrlich.

Das Verhältnis der reformatorischen Kirchen zum weltlichen Staat ist also eigentümlich zwiespältig: Einerseits wird hier unbedingter Gehorsam gepredigt, da die evangelische Kirche keine selbständige kirchliche Rechtssphäre neben der staatlichen behauptet. Ja die äußere Leitung des Kirchenwesens wird willig auf den Staat übertragen, die Ausbildung eines eigenen hierarchisch-priesterlichen Machtapparates abgelehnt. Anderseits erhebt nun aber der Alprotestantismus gerade wegen seines Verzichts auf eine eigene kirchliche Rechtssphäre viel stärkere Ansprüche an die christliche Gesinnung der Obrigkeiten als das Mittelalter. Die mittelalterliche Kirche konnte den naturrechtlichen Charakter des Staates, die relative Gültigkeit seiner natürlichen Machttendenzen innerhalb der weltlichen Sphäre in gewissem Sinne unbefangener anerkennen als die Reformation, sofern nur geistliche, d. h. kirchliche Interessen dadurch nicht berührt wurden. Die Reformation trägt den unerbittlichen Ernst ihrer religiös-sittlichen Forderungen weit energischer auch in die Sphäre weltlicher Politik hinein. Die evangelische Geistlichkeit verzichtet auf jede äußere, politisch-soziale Machtstellung, aber keineswegs auf die Ansprüche religiöser Ethik, die auch vor der hohen Politik nicht haltzumachen haben.

Dabei waltet aber nun von Anfang an ein für unser Thema sehr bedeutender Unterschied zwischen den calvinischen und den lutherischen Kirchen. Während hier die Auseinandersetzung mit dem Staat eine vollkommen friedliche ist — ein bloßes Hineinwachsen der weltlichen Obrigkeiten in die von der Reformation ihnen gestellten geistlich-politischen Aufgaben, zugleich ein Sichanklammern der reformatorischen Gemeindebildungen an die weltliche Obrigkeit —, entwickelt sich die Kirche Calvins von vornherein als eine Kirche des Kampfes, die den ihr feindlichen Staat zu erobern versucht; und während Luthers Forderungen an den Staat sich wesentlich auf Schutz und Reinhaltung der rechten Lehre beschränken, zielt Calvin vor allem auf eine Umgestaltung des sittlichen Lebens ab: in seiner Kirche waltet ein wahrhaft fürchterlicher religiöser Ernst, der nichts anderes kennt als den Gesichtspunkt der „Ehre Gottes", dem alles unterworfen wird, auch gerade das soziale Dasein und die Sphäre der hohen Politik.

Daraus ergeben sich sehr weittragende Konsequenzen für den Verlauf der neueren Kirchen- und Staatengeschichte. In Deutschland steht die neue Kirche lauter kleinstaatlichen Obrigkeiten gegenüber, die sich dem kirchlichen Anspruch, ihr Amt als „Christliche Oberkeit" in gottselig-ehrbarer Gesinnung zu führen und auf das Seelenheil der Untertanen ihr oberstes Augenmerk zu richten, im allgemeinen ohne Widerspruch fügen. Die Beseitigung der alten Hierarchie, die Säkularisierung großer Teile des Kirchengutes, die Übertragung der kirchlichen Ehegerichtsbarkeit auf landesfürstliche Behörden wirft ihnen so viel vom kirchlichen Rechts- und Güterbesitz, aber auch so viel von den alten kirchlichen Verwaltungsaufgaben in den Schoß, daß fast von selber ihr Amt einen halbkirchlichen Charakter gewinnt. Im übrigen verhindert die äußere Unterwürfigkeit der lutherischen Pastorenkirche und der geringe soziale Rang ihres Klerus (im Gegensatz zur ehemaligen adligen Prälatur), daß die sittlich-religiösen Ansprüche an die

IX. Deutsche und westeuropäische Geistesart im Spiegel der neueren Kirchengeschichte 157

Lebenshaltung und Politik des Landesherrn diesem persönlich allzu unbequem werden (obgleich es immer einzelne tapfere Hofprediger gegeben hat, die ihrem „gnädigen Herrn" mit großem Ernst ins Gewissen zu reden wußten). Im Bereich der lutherischen Orthodoxie überwucherte rasch das Interesse an der reinen Lehre den Eifer für das reine Leben der landesfürstlichen Familie, und das geringe sachliche Schwergewicht der außenpolitischen Interessen dieser Kleinstaaten machte es möglich, daß zeitweise ihre ganze Politik von den dogmatischen Streitereien der verschiedenen theologischen Fakultäten und der einander befehdenden Hofprediger beherrscht wurde. Der Typ des frommen Landesvaters, der seinen Hofprediger bei keiner höfischen Veranstaltung missen mag, um mit ihm fortgesetzt die neuesten Abendmahlsstreitigkeiten zu erörtern, ist in dem Deutschland des 16. Jahrhunderts nicht selten.

So bildet sich im Bereich des deutschen Luthertums das charakteristische halbgeistliche Territorialfürstentum heraus, dessen landesväterlicher Fürsorge die religiöse Erziehung und Beaufsichtigung der Untertanen als erste und wichtigste Pflicht erscheint. Erst im 18. Jahrhundert hat dieses Fürstentum seine Machtstellung über die protestantischen Landeskirchen zu rein säkularen Zwecken mißbraucht (im sogenannten Territorial- bzw. Kollegialsystem der Aufklärungszeit); seit der idealistisch-romantischen Bewegung des 19. Jahrhunderts wurde es seinen geistlichen Aufgaben wieder besser gerecht; aber erst sehr spät, und nicht ohne Mitwirkung der liberalen Bewegung der neuen Zeit, sind die lutherischen Landeskirchen dahin gelangt, sich wenigstens eine halbe Selbständigkeit gegenüber den weltlichen Regierungsbehörden auf synodaler Basis zu erringen.

Das Verdienst dieses lutherischen Kirchenwesens ist die Reinhaltung der religiösen Idee von der Vermischung mit politischen Machtansprüchen der Kirche, des Klerus; immer blieb das Bewußtsein lebendig, daß die Religion vor allem eine geistige Angelegenheit ist, eine Angelegenheit der Gesinnung, und sich nicht in äußerer Macht und Werkheiligkeit manifestiert. Je verächtlicher man von den „guten Werken" sprach und dachte, um so energischer machte man Ernst mit den Fragen der theologischen Spekulation, also mit dem reinen Ideengehalt der religiösen Tradition. Als unmittelbare Folge einer solchen Haltung ergibt sich ein für das deutsche Wesen besonders charakteristisches Ernstnehmen rein geistiger Entscheidungen überhaupt. Tausend Nachwirkungen sind davon im deutschen Leben und in der deutschen Literatur, wissenschaftlichen und nicht wissenschaftlichen Charakters, bis heute zu spüren; wir können ihnen hier unmöglich nachgehen, aber wer überhaupt deutsche und westeuropäische Geistesart aus eigener Kenntnis zu vergleichen imstande ist, wird auch ohne näheren Nachweis sich veranschaulichen können, was gemeint ist. Für den Religions- und Kirchenhistoriker ist besonders frappant der Gegensatz deutscher Religiosität zur englischen mit ihrer überwiegenden Richtung auf das Praktische, Willensmäßige. Das protestantische Sektenwesen mit seiner wild wuchernden, durch theologischwissenschaftliche Besinnung nicht gezügelten Spekulation hat in Deutschland unter der Herrschaft des strengen Luthertums nicht aufkommen können; es spielt auch heute noch zahlenmäßig eine ganz minimale Rolle, in scharfem Gegensatz zu den angelsächsischen Ländern. Statt dessen hat die theologische Hermeneutik des deutschen Protestantismus, wie man weiß, einen sehr erheblichen Anteil an der Entwicklung der deutschen Geisteswissenschaften genommen. Und die auffallend hohe Wertschätzung, die reine Wissenschaft bis heute in Deutschland genoß, über alle tiefen Wandlungen des sozialen und geistigen Lebens hinweg, verdankte sie sicherlich zu einem guten Teil diesen altlutherischen Traditionen.

Die Kehrseite aller dieser Erscheinungen ist nicht minder bekannt. Zunächst die Neigung der Deutschen zu eigensinniger Versteifung auf rein prinzipielle, praktisch bedeutungslose Gegensätze, auf der ein gutes Teil ihrer politischen Unbehilflichkeit beruht; zuweilen glaubt man noch in den politischen Parteikämpfen der jüngsten Menschenalter etwas wiederaufleben zu sehen von dem unseligen Starrsinn jener theologisch-dogmatischen Kämpfe des 16. Jahrhunderts, die soviel politisches Elend über unser Vaterland gebracht haben. Dazu kommt die relativ geringe sozial-ethische Wirkung der lutherischen Predigt im Vergleich mit der des Sektentums und des englischen Protestantismus, soweit dieser von Calvin abstammt. Politik und Wirtschaft wurden praktisch nicht sehr stark davon beeinflußt. Weil die deutschen lutherischen Kirchen niemals um politischen Einfluß hatten kämpfen müssen und weil das politische Leben ihrer Territorialstaaten zumeist in trägem Stillstand verharrte, fehlte ihnen das natürliche Bedürfnis nach unmittelbarer Einwirkung auf die hohe Politik. Diese äußeren Umstände sind für das vielberufene unpolitische Philistertum des deutschen Luthertums sicherlich viel mehr bestimmend gewesen als die Eigenart der lutherischen Lehre mit ihrer bewußten Selbstbeschränkung auf das rein Gesinnungsmäßige. In den skandinavischen Reichen hat (was zumeist vergessen wird) auch das Luthertum eine große politische Form gewonnen und die

IX. Deutsche und westeuropäische Geistesart im Spiegel der neueren Kirchengeschichte

politisch-soziale Entwicklung ganzer Völker und Länder bestimmt. In Deutschland aber blieb das Politische weit außerhalb des Gesichtskreises der Pastorenkirche; man betete allsonntäglich darum, behütet zu bleiben vor den „geschwinden Läuften" der bösen Welt und überließ diese böse Welt nach Möglichkeit sich selber. So blieb man in der Tat jahrhundertelang behütet vor jener trüben Vermischung des Politischen mit dem Religiösen, das die Geistesart der westeuropäischen Völker (wie noch zu zeigen sein wird) tiefgehend bestimmt hat. Aber die Folgen dieser Lebensfremdheit spüren wir bis heute. Die deutsche Machtpolitik der letzten Jahrhunderte blieb bewahrt vor bedenklichen Versuchen, sachliche Notwendigkeiten, natürliche Lebensbedürfnisse der Macht mit ethisch-religiösen Motiven zu rechtfertigen — oder zu verbrämen; aber sie geriet darum auch bei den andern Völkern, zumal bei den Angelsachsen, in den Ruf besonderer Gottlosigkeit. Einen weltfremden Zug hat die deutsche Geistigkeit (im Vergleich zu andern Nationen) immer behalten. Auf ihre sozialen Aufgaben hat sich die deutsche protestantische Kirche erst sehr spät besonnen; und als sie endlich das Versäumte nachholte, geschah es in bewußter Nachahmung englischer Vorbilder. Die rechte Herzensstellung des einzelnen war dieser Kirche eben von jeher wichtiger als die Eroberung der Massen für die kirchliche Gemeinschaft und die Durchsäuerung des sozialen Lebens mit christlichen Grundsätzen.

Ganz anders war der Verlauf der Dinge in Frankreich und in England. Der endliche Mißerfolg der Reformation in Frankreich, ihre politisch-revolutionäre Wirkung in England ist wiederum in erster Linie begreiflich zu machen aus der andersartigen Struktur der politischen Verhältnisse.

Wir haben gesehen: der englische und französische Staat hatten schon vor dem Eindringen der Reformation die Rechtssphäre der alten Kirche auf ein Maß beschränkt, das ihren politischen Bedürfnissen im wesentlichen genügte. Vom staatlichen Machtbedürfnis her gesehen, hatte also hier die Reformation nichts Verlockendes mehr zu bieten: eine wesentliche Machterweiterung der Krone war davon nicht mehr zu erwarten — wohl aber eine Belastung mit neuen geistlichen Aufgaben, die zum Hemmschuh politischer Bewegungsfreiheit werden konnte. In dieser Lage war es nun von größter Bedeutung, daß die Reformation in Form der calvinischen Lehre in den westeuropäischen Ländern eindrang, d. h. mit stärksten Ansprüchen einer selbstbewußten Geistlichkeit an die staatliche Gewalt und an die persönliche Lebenshaltung ihrer Träger. Auch Calvin hat freilich unbedingten Gehorsam gegen die Obrigkeit gepredigt; aber der Calvinismus kämpfte keineswegs bloß um Duldung, sondern um die Herrschaft im Staate. Und die Ausübung dieser Herrschaft war praktisch nicht denkbar ohne gründliche Umgestaltung auch der sozialen Struktur des Landes. In der calvinischen Kirchenordnung steckt — trotz der aristokratischen Formen ihrer Gemeindeverfassung — ein stark demokratischer Zug: natürlich nicht in dem Sinne, als ob die Predigt des politischen Umsturzes oder der Volkssouveränität zum Wesen dieser Kirche gehörten (die neueren Versuche, das moderne demokratische Weltbild aus calvinischen Quellen abzuleiten, sind mit höchster Vorsicht aufzunehmen!), wohl aber darin, daß vor dem Sittengericht der Pastoren kein Unterschied des Standes gilt. Dazu kam ein zweites. Die soziale Machtstellung des französischen und englischen Adels beruhte (ähnlich wie im mittelalterlichen Deutschland) zu einem wesentlichen Teil auf dem Vorrang der hohen Aristokratie innerhalb der Kirche, vor allem auf dem Besitz der großen Pfründen. Während nun in Deutschland der hohe Adel infolge des reformatorischen Umsturzes in die Lage kam, ohne weiteres die Hände nach dem großen geistlichen Pfründenbesitz auszustrecken, die geistlichen Güter in großem Umfang zu säkularisieren, würde in den westeuropäischen Ländern eine solche Säkularisierung, die Abschaffung der großen Prälaturen usw. zuerst der Krone zugute gekommen sein, den Adel also in noch stärkere Abhängigkeit von der zu absoluter Macht emporstrebenden Monarchie gebracht haben. Dagegen setzte sich begreiflicherweise die Aristokratie zur Wehr. Vom soziologischen Standpunkt betrachtet lag ohne Zweifel die Ausbreitung der calvinischen Bewegung in Frankreich und England mehr im Interesse des Bürgertums als des Adels. Einen ausgesprochen städtischen, bürgerlichen Charakter hatte sie schon in Genf ausgebildet; und wenn sie später zeitweise auch die schottische Aristokratie ergriffen hat, so beweist das nichts gegen unsere Feststellung: sehr bald sollte sich zeigen, daß der schottische Adel gegen das Regiment der Pastoren und Synoden rebellierte und daß für ihn die Hinwendung zum Calvinismus zumeist nicht mehr bedeutete als eine Verstärkung seiner politischen Opposition gegen das Königtum der Stuarts. Vollends in England und den Niederlanden ist der ausgesprochen bürgerliche, zumeist sogar kleinbürgerliche Charakter der Bewegung ganz deutlich.

Eben diese Verhältnisse darf man als die wichtigste Ursache für den Mißerfolg oder doch nur halben Erfolg des Calvinismus in Frankreich betrachten. Gewiß: ein Teil des französischen Adels, unter Führung der Condé und Coligny, kämpfte an der Spitze der Hugenottenpartei gegen das katholische

IX. Deutsche und westeuropäische Geistesart im Spiegel der neueren Kirchengeschichte 161

Königtum, für die neue Kirche, zugleich für die Erhaltung provinzialer Herrenrechte des Adels und gegen die spanische Allianz. Indessen die große Masse der Aristokraten stand doch auf seiten der katholischen Prälatur — nicht etwa zur Verteidigung der königlichen Macht (die hoffte man vielmehr von sich abhängig zu machen), sondern der alten Kirche und damit der alten politisch-sozialen Verhältnisse. Ihre herkömmliche Machtstellung in Kirche und Staat wollten sie sich ungeschmälert erhalten. Und dabei fühlten sie sich unterstützt von den Sympathien der großen Mehrheit des Volkes. Die große Masse der Nation hatte sich längst daran gewöhnt, die gallikanische Kirche mit Stolz als eine nationale Errungenschaft zu betrachten. Sie wollte nichts wissen von dem religiösen Fanatismus, dem strengen religiösen Ernst des Hugenottentums, der dem heiteren und leichten gallischen Wesen fremdartig genug erschien. So darf man die Hugenottenkämpfe des 16. Jahrhunderts nicht nur als einen Kampf der alten mit der neuen Kirche auffassen, sondern zugleich als einen Kampf der Renaissancegesellschaft des alten heiteren Frankreichs gegen das Prinzip einer strengen Verchristlichung der Politik und des öffentlichen Lebens überhaupt. Es ist ein ähnliches Verhältnis, wie es in den letzten Jahren Elisabeths und unter dem ersten Stuart auch in England bestand: die Abwehr des Puritanismus durch das Königtum durfte sich auf die lebhaften Sympathien der adligen Renaissancegesellschaft berufen: auch das „merry old England" der Epoche Shakespeares schauderte zurück vor dem düsteren Eifer der neuen Männer, die der anglikanischen Kirche Heinrichs VIII., der großen Pfründenanstalt des Adels, zu Leibe wollten.

So verflochten sich hier in Westeuropa — im Gegensatz zu Deutschland — die reformatorischen Bewegungen von Anfang an mit politisch-sozialen Kämpfen allergrößten Stils. Die gewaltigen Folgewirkungen dieser engen Verflechtung, die dadurch bedingte Erbitterung des Streites und die ungemeine Fruchtbarkeit Westeuropas an neuen politischen Ideen sind zu bekannt, als daß sie hier der Erörterung bedürften. Der Ausgang der konfessionellen Kämpfe des 16. Jahrhunderts war in Frankreich und England ziemlich ähnlich.

In beiden Ländern blieb die Staatskirche — in Frankreich die katholische, in England die anglikanische — zunächst erhalten, beide Male durch ein Kompromiß. In England durch die Aufnahme gewisser Teile des calvinischen Dogmas in den Lehrbesitz der offiziellen Kirche, in Frankreich durch das Edikt von Nantes (1598), d. h. durch Gewährung beschränkter Duldung des

Calvinismus in einzelnen Teilen Frankreichs und seine Organisierung als eine Art von Staat im Staate. Indessen erschien diese Lösung hüben wie drüben auf die Dauer wenig befriedigend. Das 17. Jahrhundert zeigt in beiden Ländern ein Bemühen des Königtums, seine Macht zu vollem Absolutismus auszubilden. Dazu gehört u. a. das freie, unbeschränkte Verfügungsrecht der Krone über die großen kirchlichen Pfründen nach politischen, nicht kirchlichen Gesichtspunkten; überhaupt besteht ein starkes Interesse der höfisch-adligen Gesellschaft an der Niederhaltung des theologischen Eifers in der Kirche, sofern dieser ihren politischen Wünschen unbequem wird. Eben dies ist in beiden Ländern im 17. Jahrhundert der Fall: hüben wie drüben drängen starke religiöse Bewegungen auf größeren Ernst des kirchlichen Lebens.

In Frankreich kommen hier nur noch die religiösen Reformbewegungen innerhalb der katholischen Kirche in Betracht, nicht mehr das Hugenottentum, das unter dem absoluten Königtum im angeblichen Interesse politischer Einheit einfach ausgerottet wird — in einem langsamen, aber unendlich grausamen Vernichtungsprozeß. Aber innerhalb der alten Kirche selbst erwacht nunmehr, in später Nachwirkung der gegenreformatorischen Bewegungen des vorigen Jahrhunderts, ein neuer religiöser Eifer. Er äußert sich in den beiden großen Strömungen des mystischen „Quietismus" und des Jansenismus.

Die erste scheint für das offizielle Kirchentum weniger gefährlich als die zweite: dieser Quietismus ist kaum mehr als ein Ansatz zu mystischer Verinnerlichung des Glaubenslebens, ohne alle unmittelbar praktischen kirchenpolitischen Konsequenzen — eine Art von Salonfrömmigkeit hochgebildeter, aristokratischer Geister. Immerhin steht er im Widerspruch mit der offiziellen Kirchenfrömmigkeit äußerlichster Art, wie sie damals in Frankreich das Jesuitentum vertritt; darum wird er zuletzt durch Ludwig XIV. und seinen Berater Bossuet mit jesuitischer Hilfe ausgerottet. Auch der Jansenismus gibt sich zunächst nur als eine neue Form von Erbaulichkeit, als Besitz eines esoterischen Kreises von Hochgebildeten; und gerade die neuere religionsgeschichtliche Forschung (Brémond) hat uns gelehrt, daß man seine allgemeine Bedeutung für das französische Leben beileibe nicht überschätzen darf. Immerhin gehörte zu ihm ein scharfer Gewissensappell; eine strenge Regelung des ganzen Lebens durch christliche Gesinnung wurde gefordert, und wie die Erscheinung Pascals zeigt, konnte sich hier die religiöse Kritik auch wohl zu einer rein negativen Haltung gegenüber allem politischen Treiben, zu einer stark zersetzenden Skepsis gegenüber der Monarchie und dem Staate überhaupt steigern. Vor allem erschien die im Mittelpunkt stehende Rechtfertigungslehre dem offiziellen Kirchentum mit Recht als ein Angriff auf die herrschende flache jesuitische Beichtmoral; und das Königtum fürchtete die Opposition des Jansenismus gegen die Ausnutzung der Kirche zu rein politischen Zwecken unter Vernachlässigung ihrer geistlichen Aufgaben, mißtrauisch gemacht durch die Verbindung jansenistischer Kreise mit der adligen Fronde. Seit dem sogenannten Regalienstreit war es klar, daß dieser Verdacht nicht ohne Grund war. Und so unternahm es denn die Monarchie, die französische Kirche im Kampf zuerst mit den Hugenotten, Quietisten und Jansenisten, dann auch mit dem Papsttum, zu einem willenlosen Werkzeug der königlichen Politik umzubilden, das gallikanische System des 15. und 16. Jahrhunderts auf die äußerste Spitze zu treiben. Die Staatslehre Bossuets gab dem Königtum religiöse Verklärung, erhob es zum Schiedsrichter auch in innerkirchlichen Fragen rein geistlichen Charakters. Alle geistige Selbständigkeit, aller rücksichtslose Ernst der religiösen Überzeugung wurde dieser hochadligen gallikanischen Kirche mit Gewalt ausgetrieben. Was übrigblieb, war eine Religion der eleganten Hofprediger, der Salonabbés ohne letzten sittlichen Ernst. Der geistige Gehalt dieser offiziellen französischen Hof- und Staatskirche war überaus dürftig, und ihr moralisches Ansehen sank dementsprechend schnell.

Nicht eine Verkirchlichung des Staates, wie in Deutschland, sondern eine Politisierung der Kirche ist nach alledem in Frankreich das Endergebnis langer kirchenpolitischer Kämpfe gewesen, und die Folgen davon sind im französischen Leben heute noch deutlich zu spüren. Den einzelnen Phasen dieser Entwicklung können wir hier nicht nachgehen: der inneren Aushöhlung der Adelskirche im bürgerlich werdenden 18. Jahrhundert, wie sie uns Groethuysen neuerdings anschaulich schildert, oder ihrem Zusammenbruch in der großen Revolution (die eigentlich gar nicht ihre Vernichtung wollte, sondern nur ihre restlose Einfügung in das neugeschaffene Staatswesen, und die damit den Politisierungsprozeß Ludwigs XIV. auf ihre Art fortsetzte!). Die erbitterte Feindschaft zwischen modernem „Laïzismus", fortschrittsstolzer Laienbildung und katholischem Christentum ist das verhängnisvolle Erbe der Revolution an die moderne Geistesgeschichte Frankreichs — eine Folge jener unnatürlichen, politisch erzwungenen Machtstellung der Staatskirche in einer verwandelten Welt, die Ludwig XIV. auf dem Gewissen hat. Man kann hier wohl schon von einer Vergiftung geistiger Lebensprozesse sprechen. Der Neuaufbau des Katholizismus unter Napoleon I. brachte auch nur wieder eine Kirche von Staatsbeamten zuwege, bestimmt zur Stütze des neugeschaffenen Thrones, und von der Politik ist diese Kirche im ganzen 19. Jahrhundert nicht wieder losgekommen. Ob sie sich nun den oberen Zehntausenden als Hüterin der öffentlichen Ordnung empfahl oder, um die Massen zu gewinnen, sich ein demokratisches Ansehen gab, ob sie die Monarchisten unterstützte oder der Republik ihre politische Neutralität versicherte und sich mit dem nationalen Chauvinismus verband: immer blieb etwas vom Odium politischer Parteilichkeit an ihr hängen, das sie daran hinderte, die alte Popularität zurückzugewinnen. Zweifellos ist heute noch die Masse des französischen Bürgertums äußerlich gut katholisch und kirchlich; aber unvergleichlich schärfer und tiefer als in England und Deutschland ist in Frankreich der Riß, der kirchlich Gesinnte und Kirchenfeinde voneinander trennt: nicht die Neutralität überwiegt, sondern die Kirchenfeindschaft ist geradezu ein parteibildendes Moment geworden. Die einmal aufgerissene Kluft zwischen Bildung und Glauben läßt sich nicht wieder schließen, trotz aller romantischen Versöhnungsversuche von Chateaubriand bis Claudel. Und die volle Paganisierung ganzer Landschaften, eine Frucht des laïzistischen staatlichen Schulwesens, schreitet rapide fort, zumal in den ländlichen Gebieten des Südens.

Noch kürzer müssen wir über die Entstehungsgeschichte der modernen kirchlichen Verhältnisse in England hinweggehen. Wir deuteten schon an, daß auch hier im 17. Jahrhundert der Aufstieg des Königtums zu absoluter Gewalt in Verbindung mit einer streng hierarchisch verfaßten Staatskirche ein Hindernis fand an starken religiösen Bewegungen, ähnlich wie in Frankreich. Der Unterschied ist jedoch, daß diese Bewegungen hier nicht wie dort niedergeschlagen werden, sondern den Sieg erringen, den Staat erobern und den königlichen Absolutismus zerstören. Der Puritanismus, aus streng calvinischer Wurzel entspringend, kämpft ursprünglich um nichts anderes als um das Eigenrecht der religiösen Idee im Rahmen einer tief verweltlichten, politisierten Staatskirche, die sich selbst als Dienerin des königlichen Absolutismus betrachtet. Es geht also um die Reinigung des kirchlichen Lebens — so könnte man es formulieren — von der Politik. Aber weil dieser Kampf um die Reinheit der religiösen Idee zugleich ein Kampf für die Freiheit ist, läßt er sich gar nicht durchführen ohne politische Waffen. Politischer und religiöser Freiheitskampf verschmelzen fast unmerklich miteinander: der Kampf des Puritanertums gegen die „Hochkirche" der Stuarts mit der

Opposition des Parlaments gegen den monarchischen Absolutismus. Und seit diese Opposition einmal im offenen Krieg mit der Krone liegt, kann sie auch nicht auf die Hilfe aller jener radikalen Sektierer verzichten, die in wildem Eifer mit politischer und Waffengewalt das Gottesreich auf Erden herzustellen hoffen. Das „göttliche Recht" dieser Schwärmer ist gleichzeitig (wie einst im deutschen Bauernkrieg) naturrechtlicher Anspruch aller freien Männer auf gleiches Recht im Staate und der Gesellschaft und auf Freiheit der Gewissen von kirchlich-priesterlicher Zwangsgewalt. Religion und Politik sind hier vollends unlösbar miteinander verquickt. Der „Wohlfahrtsstaat" Oliver Cromwells ist ursprünglich nichts anderes als ein gigantischer Versuch des englischen Schwärmertums, die Politik völlig in den Dienst der religiösen Idee zu stellen (genau umgekehrt wie in Frankreich, wo Religion und Kirche zu bloßen Machtmitteln des Staates erniedrigt wurden).

Indessen sorgte der geniale politische Instinkt des Siegers, des Protektors Cromwell, dafür, daß dem englischen Staat gefährliche Experimente, ernsthafte Konflikte zwischen staatlichem Bedürfnis und ethisch-religiöser Forderung, erspart blieben. Wie es denn überhaupt zu den besonderen Vorzügen des englischen politischen Lebens gehört, daß man radikalen Theorien nur schwer, um so leichter aber praktischen Notwendigkeiten sich fügt, daß man das praktisch Mögliche und Vernünftige tut, statt auf extremen Prinzipien eigensinnig zu verharren. Der Staat Cromwells hat den Ruhm, unbeirrt durch einseitig konfessionelle Gesichtspunkte das nationale Interesse Englands weit kräftiger in der Welt durchgesetzt zu haben als die alte Monarchie. Auf die Dauer konnte er sich gleichwohl nicht behaupten: als ein extrem revolutionäres Gebilde, ein Produkt radikaler Parteiideen, ertrug ihn die Mehrheit der Nation nur schwer. Die alte Monarchie kehrte zurück. Aber es blieb als Frucht der Cromwellschen Epoche die stolze Überzeugung aller Engländer, daß ihre Nation durch Gottes besondere Gnade zu großen Taten berufen sei: zur Eroberung der Welt für englisches protestantisches Christentum, englische Freiheit und Kultur. Das moralisch-religiöse Element der englischen Politik, die Überzeugung, daß ihr Beruf und ihr besonderer Vorzug sei, überall für Freiheit gegen Despotismus, für menschliche Wohlfahrt gegen rohen Mißbrauch der Macht zu streiten, äußert sich freilich in mannigfachen Erscheinungen schon lange vor Cromwell (besonders charakteristisch gleich bei Th. Morus); aber dieser Glaube, das Kernstück der englischen imperialistischen Idee, gewann erst jetzt rechte Festigkeit und äußeren Halt an den Tatsachen der inneren englischen Politik.

Denn die Rückkehr des Königtums bedeutete nicht etwa das Ende der neu errungenen Freiheit. Die katholisch-absolutistischen Restaurationsversuche Jacobs II. scheiterten, wie es gar nicht anders sein konnte, an dem mächtig erstarkten, freiheitstrotzigen Selbstbewußtsein der Nation, zumal ihrer führenden adlig-bürgerlichen Schicht. Und mit dem Absolutismus der Krone fiel auch die Alleinherrschaft der anglikanischen Kirche dahin. Neben ihr, der Kirche der gentlemen, der guten Gesellschaft, setzten sich in steigendem Maße die Kirchen und religiösen Gruppen des kleinen Mannes, die „Dissenters", durch, deren politischen Leistungen in der großen Revolution England ja doch schließlich seine neuerrungene Freiheit verdankte. Wie die englische Adelsherrschaft des 18. Jahrhunderts dank der eigentümlichen Struktur der englischen Gesellschaft nicht eigentlich als Klassenherrschaft empfunden wurde, so blieb auch die offizielle, jetzt vollends verweltlichte Staatskirche von der Alleinherrschaft weit entfernt — trotz des künstlich geschaffenen Monopols ihrer Mitglieder auf die Staatspfründen und auf Vertretung im Parlament. Ja sie erfuhr an sich selbst (in den Tagen John Wesleys) eine stark belebende Rückwirkung dissentischen, puritanischen Geistes. Anderseits verlor auch das Puritanertum (seit Richard Baxter) viel von dem kleinlich-zelotischen Geiste der Frühzeit. Trennende Glaubenslehren wurden immer mehr zurückgestellt, praktische Aufgaben des tätigen Christentums rückten in den Vordergrund. So wurde ein freies Nebeneinanderwirken der verschiedensten religiösen Gemeinschaften an Stelle der Ausschließlichkeit einer herrschenden Kirche zum Kennzeichen der englischen Entwicklung im Gegensatz zu den Verhältnissen des Kontinents. Wie die Kraft des englischen Staates (bis an die Schwelle der Gegenwart) darauf beruhte, daß ohne verhängnisvollen Bruch der innerpolitischen Entwicklung (im Gegensatz zu Frankreich) die alten aristokratischen und die modernen demokratischen Elemente friedlich nebeneinander wirkten, so erklärt sich die immer noch erstaunlich große Autorität der religiösen Predigt in England daraus, daß der religiöse Ernst des Puritanismus sich frei hat auswirken und immer neue Lebensformen hat schaffen dürfen, ohne daß darüber die geschlossene hierarchische Verfassung, die feierliche kultische Pracht, der reiche Traditions- und Bildungsbesitz und die starke soziale Autorität der alten anglikanischen Bischofskirche hätten zugrunde gehen müssen. Keine Form protestantischen Christentums hat eine so ungeheure Verbreitung in der Welt gefunden wie die englische. In keiner besteht aber auch ein solcher Reichtum mannigfaltigster Kultusformen wie dort: von dem aufs höchste ge-

IX. Deutsche und westeuropäische Geistesart im Spiegel der neueren Kirchengeschichte

steigerten, künstlerisch vollendeten Zeremoniell der „high-church" bis zu der in platteste Alltagsmoral sich verlierenden, formlosen Straßenpredigt der populären Sekten und der rein aufs Soziale gerichteten Tätigkeit der „Heilsarmee".

Deutschem religiösem Denken und Empfinden erscheint diese ganze Welt ungeheuer fremdartig. Die innere Gegensätzlichkeit englischer und deutscher Geistesart tritt gerade im Religiösen sehr scharf heraus. Wir empfinden den theologischen Indeengehalt der englischen Kirchen als dürftig, den Eifer der Dissenters um praktische Bewährung des Christentums als Einseitigkeit, in den extremen Formen gar als unerträgliche Plattheit, die religiösen Schaustellungen der Wesleyaner als naiv, wenn nicht als geistige Unkeuschheit, die halbkatholischen Riten der Anglikaner und das äußere Gehabe ihres Klerus als fremdartig und inkonsequent, die moralisch-religiöse Färbung des englischen Imperialismus wohl gar als empörende Heuchelei. In jeder dieser Gegensätzlichkeiten spricht sich die Andersartigkeit der geschichtlichen Entwicklung hüben und drüben aus: das Abgedrängtbleiben der deutschen Kirchen (nicht nur der protestantischen!) von der politischen Sphäre in das rein Private, Persönliche, die tiefe Verflechtung der englischen in die Fragen des öffentlichen Lebens, ins Politische und Soziale. Dennoch war im letzten Jahrhundert ein gegenseitiges Verstehen zwischen Deutschen und Engländern immer noch leichter möglich als zwischen Deutschen und Franzosen. Vor allem: deutsche und englische Art vermochten einander zu ergänzen! Der Grund lag wiederum (zu einem wesentlichen Teil) in der geschichtlichen Entwicklung beider Völker. Bei aller Verschiedenheit ihres Verlaufes bleibt eines doch gemeinsam: beide Nationen haben den Ideenbesitz ihrer heutigen Kultur, ihre moderne, säkular gewordene Bildung nicht im Gegensatz zu den kirchlich-religiösen Traditionen entwickelt (wie die Franzosen), sondern auf dem Boden christlich-religiöser Gesinnung. Daß der Übergang aus der kirchlich gebundenen Welt des Mittelalters in die „moderne" nicht durch Bruch, sondern durch einen Prozeß organischer Fortbildung des überkommenen Ideenschatzes, einen Prozeß von höchster Fruchtbarkeit, erfolgte, verdanken beide Völker dem Sieg des Protestantismus. Darum hat schon im 18. Jahrhundert, im Zeitalter der „Aufklärung", der westeuropäische Geist seine tiefsten und fruchtbarsten Wirkungen auf Deutschland nicht in französischer, sondern in englischer Gestalt ausgeübt; darum zog ein Gefühl geistiger Verwandtschaft immer wieder so viele, auch unter den tieferen deutschen Geistern, zu dem Inselvolk hinüber — obwohl dessen politisch-soziale Verhältnisse uns sehr viel fremder und schwerer verständlich sind als die der Franzosen. Offenbar war die deutsche Geisteswissenschaft sogar vielfach geneigt, den Einfluß des religiösen Moments, insbesondere des Puritanismus, auf die Entwicklung der modernen englischen Kultur zu überschätzen. An der berühmten These Max Webers etwa vom Einfluß calvinischen Denkens auf die Entstehung des kapitalistischen Geistes wird man sicher große Abstriche machen müssen. Aber daran ist kein Zweifel, daß die entscheidende Umgestaltung des Geistes der altenglischen Aristokratie in die Lebensgesinnung des modernen englischen Bürgertums (mit seinen Tugenden wie mit seinen Schwächen) zu einem sehr wesentlichen Teil der puritanischen Erziehung zu verdanken ist und daß der dissentische Protestantismus neben den altaristokratischen Traditionen ein bestimmendes Lebenselement des modernen England geworden ist. Hier haben wirklich einmal religiöse Kräfte die Lebenshaltung einer ganzen Nation umgestalten helfen — dieselben Kräfte, die in Frankreich den Interessen des politischen Souveräns geopfert worden sind und die in Deutschland fern von aller Politik eine Vertiefung, Beseelung und Verinnerlichung rein persönlichen geistigen Lebens bewirkten.

ANMERKUNGEN UND NACHWEISE

[1]) Meine Auffassung ist an dieser Stelle nicht unbestritten geblieben. *Erich Hassinger* sieht das Emporkommen des „modernen Staates" erst seit dem ausgehenden 17. Jahrhundert Wirklichkeit werden und findet im 16. Jahrhundert die Herrschaft des kirchlichen Denkens über die Geister im wesentlichen noch ungebrochen. Er möchte eine breite, vom Spätmittelalter bis zum Emporkommen des Barockfürstentums reichende Zwischenepoche zwischen Mittelalter und Neuzeit als „16. Jahrhundert" einschieben. Auf seine sehr interessante Fragestellung einzugehen, würde bedeuten, meinen Aufsatz neu zu schreiben. Dazu fühle ich mich jedoch einstweilen nicht genötigt, da ich den Gegensatz zwischen den politischen Lebensformen des 16. Jahrhunderts und der eigentlichen Feudalzeit stärker empfinde als Hassinger und überhaupt die Ansätze zu Neuem schon seit 1500 stärker werte als er. Immerhin habe ich den (gewiß dubiosen) Terminus „moderner Staat" an dieser Stelle getilgt und begrüße jede Diskussion, die zu einer weiteren Klärung der in meinem Text angeschnittenen Probleme führt. Hassingers Studien („Die weltgeschichtliche Stellung des 16. Jahrhunderts" in: Geschichte in Wissenschaft und Unterricht, 1951 — dazu s. *F. Braudel* in: „Annales", 1935, Jg. VIII, S. 69 ff. — und Einleitung zu seinem Handbuch „Das Werden des neuzeitlichen Europa 1300—1600", 1958) geben einen sehr instruktiven Überblick über den gegenwärtigen Stand der Diskussion.

[2]) Vgl. hierzu meine Abhandlung: Romantische und revolutionäre Elemente in der Deutschen Theologie am Vorabend der Reformation, in der Deutschen Vierteljahrsschrift für Literaturwissenschaft und Geistesgeschichte, Jg. V, 1927, S. 342—380, und meine Studie über Johann von Wesel (Studien zur Spätscholastik, Bd. III: in den Sitzungsberichten der Heidelberger Akademie der Wissenschaften, 1927).

[3]) Das folgende nach meinem „Luther. Gestalt und Tat". 5. Auflage 1949, S. 245 f., teilweise in wörtlicher Anlehnung.

[4]) Über dieses Thema habe ich ausführlicher gehandelt in meinem Aufsatz „Luther und die politische Erziehung der Deutschen", in: „Zeitwende", Jg. XVIII, April/Mai 1947, S. 592—609. Vgl. auch das Kapitel „Luthertum" meines Buches: „Europa und die deutsche Frage", München (Bruckmann) 1948, ferner mein Buch: „Die Dämonie der Macht", 6. Auflage, 1948, S. 111—118, und die folgenden Aufsätze Nr. 4, 7 und 9. An dieser Stelle möchte ich nur noch eine sehr bemerkenswerte und für Luthers politische Ethik charakteristische Stelle aus W. A. 43, 664 zitieren: „Der Hausvater allein dient im Hause; die Hausmutter allein ist die Magd; der einzige, der dem Staat untertan ist, ist die Obrigkeit. Der, der befiehlt, ist der servus servorum."

[5]) Etwa in diesem Sinn hat sich auch der Franzose *Lucien Febvre* Un destin: Martin Luther (1945) über ihn geäußert, freilich mit stark betonter Antipathie.

⁶) Vgl. darüber den 2. Aufsatz dieses Bandes.

⁷) Vgl. darüber den Huttenaufsatz dieses Bandes.

⁸) Die Meinung Otto Scheels, Luther habe als erster Deutscher sich gänzlich von der universalen Kaiseridee losgelöst und damit auch die Patrioten des elsässischen Humanistenkreises weit übertroffen, kann ich nicht teilen. (Vgl. *Scheel*, Evangelium, Kirche und Volk bei Luther, Schr. d. Ver. f. Ref.gesch. Nr. 156, 1934, S. 62 ff.; *derselbe*: Der Volksgedanke bei Luther. Hist. Zs. 161, 1940, S. 493. Ähnlich auch W. *Elert*, Morphologie des Luthertums II, 327 ff., der freilich Luthers Reichsvorstellungen nicht ganz einheitlich findet.) Beide Stellen, auf die sich Scheel beruft, zeugen bei genauerer Betrachtung dagegen. In der Schrift an den christlichen Adel (W. A. VI, 463—465) heißt es ausdrücklich: obwohl das Kaisertum den Deutschen durch die Päpste unrechtmäßiger und höchst eigennütziger Weise zugewendet ist, „wil ich nit raten, dasselb faren zulassen, ßondern in gotis forcht, ßo lang es yhn gefalt, redlich regiernn" usw. Die Vorstellung, daß das Römische Kaisertum in der Sache fortbesteht, wenn auch in erneuerter, veränderter Form, kehrt überall wie selbstverständlich wieder. In der „Heerpredigt wider den Türken" 1529 (W. A. 30 II, 166) erscheint das gegenwärtige „römische Kaisertum" noch immer als das vierte und letzte der Danielischen Reiche. Nur die weltliche Oberherrschaft des Papstes über die Christenheit und insbesondere über das Kaisertum soll verschwinden, ebenso die (vom Papst ausgehende) religiöse Weihe des Kaisertums, und so soll auch der Türkenkrieg nicht mehr als religiöser Kreuzzug, sondern als rein weltlicher Krieg zum Schirm des deutschen Landes (aber doch auch des christlichen Glaubens!) geführt werden. In der Schrift „Vom Papsttum zu Rom" 1520 (W. A. VI, 292, von *Scheel* in beiden Abhandlungen mit irriger Betitelung zitiert) geht es Luther wiederum nur um die Zerstörung der Vorstellung, als brauche die Christenheit ein einheitliches *geistliches* Oberhaupt. Dabei spricht er allerdings davon, daß ja auch im „weltlichen Regiment kein eyniger Uberher" sei, obwohl doch alle Menschen von dem einen Stammvater Adam abstammen; vielmehr stünden da nebeneinander die Könige von Frankreich, Ungarn, Polen, Dänemark; aber ihre Völker bilden gleichwohl für Luther „alle ein volck des weltlichen stands in der Christenheit" — eben diese letzte Wendung zeigt deutlich genug, daß die mittelalterliche Vorstellung von dem einen Corpus christianum des christlichen Abendlandes noch keineswegs verschwunden ist. Sie findet mehrfach Parallelen, z. B. in der Schrift „Vom Kriege wider die Türken" 1528 (W. A. 30 II, 140 ff.), wo Kaiser Karl sogar in aller Form als rechtmäßiger Anführer anderer „Könige und Fürsten" erscheint, die sich zu Unrecht anmaßen, in selbständigen Türkenunternehmungen Ruhm zu gewinnen, statt sich „mit Demut an das rechte Haupt und ordentliche Oberkeit [sc. den Kaiser] zu halten". Allerdings bleibt unklar, welche „Könige, Fürsten oder Oberkeit" hier gemeint sind; auch will Luther den Kaiser nur noch als weltlichen Herrn des Abendlandes gelten lassen, nicht mehr als „Haupt der Christenheit noch als Beschirmer des Euangelion oder des Glaubens" (ebd. 130, Z. 27). Das ist die natürliche Folge des religiösen Gegensatzes, der ihn von Karl V. trennt: Kirche und Glaube „müssen einen andern Schutzherrn haben als Kaiser und Könige sind" — gemeiniglich die ärgsten Feinde der Christenheit und des Glaubens (nach Ps. 2!). Also „des Kaisers Schwert hat nichts zu schaffen mit dem Glauben, es gehört in leibliche, weltliche Sachen" — aber gerade die Tatsache, daß Luther trotz dieser Erkenntnis an der universalen Kaiseridee festhält, bestätigt erst recht, wie tief diese damals noch im deutschen Gemüt als ehrwürdige — freilich inhaltlich immer blasser und unklarer werdende — Überlieferung wurzelte. Niemals hat der Reformator darin geschwankt, das Kaisertum als einen besonderen Schmuck und Stolz deutscher Nation zu verehren. Daß die Lutherischen so naiv

und treu am Kaisertum festhielten, war ein Haupthindernis für die Verständigung zwischen ihnen und den schweizerischen Reformierten. Diesem Festhalten an der kaiserlichen Universalgewalt entspricht auch die für Luther ebenso selbstverständliche Anerkennung des altrömischen Rechtes als gemeines Kaiserrecht, dessen Inhalt für ihn überdies dem natürlichen Rechtsempfinden entspricht. Dazu steht es keinesfalls in Widerspruch, wenn er in der Schrift an den Adel und auch sonst erkennen läßt, daß er das populäre Mißtrauen gegen die Buchstabenjuristerei des akademisch gelehrten Richterstandes teilt, sich immer wieder für den altdeutschen Grundsatz der „Billigkeit" einsetzt und gelegentlich empfiehlt, statt der „weitläufigen und fern gesuchten" Rechte sich an das hergebrachte Landrecht und Landessitten zu halten, das römische Recht womöglich nur subsidiär zu gebrauchen. Ein „Zerbrechen des Universalismus im Recht", wie Scheel in der Schrift von 1934 S. 51 meint, kann ich in diesen Äußerungen nicht finden. Luthers Kampf gegen das kanonische Recht steht auf einem anderen Blatt: es entsprang aus eindeutig religiösen Motiven.

[9]) In den Aufsätzen: „Die Reformation und das politische Schicksal Deutschlands" und: „Deutsche und westeuropäische Geistesart im Spiegel der neueren Kirchengeschichte". Über den inneren Aufbau des lutherischen Territorialstaates vgl. auch meine eingehende Schilderung in meinem Buch: Die Neugestaltung Europas im 16. Jahrhundert (1950) Buch 5, dazu den schönen Aufsatz von Fr. Hartung über den deutschen Territorialstaat des 16. und 17. Jahrhunderts nach den fürstlichen Testamenten in dessen gesammelten Abhandlungen: Volk und Staat in der deutschen Geschichte (1940).

[10]) Es ist Otto Scheels Verdienst, auf die betr. Stellen (besonders in der Vorlesung über 1. Moses 1534 bis 1545 und den Erläuterungen zu Psalm 101) mit Energie hingewiesen zu haben (a. a. O., bes. in der Schrift von 1934, S. 68 ff.). Bei ihrer Würdigung muß allerdings streng betont werden, daß Luther die viri heroici, die Ausnahmemenschen, in keiner Weise aus ihrer religiösen Verantwortung vor Gott entläßt, daß er sie nur als von Gott Inspirierte, als Gottes Werkzeuge zur Schaffung eines neuen Rechts und neuer Gemeinschaft gelten läßt und ihren Sturz erwartet, sobald sie übermütig und tyrannisch werden. Es handelt sich offensichtlich um ein aus der Lektüre antiker Historiker gewonnenes Geschichtsbild und um Heroen nicht der Religions-, sondern der profanen Geschichte. Aber diese Heroenlehre weiß nichts von einer sittlichen Autonomie des Heros, sondern nur von Überlegenheit seines göttlichen Auftrages gegenüber den Bindungen des positiven Rechts, des Herkommens; durchbrochen ist die starre Rechtsvorstellung des germanischen Mittelalters, die göttlich-ewiges Recht und positive Rechtssatzung einander gleichstellt, nicht aber die Allgemeingültigkeit des Sittengesetzes und seine Bindung an religiöse Vorstellungen. Man könnte also keinesfalls von einer säkularen „heroischen Tugendlehre" sprechen — um so weniger, als Luther es ausdrücklich ablehnt, die Ausnahmemenschen als sittliche Vorbilder für die Masse gelten zu lassen. Auch Scheel betont S. 80, daß diese Anschauung ganz „auf dem Boden einer religiös begründeten Inspiration bleibt" und nicht als weltlich-politische Theorie gelten kann. Ob man aus der Schrift an die Ratsherren von 1525 mit Scheel folgern kann, daß Luther eine Erziehung der deutschen Jugend „zu heroischer Gesinnung" gefordert habe, ist um so mehr zweifelhaft, als in dieser Schrift nicht eigentlich von Volkserziehung, sondern von (humanistischer) Pflege der deutschen Historie als neuer Wissenschaftsdisziplin auf der Universität die Rede ist.

[11]) Vgl. dazu den Aufsatz: Gustav Adolf, Deutschland und das nordische Luthertum. Ferner unten S. 128 f.

[12]) Von 1600 berühmten Männern der Feder, die J. Fr. v. Schulte im 3. Band seiner

Lebenserinnerungen (1909) S. 272 ff. aus der Allgem. Deutschen Biographie zusammenstellte, erwiesen sich 861 als Pfarrerssöhne, darunter Bodmer, Bürger, Claudius, Geibel, Gellert, Gottsched, Hölty, Lessing, Nietzsche, Jean Paul, Wieland usw. Vgl. jetzt auch: *Günther Franz,* Das evangel. Pfarrhaus, in: Jahrbuch III der Rankegesellschaft. 1956.

[13]) Diese Auffassung steht in bewußtem Gegensatz zu dem weitverbreiteten, besonders auch auf katholischer Seite gepflegten, aus dem 18. Jahrhundert stammenden Geschichtsbild, das in der Reformation vor allem die große Zerstörung kirchlicher, religiöser Autorität, in der Kirchenspaltung des 16. Jahrhunderts den Anfang vom Ende der Herrschaft des Christentums über die europäische Kultur sieht. Nicht auf protestantisch-deutschem und englischem, sondern auf katholisch-romanischem Boden hat sich die bewußte Kirchenfeindschaft der „modernen Welt" entwickelt. Und die Säkularisation des modernen Denkens hat nicht in den protestantischen Ländern begonnen, sondern nirgends anders als in dem vom Papsttum beherrschten Italien. Die wahren Vorläufer und Wegebahner der aufgeklärten Vernunftreligion und des modernen Rationalismus überhaupt sind die Religionsphilosophen und Theologen der italienischen Renaissance gewesen, die das Papsttum seit Paul IV. vom italienischen Boden vertrieb, die aber nun um so mehr den Samen ihrer oppositionellen Ideen in alle europäischen Länder hinaustrugen. Die unabsehbar große Bedeutung dieser Eretici italiani für die europäische Geistesgeschichte beginnt eben erst aus neueren kirchengeschichtlichen Forschungen langsam ans Licht zu treten. Vgl. darüber meinen Aufsatz „Wegebahner eines aufgeklärten Christentums im 16. Jahrhundert" im Archiv für Reformationsgeschichte, Jg. 37, 1940.

[14]) Das Huttenproblem ist ein unmittelbar reformationsgeschichtliches Problem und wird deshalb in dieser Sammlung mit behandelt. Über den deutschen Humanismus im ganzen verweise ich die Leser auf meine große Abhandlung „Die geschichtliche Bedeutung des deutschen Humanismus" in der Historischen Zeitschrift Bd. 127, 1923, S. 393—453, für Erasmus insbesondere und sein Verhältnis zum deutschen Humanismus und zur lutherischen Reformation auf meine Schrift: Erasmus und der deutsche Humanistenkreis am Oberrhein, Freiburg i. Br. 1937. (Freiburger Universitätsreden, Heft 23.) Über die Anfänge des deutschen Humanismus vgl. das 19. Kapitel meines Buches: Die Heidelberger Universität. Ein Stück deutscher Geschichte, Bd. I. 1936.

[15]) Vgl. dazu den Hutten-Aufsatz dieses Bandes.

[16]) Schon diese Tatsache: daß Luther lieber die Sache des Protestantismus in Gefahr bringen, als den „unaussprechlichen Jammer" eines Krieges gegen das Haus Habsburg und das Unrecht eines Aufruhrs gegen den kaiserlichen Oberherrn erleben wollte, zeigt, wie verfehlt die Auffassung jener kleindeutschen Historiker, aber auch ihrer großdeutschen Gegner war, die Luther — sei es preisend, sei es anklagend — zum Zerstörer der Reichseinheit und Wegebahner eines künftigen norddeutsch-protestantischen Reiches machen wollten.

[17]) Die neuere schwedische Forschung ist ebenso wie die deutsche dahin gelangt, Gustav Adolf weder einseitig als „Glaubenshelden" noch als reinen Machtpolitiker zu schildern, sondern beides anzuerkennen: die Echtheit und Stärke seines Glaubenseifers und die Energie seines nationalschwedischen Machtstrebens. Vgl. das schöne schwedische Charakterbild von *Nils Ahnlund* Gustav Adolf. Deutsche Übersetzung Berlin 1938, und die 3bänd. Biographie von *Johannes Paul* 1927—32.